İBN-İ ARABİ

Arif için Din Yoktur

Kevser Yeşiltaş

Copyright © Kevser Yesiltash 2017
Copyright © Bookcity.Co 2017

The right of Kevser Yesiltash to be identified as the author of this work has been asserted by her in accordance with the Copyright, Designs and Patents Act 1988.

All rights reserved. No part of this publication may be reproduced, stored in a retrieval system, or transmitted, in any form, or by means (electronic, mechanical, photocopying, recording or otherwise) without the prior written permission of the author.

Designed, Published and Distributed by Bookcity.Co
www.bookcity.co

ISBN: 978-1-912311-14-9

*Bir irfan sahibi hakikaten arif olduğu zaman,
bir itikad ile kayıtlanmaz.*

İçindekiler

Giriş vii

Arifler 1
Muhyiddin İbn-i Arabi Kimdir? 17
İbn-i Arabi Felsefesi ve Öğretisi 23
Âlem ve Kâinat 67
Beş İlahî Boyut / Beş İlahî Âlem 103
Yüksek Harfler 111
Arabi'nin Sevgi Anlayışı 129
Fasslar 147
Ariflerin Bilgeliği 171
Ariflerin Yüreği 185
Ariflerin Manevî Seferi 197
A'raf Ehli 207
Bilgeliğe Uyanış Yolculuğu 217
Arifi Nasıl Biliriz? 243
İbn-i Arabi'nin Din Anlayışı 249

Sonuç *277*
Kaynakça *287*

Giriş

İslâm tarihinde, eserleri hakkında en sert tartışmalarının yapıldığı sufî, İbn-i Arabi'dir. Eserlerinin yazım şekli içsel bir keşf ile olduğu için, görüşlerini benimseyenler ve karşı çıkanlar olarak iki zıt grup oluşmuştur. İlham yolu ile aldığı bilgilerin büyüklüğü ile kendisine En büyük Şeyh anlamına gelen Şeyh-i Ekber denmiştir. Karşı çıkanlar ise, ilham yolu ile alınan bilgilerin eksikliği ve yanlışlığı olabileceğini iddia ederek kendisine En Kâfir Şeyh anlamına gelen Şeyh-i Ekfer lakabını takmışlardır. En çok karşı çıkılan düşüncelerinden ve sözlerinden biri olan *"Ezelî olan İnsan, Hadis, Zuhur ve Neş'eti bakımından Ebedî ve Daimi'dir."* (Fass-ı Âdem) sözü ile tepkileri üzerine çekmiş ve kendi eserlerine karşıt, çok tartışma konusu olan eserler yazılmıştır.

Biz bu kitapta, İbn-i Arabi'nin ünlendiği *"Arif için din yoktur"* sözünün ne manaya geldiğini, bâtıni manasını, ilmi ledün sırlarını incelemeye çalışacağız. *"Arifler için neden din yoktur?"* ya da *"Din kimler içindir?"* konusunu ele alacağız.

Bir keşf ehli olan İbn-i Arabi'nin eserlerini, Suriye'den getirilen, orjinal-kopya olan, Arapça metinlerinden inceleme fırsatı buldum. Kabrini ziyaret etmeyi çok istedim, çok çaba harcadım gitmek için. Ancak ülkenin iç savaşta olması, Şam bölgesinin ise savaştan çok fazla etkilenmesi nedeniyle, sınırdan geçmeme yetkililerce izin verilmedi. Gidemesem de, rüyalarımda sürekli kabrinde dolaştım ve ziyaretlerde bulundum. Kendisi de yaşarken, rüya ilmine çok önem vermiştir. Bu yüzden rüya kanalı ile birtakım bilgilerin manalarına ilişkin sezgileri ve ruhi seyahatleri gerçekleştirmem, bunların bana birer hakikat olduğu hissini uyandırmıştır. Bazen sabahlara kadar süren rüya kanalı ile bilgi akışları, eserlerinin orjinal metinlerindeki bilgileri tam kavramamı sağlamıştır. Karmaşık görünen ancak çok basit bir manaya sahip Hakikat bilgisini hem müşahede ederek, hem de bir avazı ile sesini duyarak gerçekleştirdim. Bu hâlleri yaşamam hiçbir Arifin hakikatte ölmediğini, bedeni terk etmelerinin onların yok olduğu anlamına gelmediğini idrak ettirdi. Rüya kanalında Arifleri görmem ve onlar ile seyahat ve sohbetlerimi, Suriye Yüksek İslâm İlimleri mezunu ve İbn-i Arabi eğitimini Suriye'de alan, defalarca kabrini ziyaret etmiş olan Mehmet üstadıma danıştım. Ve aldığım cevap katiyetle şu olmuştur: *"Onları herkes rüyasında görmez ve herkesin rüyasına da gelmezler. Onlar ölümsüzlerdir, sen onları düşündüğün vakit, bil ki, onlar da seni düşünüyorlardır. Ruhtan ruha akış ve köprüler vardır ve bedenli olmak buna engel değildir. Rüyada bâtına doğru yolculuk edersin ve dünyada iken alamayacağın bilgileri, bâtında rahatlıkla alır ve anlarsın, uyandığında yeniden Zahir dünyada*

GİRİŞ

ve vehim bedeninde ise hatırlamaya çalışır, karmaşık görünen her şeyi basit bir dil ile aktarımda bulunursun." Mehmet üstadıma ve gönül sahibine, şükranlarımı tekrar sunuyorum.

Kitabın yazımı esnasında, benim bâtın mürşidim, bâtın dostum olmuştur İbn-i Arabi. Bana Hakikatime olan seyr yolculuğumda eşlik etmiştir. Her satırın ilhamını, sezgisini, müşahedesini, hâl zevklerini üzerimden eksik etmemiştir. Eserlerindeki sırları, vahyi ilhamı ile gönlüme ve kalbî ruhiyeme, bir bir aktarmıştır. Ölümsüz ruhu halen aramızda ve kendisine ulaşmak isteyenlere, isteyenlerin bedenlerine ve ruhlarına, sonsuzluktan dokunmaktadır ve dokunmaya devam edecektir. Mükâşefe yolu üstadıdır. Mükâşefe yolu, Süveyd ilmidir. Bâtın ötesi Gayb Âleminin yani, gizli Âlemlerin müşahedesidir. Mükâşefe, Ledün İlmi, hikmet membaı ve İlâhî isimlerin ilmidir. Bir Vahy-i İlham şeyhidir. Harf ilminin dehasıdır. Eserlerinde bahsettiği gibi, *"Hepimiz bir vakitler Yüksek harfler idik, indik kâinat satırları arasına kelimeler olduk."* Hâlâ o satır aralarındaki kelimeleri okumaya devam ediyoruz. En büyük kitap insandır ve hepimiz birer kelimeyiz. Kendi hücrelerimizdeki ayetleri okumaya devam ediyoruz ve edeceğiz.

Bu çok değerli sufiyi, Anadolu'nun bağrından gelen ilhamla dünyaya tanıtmak istedik. **İbn-i Arabi, Arif İçin Din Yoktur** kitabı, Ağustos 2017 yılında, İngiltere Londra'da, İngilizce çevirisi ile tüm dünyada yayınlandı. Dünyanın her noktasından erişimi sağlandı. **Ibn 'Arabi, The Enlightened are not Bound by Religion** ismi ile dünya okurları ile buluştu.

Kevser Yeşiltaş 2017

ARİF İÇİN DİN YOKTUR

Arifler

Arif, Zât için yine bir perde olan sonsuz tecellileri müşahede ettiği için O'nu doğrudan göremez. Ru'yet ya da müşahede gibi kavramlarla ifade edilmeye çalışılan ve Zât'a taalluku çağrıştıran marifet de O'nu kuşatamaz. / **Futuhat-ı Mekkiye, Muhyiddin Arabi**

Arif için din yoktur kitabının amacı, **Arif**lerin bir itikad ile kayıtlı kalmadıkları üzerinedir. Dinler değişir, ancak hakikat değişmez. Dünya üzerinde semavi ve felsefik dinler de olmak üzere, tüm öğretilerin amacı, insan üzerine ve insan içindir. Dinlerin bir görünen bir de görünmeyen yönü vardır, yani bir içsel hâli bir de dışsal yaşamın devamı için bir yol anlatılır. Ritüeller ve çeşitli ibadetler, yapılması, uyulması gereken kurallar çerçevesinde dışsal yaşamı düzenleyen bir yapıya sahiptir. İçsel olarak amacı ise, insanın öğrendikleri ile kendi ilminde derinleşerek insanın asli mahiyetini açıklamak ve dünyada bulunma amacını aramasına yol açmak içindir. Ve son gelen din ile din devri kapanmış, nebilik de sona ermiştir.

Hakikat tektir ve değişmez, bozulmaz. Fakat direkt olarak aktarılamaz. Ancak işaret edilerek, üstü kapanarak sembollere bürünerek aktarılabilir. Çünkü hiçbir beden sahibi insan hakikati apaçık göremez ve bilemez. Bilemediği ve göremediği için de aktaramaz. Hakikat bilgisi çok güçlüdür ve sahip olduğu Gayb Âleminde, gizlide kalmak sureti ile ancak semboller ile insan zihinlerine yoruma açık olarak gönderilir.

Fizik Âlem, hakikat bilgisine sahip değildir. Henüz gerçek ile karşılaşmamıştır. İnsanoğlunun karşılaştığı tek gerçek bilgi doğum ve ölüm bilgisidir. Her insan muhakkak doğarak dünyaya gelir ve bedeni terk etmek sureti ile de ölür. Bunun dışında insanlık henüz hakiki bir bilgi ile karşılaşmamıştır. Bunun dışında dinler vasıtası ile vahiyler, ezoterizmde de semboller ile hakikati işaret eden bilgiler almıştır. Arifler, ayan ve açık şekilde hakikati işaret etmişlerdir. Fakat bunun anlaşılır ya da anlaşılamamış olması, tamamen zihin yapısı ile ilgilidir. Akıl sahipleri, semboller ve ayetler üzerinde delilleri takip ederek hakikati yorumlamışlardır. Gönül ve kalp sahipleri ise sembollerin ve ayetlerin hakiki manalarına erişebilmişler ancak bunu yine aktaramadıkları için birtakım özlü sözler ile işaret etmişlerdir.

Bir bilginin özü onun derinine indikçe anlaşılır bir hâle gelir. Çünkü bilgi dışta değil içtedir. Bu nedenle de gizlemli öğretilerde hiç bir şey göründüğü gibi değildir denmiştir.

Sufî öğretilerinden kaynaklanan ve Anadolu halk deyişlerimize yerleşen *"Arif olan anlar"* sözünün ortaya çıkışı bu konuya dayanır. Yani bir meseleyi anlayabilmek için onun içsel sırrına ulaşmak gerekir. Ariflerin, gönül gözü açıkların yaptığı gibi...

ARİFLER

Arif sözünün anlamı da bu yöndedir. Arapça kökenli olan Arif sözcüğü *"çok anlayışlı, sezgili, bilgili, irfan sahibi, bilen, bilge"* anlamına gelir.

Kur'an-ı Kerim'de *ulûl'elbab*, Lüb yani sırra vakıf olan, akıllarının erişemeyeceği bilgilere, kalp ve gönül güzellikleri ile erişebilenlerin varlığından bahsedilmiştir. Akıl herkese bahşedilmiş sonsuz bir nimettir. Fakat sembol ve ayetlerin hakiki manalarına ulaşmak, derinleşmek sureti ile bir bilgi elde etmede yetersiz kalmaktadır. Akıl sadece görünen fizik Âlem için yeterli olabilir, ancak gizli Âlemlerin derinliklerine sadece kalp sahiplerinin ulaşacağı bilgisi de Kur'an-ı Kerim'de aktarılmıştır. Ve herkes etten bir kalbe, kafatasında bulunan göz organına sahiptir. Nefes alır ve Âlemi gözler. Ancak çok azı gizlide olan gönül açıklığına ve kalp gözüne sahiptir. Az daima çoktan kıymetlidir. Çünkü az olan çok olanı besler.

Hakikat basittir. Basit olduğunu ancak kalp gözü olanlar bilebilir. Karmaşayı ise akıl yaratır. Karmaşık hâle getirerek, içinden çıkılamaz duruma düşürür. Çünkü akıl yorum yapar, zanlar ile görür ve elindeki bilgilerle değerlendirir. İnsanlar akılları ile hakikat bilgisini karıştırdılar, anlamak istediler ama zanları ile yorumladılar ve o bilgilerin içinde kayboldular.

Hakikat hiçbir zaman ölmez ve yok olmaz. Her zaman var olmaya devam eder. Muhakkak hakikat bilgisini aktaracak, kalp ve gönül sahipleri bulunmaktadır. Kadim bilgiler denen tüm öğretiler, zamanla eriyip yok olmadılar. Her zaman diliminde, yeniden üstleri açılarak zamana ve insanlara ulaştılar. Zamanında yazılan, eksik çevrilen, yakılan, yok edilen, yanlış anlaşılan tüm bilgiler, gün ışığına tekrar tekrar çıktı. Gönül ve kalp gözü açık olan azınlık, bilgileri yorumladı. Herkes uykuda ama daima diri olan ve hiçbir uykunun erişemediği noktalarda bilgiler, insanlığa akmaya devam etti.

Hiçbir dinde, hiçbir öğretide, bedenden vazgeçmek esas değildir. Beden, İlahî düzeni anlamada ve O'na yönelmede en büyük araçtır. Bedenden vazgeçmek değil, bedeni terbiye etmek esastır.

Her ruh, bedeni konsantrasyonu altına almadan önce, Levh-i Mahfuz denilen kayıtlı levhada bir suret oluşturur ve o suretten, damla damla, arştan arza kadar olan seyr yolculuğunda, bedene ulaşır. Mısır İnisiyasyonunda bu, Thoth'un kürelerden kürelere inişi olarak anlatılmıştır. Ve sonra bu serüven tekrar inilen noktaya çıkışla noktalanacaktır. Yani dönüşümüz O'nadır dendiği gibi...

Her insanın sırrı o levhada kayıtlıdır. Fizik Âlem bir kayıtlar Âlemidir. Kayıtlı levhada insanın payına düşen her ne var ise o sırrın esiri altındadır. Bu esirlik, ruhi mekanizmanın, bedene hükmetmesi ve tasarruf altına almasıdır. Bedenlerimiz bizim mezarlarımızdır ve o mezarlarımızda bize, bahşedilen ruhi parçamız ile hayat verilmiştir.

Etten kalplerimiz ile inandığımızı zannederiz ve arayışlarımız aklımız ile olur. Ulaşılan ise tamamen Zahiri yani maddesel bilgilerdir. Gönül gözünü açanlar, genişletenler ve genişlemesini dileyenler ancak hakikat bilgisine yaklaşabilirler. İnanç, kalbin maddesi değildir, beynimiz de değildir. Akıl değildir, zihin değildir. Bunların hepsi zanlarımızı oluşturur.

İnsan kendinde düzeni kuramadıkça, dünyada da asla düzen olmayacaktır. İnsan tüm zanları ile inandıkları arasında kaybolmuştur, görünen tüm madde ve eşya içinde boğulmuştur. O kadar fazla sıkışıp kalmıştır ki artık bundan kurtulamaz hâle gelmiştir. Ve ancak kaybolduğu noktadan sıyrılıp çıkabilecektir. Nerede kaybolduğunu bulduğu anda, çıkış noktasına erişecektir. Her insan bir İlahî isim ve yüksek bir harf ile dünyada belirmiş ve taşıdığı İlahî isim, her insanın mevcut hayatında yerini almıştır. En az şeye ihtiyaç duyan makul insan ise hakikate o kadar yakîn ve madde dünyasını o kadar kontrol altına alabilmiştir.

Ulûl'elbab kelimesi ile işaret edilen mana, aklın önderliğinde, gönül gözünü açabilen, beden ile ruhu arasında bağlantı kurabilen, hem dış dünyasını hem de iç dünyasını bütünleyen insan içindir. İşte bu kişiler Arifler olarak bilinirler. Arifler, hakiki manada, beden içinde ölerek, beden içinde yeniden hayat bulan kişilerdir. Görünen bedenlerinin içinde diri olan insanlardır. Oysa her insan hakikatten koparak bedende ölü doğar ve bedeni terk ettiğinde yeniden hakikate kavuşur. Arifler ise, bedeni terk etmeden ölümün dünyasında diri olanlardır. Bedenin içinde hapissen, dıştaki özgürlüğü bilemezsin.

Beden içindeyken insan uykudadır. Uykuda olan insanın da bildiği yanılgılardan ibarettir. Uykuda olan insandır, kâinata karşı duran insandır, her şeyi inkâr eden insandır. Uyanmak sancılıdır. Acıların en acısı, kendini bilmeye doğru yol almaktır. Beden buna alışık değildir. Beden uyku yeridir, öyle programlanmıştır. Bedenin içinde uyanmak zordur hatta imkânsızdır bu yüzden bedeni terk etmeden uyanmak için beden içinde ölmek esastır ki, tüm nebilerin ve Ariflerin işaret ettiği nokta budur.

Uyanmanın yazılı belgeleri yoktur. Yazılı olanlar ise tamamen Zahiridir. Ezoterizmde bilgelik ve hikmet yazıya geçirilmez. Bir şey yazıya geçirildiği zaman kayda alınmış olur. Her türlü kayıt altına alma, onu şekillendirme demektir. Ondan sonrası için her türlü kayıt altına alınan, gölgedir, vehimdir, hakikat değildir.

Katı madde olarak görülen tüm nesneler, donmuş hâldedir. Beden de donmuş bir cisimdir. Kayıtlı levha da İlahî Şeklin dünyaya yansımış hâlidir. Beden hakkında, zihin ile bir yorum yapıldığı vakit, kayıt altına alınmış olur ve bozulur. Bu yüzden gizlemli bilgiler çoğunlukla yazıya geçirilmezdi. Beden ile ilgili hiçbir bilgi hakikatinin dışında anılmazdı. Söz ile aktarım olurdu. Söz ile aktarımdan sonra, aktarılan zihin bunu yorumlar ve ona göre bir anlayış ile uyanışa geçerdi. Yazdığı vakit, söz ile aktarılan bilginin özünü bozmuş olurdu.

İç'te bilinmeyi bekleyen Zekâ, lakin Dış'ta donmuş zekâ sahibi İnsan, ki her baktığını, kayıtlayarak bozan.

İşte insan, her anı sıfatlara bölerek, hayatın ve tüm insanların güzelliklerini kaçırır. Çok basit bir örnek vermek gerekirse; kişinin zihninde kötü olarak bellediği insanlar ve bir gün onların yargılanacağı düşüncesi olabilir, bunu bekliyor ve dua ediyor olabilir, ama bir başkası o insanlar için hayır duaları ediyor olabilir ya da biri için iyi dileklerde bulunuyorsan, unutma ki başka biri ona kızgın olabilir. Yargılarımız var. Zihnimizde oluşturduğumuz bir dünya var ve asla hakikat olmayan bir dünya. Bir hayâl ve gölge dünyası. Bu yüzden durup sadece izlemek ve yargıda bulunmamak gerekir. Gizli bir kibirdir bu. Bizim için iyi olan bir başkası için kötü olabilir, bizim için olumsuz olan bir başkası için olumlu olabilir. Beşerin hiçbir vakit hakiki anlamda adaletli olamayacağı bir gerçektir. Zanlar hakikat olmadığı için, kararlar da adaletli olmayacaktır.

ARİFLER

Her olan zıddı ile beliriyor, eski tabir ile zuhur ediyor. Bir tek O belirmiyor görünmüyor çünkü zıddı yok, ikilik yok. Tek olan görünmez, eğer görüyor isek, muhakkak ikili belirmiştir, zıddı ile görünmüştür. Görünmesini sağlayan yine O değil mi? Biz zıtlardan birini kendimize uygun diye sever, diğerini uygun olmadığı için sevmediğimizde, bir başkası da bunun tam tersini hissediyor olabilir. İşte bu zıtları yargılamak gizli kibirdir ve kayırmanın beşeriyette adaletli bir yargısı olamaz. Zihin yanılgılar ve zanlar içindedir. Bu yüzden dünya zanlarında yaşamayı terk edip, kendi hakikatimizdeki dünyayı inşa etmeye başlamalıyız. Ne kadar ikiliğin mevcut ise o kadar hakikatinden uzaktasındır. Arifler, Kutb'da oturup seyreder cümle Âlemi, güzelliklerini, her an ayrı bir şende (tecellide) yaratılışlarını.

O her an bir şe'ndedir (tecellidedir). / **Kur'an-ı Kerim, Rahman Suresi, 29. Ayet**

Ama ne yazık ki beşer, içindedir dünyanın, bu yüzden her şeyden habersizdir ve göremez, sadece aklı yettiği kadar yorumlar hayatı. İbn-i Arabi'nin bahsettiği, gayriyet Âleminde, gayriyet anlayışında isen ne büyük bir vehimdir. İnsan cahildir denir. Gayriyette iken ayn'iyet kurabilmek. Ariflerin, çağlar boyu aktardığı bilgi budur: **"Ne ararsan kendinde ara ve her şey senin içinde."**

Arştan arza kadar damla damla akarak, ten ile bürünme ve insan olarak görünmenin tek amacı, Birliği, çoklukta idrak etmek içindi. Bunu anlatmak için dinler geldi, fakat asla etkili olamadılar. İnsanlık daha da maddeye gömüldü ve daha derin uykulara daldı. Arifler manaları açtılar, derinleştiler ancak yine anlaşılamadılar. Özlü sözleri ancak tekerleme gibi tekrardan ileri gidemedi. Anlayışlara ulaşamadı. Verdikleri mesaj çok açıktı, her şeyi ayan beyan sembollerle aktardılar.

Dünya ile insan arasında nefes alın, içerde olduğunuzu bilin. İçerde olan bir Tanrısal Parçanız vardır ki o her şeyi bilendir. Dışarıda ise uykuda olan bir bedendir. Anlamayı bekleyen bir zekâ içeriden devamlı olarak sinyaller yollar, oysa dondurulmuş bir zekâya sahip insan bunu asla bilemez. Ve insan kendini sevmediği için asla uyanamaz. Uyanması için beden mezarını kazıması ve ışığa ulaşması gerekir.

Ariflere, hiçbir kimse tarafından görülmeyen ve anlaşılamayan sembollerin yorumu bahşedilmiştir. Ve Arifler bunları müşahede ederek aktarmışlardır. İbn-i Arabi Fusûsu'l Hikem eserinde üç sınıf insandan bahseder: *Arif olanlar, Arif olmayanlar ve cahiller.* Arabi anlayışında, Arif *"Hakikati Hakk gönlünde ve Hakk'ın gözü ile görendir"*. Arif olmayanları ise *"Hakikati, Hakk'ta fakat kendi nefsinde görendir"* diye tarif eder. Cahili ise, *"Hakikati ne Hakk'ta, ne Hakk'tan gören ama Hakk'ı ahirette nefsinin gözüyle görebileceğine inanmış ve bunu uman kişi"* olarak tarif eder. Arif hiçbir inanç ve dini sistem ile kayıtlı kalmadığı için, hakikate ulaşmış ve Hakk gözü ile görendir. Hiçbir şeye yorum katmaz ancak hakikat lisanı ile insanların anlayabileceği dereceye indirerek aktarandır.

İbn-i Arabi, Mevakıf eserinde, Arif olan ile olmayanları şu şekilde ayırmıştır: *"Âlim olan kimse Ben'im (Hakk) varlığımın delillerini araştırmakta, fakat bulduğu her delil Bana değil kendisine işaret etmekte; Arif ise delilleri benimle aramaktadır."*

ARİFLER

Arif olmayan, gördüğü kadarı ile yorumlar ve aklı ile idrak ettiği hakikati deforme ederek kayıt altına alır ve bozar. Kısaca hakikat bilgisini tadilata uğratır.

Cahil ise, idraki sınırlıdır, elindeki mevcut öğretiler ve bilgiler ile Hakk'ı anlamaya çalışır ve ödül ve ceza peşinde tüm ömrünü heba ederek geçirir.

Arif Hakk'a ölmeden önce ulaşmış ve bedende görünendir. O sadece oluşlar Âlemini izler ve her an ayrı bir şende olan yaradılışı seyre dalar.

Arif olmayan *"cennet için sana inanıyor isem, beni cennetinden men et, cehennem korkusu ile sana inanıyorsam beni cehennemine al, sadece sana kavuşmayı diliyorsam beni Sana kavuştur"* der. Tam bir uyanış içinde olmadığı için masiva denilen dünya maddesine sıkı sıkı tutunmuş ise kendi gizlisini unutur, kendi gizlisine dalınca da dünyayı boş verir.

Cahil ise, *"cehenneminden koru, cennetine al"* diye tüm hayatını *"ölçüler ve hesaplar"* içine gömer. Tamamen dünyasaldır. Şekil üzerindedir. Bir eksik bir fazla hesabı ile sayarak tüm hayatını geçirir. Fakat İbn-i Arabi Fusûsu'l eserinde, kim ne yaparsa yapsın, her şeyi kuşatan Hakk'a ve O'nun Yüceliği Hakikatine yapıldığından bahseder. **"Kim neyi ne şekilde yapıyorsa, Hakk'a hizmettedir"** diye de özellikle belirtir.

Aynalar

Orijinal Arabi yazmalarında bahsedilen, aynalar, bilgi olarak çok önemli bir yer tutar. Toplumda her ne kadar yanlış algılanmışsa da doğrusu; "Her insan Hakk'ın aynasıdır, birbirinin değil." şeklindedir. Her insan Hakk isimlerinin bir belirmesidir. Yani sen bana bakınca Hakk'ın bir isminin, sendeki belirmesini görüyorsun, ben sana bakınca Hakk'ın bir isminin belirmesini görüyorum. Hakikat Hakktır, insan Hakk'ın isimlerinin yansımasıdır. İnsanlar hiçbir zaman birbirlerinin yansıması olamazlar çünkü insan bir gölgedir, gerçek değildir. Donmuş madde, nesne, eşyadır. Donmuş maddeler birbirlerini yansıtamazlar. Yanlış olan bu bilgi, toplumda çok fazla yer etmiştir. Kısaca İlahî İsimler Hakk'ın aynası, insanlar da isimlerin aynasıdır.

Fusûsu'l Hikem eserinin orijinalinde şöyle bahseder: *"Hakk, kendini görmen için senin aynandır. İlahî İsimler de Hakk'ın aynasıdır. Sen de isimlerini görmede ve bu isimlerin hükümlerinin ortaya çıkışında, Hakk'ın aynasısın."* Aynalar bilgisinde Hakk bir aynadır, İlahî isimleri Hakk'ın aynasıdır. Her bir İlahî isim insanda meydana çıktığı için, insan bu İlahî ismin kendindeki belirmesini idrak etmek için Hakk aynasına bakmalıdır. Hakk aynasında ancak kendindeki Hakk ismini bulabilir. İşte bu anlayışta, artık bir başkası yoktur. Tüm insanların bütünlüğü, Hakk'ın İlahî isimlerinin belirmesindeki bütünlüktür. İnsanlar Birlik inancına ulaştıkları vakit, Hakk Hakikati de dünyada belirecektir.

ARİFLER

Mutlak, Allah, Hakk

Kitap içinde geçen kavramlardan, **"Mutlak, Allah, Hakk"** manaları üçlü erdemdir. Tek Hakikattir. Bu üçlü erdem dışında oluşan her şey gölgedir. Üç mana, sınırlı insani idrakle algılayamayacağımız, sınırsızlığın ötesindedir. Ötelerin ötelerine ait gerçekliklerdir. **"Mutlak"** kavramı dipsiz karanlıktır ve hiçbir yaratılmış tarafından bilinemeyecek ve bulunamayacak olan noktadır. Kün! Emrini vererek yokluğundan varlığa geçer. Ve Allah ismi ile var olur. **Allah** manası, gizlemli bilgilerde "Âlemlerin Rabbi" olarak bilinen, Tek ve En güzel yaratıcıdır. *"Yaratıcıların En güzeli olan Allah ne yücedir"* ***(Kur'an-ı Kerim, Muminün Suresi, 14. Ayet).*** Allah ismi, ileride bahsedilecek olan tüm İlahî isim ve suretlerin "kül" yani bütün hâlde bulunduğu Teklik ve Birliktir. Allah için birdir diyemeyiz çünkü Birliğin kendisidir. Tek diyemeyiz çünkü Tekliğin kendisidir. **Hakk** manası ise, üçlü Hakikatin sonuncusudur. Âlemlerin Rabbi olan Allah isminin, tecellisidir. Allah isminde bütün hâlde bulunan İlahî isim ve sıfatların, belirdiği, birbirlerine "gayr" olduğu, ayrıldığı ve tek bir isim olarak Hakk diye anıldığı gerçekliktir. Hakk ismi, tüm İlahî isim ve sıfatların genel ismidir. İbn-i Arabi, Hakk için Âlem, Âlem için Hakk kullanır. Hakk Hakikatteki Âlemdir, görünürdeki Âlemler ise Hakk'ın gölgesidir.

İlahî İsimler

Yine kitapta en çok geçen kavramlardan olan **"İlahî isimler"** ve **"İlahî Suretler"**i de şöyle açıklayabiliriz: Her bir "isim" Hakk bütünlüğündedir. Her bir isim ve anlamları kutsal kitaplarda belirtilmiştir. Var eden, Merhamet eden, Bağışlayan isimler olduğu gibi, Ceza veren, Darlaştıran, Yok eden isimler olarak ikiye ayrılır. İbn-i Arabi bu isimleri "Var edenler" ve "Yok edenler" diye iki bölüme ayırmıştır. İnsanlığa bildirilen 99 İlahî İsim bulunur ancak hakiki sayısı sonsuzdur. Her bir isim, hükmedicidir, hâkimdir. İbn-i Arabi eserlerinde, her bir insanın, İlahî isimlerin biri ya da birkaçının hükmü altında bedenlendiklerinden bahseder.

İlahî isimler, insan bedenlerini var etmeden önce, İlahî suretler olarak "Hakk Aynasında" şekillenir. İşte insanın gerçek şeklinin, gerçek görüntüsünün yeri İlahî suretlerdir. Her bir İlahî suret, her bir İlahî ismin şekil almış görüntüsüdür. Her insanın, Hakk Makamında, Hakk Aynasında hakikati vardır. Kısaca İlahî sureti vardır. Dünyada görünen bedeni ise, hakiki suretinin sadece gölgesidir. İbn-i Arabi, ***"İnsanın Hakikati, Hakk Aynasında, suret olarak bulunur."*** der. Dünyadaki görüntüsü ile arızi, gölge yani bir yansımadan başka bir şey değildir.

Sonuç olarak, her birimiz, tek tek çok değerliyiz. Hakk aynasında çizili hakikatimizin yansımalarıyız. O yansımalar bedene girdikleri vakit, bedenin cazibesi ile uyurlar. Uyanmaları için bir vakit geçecektir. Ancak bilinmelidir ki, zaman bizim içindir. Geçen ya da geçmiş bir zaman yoktur. İnsana kendinden başka yakîn hiçbir insan yoktur. Kimse kimseyi uyandıramaz. Herkes

ARİFLER

kendi çabası ve ciheti ile uyanacaktır. Herkes dünyadaki kendi hakikatinin temsilcisidir. İçinde konuşan hakikatidir ve insan bu konuşanın kim olduğunu çözene kadar ikilik peşindedir. Sonra konuşan ile kendisinin ayrı olmadığı idrakine ulaşır.

Hakk, tüm dünya inkârda iken, arada kendisine yönelenleri asla boş çevirmez. Bir vehimden, gölgeden ibaret olan bedeninden yönelen, ipine tutunan ve boyası ile boyanan kişi, bir vücuda sahip olur. Asli vücudun bir parçası olur. Tüm insanlar, varlıkları ile O'nu ispatlar, Yoklukları ile O'ndadırlar.

Dünya bir İnkâr Âlemidir. İnkârda O'nu ispatlarız, Yokluğa eriştiğimiz anda ise tamamen O'ndayızdır. Herkes O'ndan gelmiştir ve yine O'na dönecektir.

Son olarak Ariflerin gizli Âlemlerine bir dönüş yapacak olursak, onların kendi içlerinde inşa ettikleri gönül Âleminde şöyle bir bilgi yankılanır:

"Secde et ve yaklaş dedi, iki gönlü bir eyle dedi, sen yoksun Ben varım dedi, Ben yokum sen varsın dedi. Dilimi bağladı kördüğüm etti. Açtı sonsuzluğunda eritti, ne ben kaldım ne O.

Benim adım hiç kimse dedi. Bir ben kokuna hasret, bir O kokuma hasret dedi, Hakk vücudundan gayrı bir koku yok dedi. İki hasretlik bir oldu, viran ellerde çaresiz bırakmadı. Varlığım ile O'nu ispatlarım her An, yokluğum ile yine O'nunlayım her An. O kendine her yönelen için ne büyük sevinç duyar, büyük çoğunluk karşıta yönelmiş iken. O kucak açmış Gel diyor, sürekli seslenir de çok azı duyar O'nun sesini. Yüce bedenini, Haşmetini, Suskun atan kalbini, Yıldızların parlaklığında seslenir bir avaz ile Gel diyor Gel.

Kendinden kendine İlahî dalgalanma, zatından zatına yolculuk bu. Ne güzel bir oyundur. Ben O'na muhtaç idim, O bana hasret iken buldum kendimi. Cehenneminde yanmadan nereye? O'na ulaşmak, ulaşmak ama nereye? Ulaşılacak bir yer olmadığının idrakine varıldığında, O'nun gönlünde bir kalp atışı olmak. Ruhum O'nun çöllerinde dervişe olmuş dolaşır iken, beden içinde olmak ne vehim. Kalabalık başım, çok kalabalık, lakin ben yalnızım, yalnızlığın en derun hâlinde, sükûnetinde sadece O'nunlayım. Ruhum öylesine derinleşti ki, kendimi tanıyamaz oldum, kimim ve nereye aidim? Hiçbir yere kendimi konduramıyor iken, bedenin içinde evimde olmak niyedir diye sorarım kendime. O'nun engin okyanusunda dalgalanarak yüzerken, güneşinin nuru ile yanarken, suyunun serinliği ile coşarken, ne vakit ona ulaşacağım? Tüm 'Ne' olan her şeyden arınmış, 'Neredelere' uzaktayım. Sığamadım bedenime, ne de dünyasına. Nasıl bir hâlleşme, helalleşmedir bu, tüm derdim kendim olmuş iken buldum yine kendimi. Senin dünyan ne güzeldir, al beni dünyana, cehenneminde yak binlerce yıl, cennetinde serinlet razıyım, tek sana kavuşmak ise ümidim, aşkından sarhoşum.

Ben ezelden beri çok kereler vardım o eşiğe, lakin O kapının ardında gülümseyerek, daha vakit varmış dercesine bekledi.

Çok zor diye yanaşılmadı, korkuldu azametinden, oysaki O rahmeti ile gıdası yapmış bizi. Eğer O bir rahmet eyleyecek ise yarattıklarına, gıdası yapar tüm kâinatı. Hazır. İki yay mesafesinde, bir göz açıp kapama An mesafesinde. Bekler durur, gönlünde bir ışık yakana misafir eyler kendini, kendini tanır O'nda, O da O'nda. Ruhu bir göçebe gibi, çöllerde O'nu ararken, bir serap gibi görür, sonra bakar ki, meğer O her yerde, her zerrede bırakmış mührünü. Tek olanı hangi göz görebilir ki, sen Rahman ve Rahim sırrı ile ikilikte görüneni değil misin? O'nun çöllerinde, koklaya koklaya yolunu bulursun.

ARİFLER

O daima benimleydi, hep oradaydı, yüreğimin en derinlerinde. Yaman bir avcı gibi yakaladı sırtımdan, yaşam iliği gibi yerleşti tüm omurgamın arasına, akıyor sonsuzca, tüm bedenimi ele geçirdi, tüm hücrelerimi. Ara sıra değil hep düşünüyorum O'nu, her anım, tüm zihnim, tüm rüyalarım dopdolu. Adanmışlığın hizmetinde, sadece O'nunla dopdolu. Tüm benliğimde duyuyorum o sesi. Ama gören gözlerim nerede? Yalnız bırakmışlar beni. Uzattım elimi ama tutan olmadı. Gözyaşlarının ıslaklığı ıslattı avuçlarımı. Yüzüme sürdüm SEN gibi, SEN diye. Neden yoksun? Gözyaşlarım toprağa akıyor, belki yağmur olup göğe yükselir ve ulaşırlar sana. Kendin gibi bıraktım seni. Parça parça da olsam her anımda, yine de uzakların acısı kalacak bende, ruhumda. Sessizliğin aşkı bu, ruhun sevgisi. Sormuyorum artık. Sorgulamıyorum. Bıraktım öylece fısıltıları kucağına. Sadece bekliyorum, duy! Duy artık sesimi."

Yıldızlar kadar suskun atan yüreğimi
Hissedebilir misin oralardan?
Gel diyor daha yakîn Gel!
Al diyorum yanına Al!..
İkiliğimi BİR eyle...
Gecelerinde aydınlat ki
Gündüzlerinde çoğalayım.

ARİF İÇİN DİN YOKTUR

Muhyiddin İbn-i Arabi Kimdir?

"Yazdıklarımızın ve yazmakta olduklarımızın hepsi İmla-ı İlahîyye, İlka-i Rabbaniye ve Nefes-i Ruhani'ye istinad etmektedir. Bilgilerimiz Vahy-i Kelâm değildir, ama Vahy-i İlham'dır."
/ ***Futuhat-ı Mekkiye, Muhyiddin Arabi***

Muhyiddin Arabi tüm dünya çapında tanınan, evrensel düşünceye sahip bir sufîdir.

En ünlü sözlerinden biri **"kişi kendi Hakikatine Arif olduğu vakit, bir itikad ile kayıtlanmaz"** sözü kısaca **"Arif için din yoktur"** ile tanınmıştır. Mevlâna'nın "Ne olursan ol gel", Hacı Bektaş Veli'nin "Ne ararsan kendinde ara" Hallac-ı Mansur'un *"Ene'l Hakk"* sözleri gibi, **"Arif'e din yoktur"** sözü evrenselleşmiştir.

Batı dünyasının da yakından ilgilendiği tasavvuf ustalarından olan İbn-i Arabi için çeşitli dernek ve kuruluşlar faaliyetlerde bulunmaktadır. Bunlardan birisi olan İbn-i Arabi Society

Derneği, eserlerinin çevrilmesi ve görüşlerinin insanlara ulaşması için yılda bir kez Oxford'da "İbn-i Arabi Sempozyumu" düzenlenmektedir. Ayrıca her yıl Amerika'da San Francisco kentinde de İbn-i Arabi üzerine bir sempozyum yapılmakta, İskoçya'da Beshara Okulu adında İbn-i Arabi'nin eserlerini okutan bir okul bulunmaktadır.

Batı dünyasının İbn-i Arabi sevgisi, onun evrensel bir düşünce sistemine sahip olmasının da önemli göstergelerindendir.

Yaşamı

1165 yılında Mürsiye İspanya'da doğmuştur. Sekiz yaşındayken ailesi ile birlikte İşbiliye'ye gelmiş, ilk tahsil hayatı yine İşbiliye şehrinde olmuştur. Genç yaşlarında Ahmed İbnu'l Esiri isimli bir sufî ile tanışmış ve onunla görüşmeleri olmuş, daha ileriki zamanlarda, eserlerinde sık sık bahsi geçen İbnu Rüşd ile tanışmıştır.

Rüşd, o sıralarda on beş yaşlarında olan İbn-i Arabi ile çok sık görüşmelere başlar. Arabi, genç olmasına rağmen inzivaya çekilip kendi iç dünyasını keşfe çıkmıştır. Arabi'yi çok etkileyen İbnu Rüşd'ün, "Bilgi, akıl yolu ile elde edilir" sözüne karşılık İbn-i Arabi, kendinde ortaya çıkan hâllerin neticesinde "Gerçek bilginin yani Hakikat Bilgisinin, akıl ile değil, Mükâşefe (gizli ilimlerin keşfi) yolu ile elde edilebileceğine" inanmıştır.

İbn-i Arabi'nin ruhsal bakımdan açılımları, daha küçük yaşlardan başlamış, rüya kanalı ile ya da uyku ile uyanıklık arasında, birtakım bilgileri almış, aldığı bilgileri de eserlerine

MUHYİDDİN İBN-İ ARABİ KİMDİR?

yansıtmıştır. Onu tasavvufa yönlendiren, yine rüyasında gördüğü bir kişinin tavsiyesidir.

İleriki zamanlarda, eserlerinde ilk hocam diye bahsettiği Ureynî İsimli bir şeyhle tanışır. Aynı zamanda Martili isimli bir şeyhle de çalışmaları devam etmektedir. İlk hocası olan Ureynî: **"Sadece Allah'a dön"** der Arabi'ye. İkinci hocası Martili ise, **"Sadece Nefsine dön, Nefs'in hususunda dikkatli ol, ona uyma"** demektedir. İki görüş arasında kalan Arabi tekrar konuyu hocasından yardım ister. Hocası Martili ise, ilk hocasının öğütlerinin daha yerinde olduğu düşüncesini kendisine açıklayarak, "yüzünü Allah'a dönmesini" söyler. Ve *"Herkes kendi hâlinin doğruluğu üzerinde iddia eder. Lakin gönül, hangi yol makul ise, bunun üzerinde yoğunlaşır."* diyerek Ureyni'nin gösterdiği yolun doğru yol olduğunu söyler.

Hz. Şeyhü'l Ekber Muhyiddin Arabi'nin mürşididir. İsmi, Şuayb bin Hasan, künyesi Ebû Midyen'dir. Şeyhu'l-Meşâyih ismi ile tanınmış büyük velilerdendir. Cezayirde vefat etmiş ve kabri oradadır.

İbn-i Arabi, seyahatleri çok sevdiği için Anadolu'da birçok şehirde dolaşma fırsatı olmuştur. Malatya'da on yıl civarında yaşadıktan sonra, Sivas, Kayseri, Larende, Karaman, Erzurum ve Harran gibi Anadolu'nun birçok şehrini dolaşmış ve oradan Konya'ya yerleşmiştir. Konya'da görüşlerini daha rahat anlatabileceği zeminler yaratmıştır. Sadrettin Konevi'nin mürşitliğini yapmış, dul annesi ile evlenmiş ve bir süre Konya'da yaşamıştır.

Burada küçük bir parantez açarak, öğrencisi olan, Konya'da kabri bulunan Konevi hakkında kısa bir bilgi verelim. Sadrettin Konevi, İbn-i Arabi'nin en yakın öğrencisidir. Arabi, öğrencisi Konevi'ye, tüm eserlerini incelemesi, öğrenmesi ve anlaması için anahtar olabilecek metotlar vermiştir. Hocası kadar bilgili olmasa da, altı kitap ve birçok risale yazmıştır. Aynı zamanda Arabi felsefesinin ekolünde yetiştiği için, çevresinde çok fazla tanınır. İbn-i Arabi ile başlayan zincir onunla devam etmiştir.

Konevi'nin, Arabi öğretilerine en mühim katkısı, her çağa uygun okunabilecek tarzda ve anlaşılır düzeyde bilgilerin aktarımı için anahtar düzenlemeler yapmış olmasıdır. Sistemli hâle getirdiği bazı düzenlemeler, Arabi'nin, her çağda anlaşılır olmasına katkı sağlamıştır.

İbn-i Arabi, daha sonraları, Mısır'a geçer. Tekrar Mekke'ye gelir ve burada bir süre kalır. Mekke'de el-Futuhatu'l-Mekkiyye, ve Fusûsu'l Hikem eserlerinin bilgisini rüya kanalı alır. Rüyada gördüğü Son Nebi'den emir alır ve Son Nebi'nin istediği şekli ile yazar. Bu konudan, Futuhat'ın Şit Fass'ında bahsetmiştir.

Bağdat, Halep, Konya seyahatlerini bitirdikten sonra tekrar Suriye'ye gelerek Şam'a yerleşir. 1239'da Şam'da bedenini terk etmiş, son nefesini vererek Hakk'a yürümüştür. Kabri Şam Şehri dışında Kasiyun Dağı eteğindedir. 1500'lerin başında Sultan Selim, Şam'ı Osmanlı toprağı içine alınca oraya türbe ve cami yaptırmıştır.

Eserleri

- **Fütûhat-ı Mekkiye fi Esrâri'l-Mahkiyye ve'l Mülkiye**

Mülkiyet ve mâlikiyetin sırlarını bilme hususunda Mekke'de gelen ilhamlar. *(Kendi el yazısı ile olan nüsha,*

MUHYİDDİN İBN-İ ARABİ KİMDİR?

Türk-İslâm Eserleri Müzesi no. 1845-1881'dedir. Bu nüsha 31 cilt hâlindedir.)

İbn-i Arabi, Futuhat eserinde ele aldığı konunun içeriğinde, kendisinin ve öğrencilerinin yaşadığı tüm hâlleri kaleme alarak yansıtmıştır. Bunun dışında, soru cevap tarzında da diyaloglara yer vermiştir.

İbn-i Arabi eserin yazılışı hakkında ve eser ile ilgili şu ifadeleri kullanmıştır: ***"Bu kitabı, halka faydalı olsun diye yazdık, daha doğrusu ben değil, Hakk yazdı. Onun için tümü de Hakk'tan gelen feyz (feth)den ibarettir."***

- **Fusûsu'l-Hikem/Öz Hikmetler veya Hikmet İncileri**

- **Kitabu'l-İsra ilâ Makâmi'l-Esrâ**

- **Muhadaratü'l-Ebrâr ve Müsameretü'l-Ahyâr**

- **Kelâmu'l-Abâdile**

- **Tacu'r-Resail ve Minhacu'l-Vesâil**

- **Mevaqiu'n-Nucûm ve Metali' Ehilletü'l-Esrar ve'l-Ulûm,**

- **Ruhu'l-Kuds fi Münasahati'n-Nefs**

- **et-Tenezzulatu'l-Mevsiliya fi Esrâri't-Tahârât ve's Salavâtsve'l-Eyyami'l-Asliyye**

- **Kitabu'l-Esfar,**

- **el-İsfar an Netaici'l-Esfar**

- Divan
- Tercemanu'l-Eşvak
- Kitabu Hidayeti'l-Abdal
- Kitabu Taci't-Terâcim fi İşarati'l-İlm ve Lataifi'l-Fehm -Kitabu'ş-Şevâhid
- Kitabu İşarati'l-Kur'an fi Âlaimi'l-İnsan -Kitabu'l-Ba
- Nisabü'l-Hiraq
- Fazlu Şehâdeti't-Tevhîd ve Vasfu Tevhîdi'l-Mükinîn
- Cevâbü's-Sual
- Kitabu'l-Celal ve hüve Kitabu'l-Ezel
- Ankâu Mu'rib fi marifeti Hatmi'l-Evliya ve Şemsi'l-Mağrib
- Rahmetun-mine'r-Rahman fi Tefsiri ve İşârâti'l-Kur'ân
- Reddu Maani'l-Müteşabihîhât ila Maani'l-Âyâti'l-Muhkemât
- Mişkâtü'l-Envâr
- el'Kur'atü'l-Mübarek
- el'Hucub
- Seceretu'l-Vûcüd ve el-Bahru'l-Mevrûd
- Mevâkiu'n-Nücûm

İbn-i Arabi Felsefesi ve Öğretisi

İnsan, Âlemin ruhu ve anlamıdır. / **Fusûsu'l Hikem, Muhyiddin Arabi**

İbn-i Arabi'nin felsefesinde, birinci temel nokta, Kâmil İnsandır. Onun felsefesinin bu temel noktası, Kâmil İnsanın, bir nüzûl yani inişle ve miraç yani yükseliş ile seyr yolculuğudur.

Arabi'nin tüm öğretisi, en mükemmel İlahî varlık olarak yaratılan, sonra çevrilen ve aşağıların aşağısına inen, sonra yine oradan yükselerek, İlahî varlık düzeyine gelecek olan Kâmil İnsan üzerinedir. Bu ezoterizmin iniş ve çıkış yasasının en temel prensibi ve bilgisidir.

İbn-i Arabi'nin felsefesinde, ikinci temel nokta, Hakk'tır. Felsefesinde "her şey hayâldir, tek gerçek Hakk'tır" konusu önceliklidir.

"Hakk, Âlemdir, Âlem Hakk'tır" anlayışı, tüm eserlerinde göze çarpar. Ve yine, benzer önerme ile "Kâmil İnsan Âlemdir,

Âlem Kâmil İnsandır." denir. Öyleyse, "Hakk, Kâmil İnsandır, Kâmil İnsan da Hakk'tır" sonucu ortaya çıkar.

İbn-i Arabi eserlerinde, Hakk için, *enkerül- nekîrât* der. Hakk, "Bilinemeyenin en Bilinemeyeni"dir. Hakk için "Dipsiz karanlıktır" tabirini kullanır. Dipsiz karanlık yani, La Taayyün konusunu ileride daha detaylı işleyeceğiz. Hakk, Aşk ile Nur ile yansıdığı vakit, Âlemler hayâl olarak o nurda belirirler. Hakikat "dipsiz karanlıkta" Hakk olarak açığa çıkandır. Ancak dipsiz karanlıktan yansıyan nurunda, Âlemler, hayâl ve gölge olarak belirirler. Hiçbir şey kopuk, ayrı değildir. Işk (Aşk) ile beliren Âlemler birer hayâldir, gölgedir. Hakk, "Hakikatin Karanlığında" var olandır.

Dibsiz Karanlıktan

Aşkın Nuru açığa çıkar...

... Ve Âlemler,

Hayâl ve gölgeler hâlinde

O nurda belirirler...

Gündüz aydınlığı, O'nun urudur.

Gece karanlığı ise bizzat kendisi.

Varlık Âlemi gece ve gündüz ile vardır. Gece Hakk'ın hakikatidir, gündüz ise hayâl ve gölge Âlemdir. Hubb yani Sevgi, bir iradedir. Tek ve Sonsuz olan Hakk hubbuna (sevgisine) erenler, ulaşanlar, artık gece ve gündüzü birbirine katıp, gecenin ve gündüzün etkisinden sıyrılanlardır. İşte Arifler, hubbun iradesine tam teslim oldukları vakit, ölümsüzleşirler.

Muhiddin Arabi'nin geldiği nokta buydu ve tüm eserlerinde de bunu bizlere yansıttı. Hakk'a ulaşmak bir seyr'dir. Arif için önemli olan, Hakk hubbu'na ulaşmaktır. Orası aşk makamıdır. Ve hubb (sevgi), Arifler için, sadece ve sadece hazdır.

Muhiddin İbn-i Arabi, anlaşılması en zor kavram olan "Allah" ismini, eserlerinin neredeyse her bölümünde bahsetmiş, aktarmaya çalışmıştır. Özellikle Fusûsu'l Hikem ve Futuhat-ı Mekkiye eserleri, anlaşılması ve kavrayışı en zor kitaplarıdır. Bu eserlerin ancak ileriki zamanlarda anlaşılabileceği görüşü yaygındır. Çünkü çağında anlaşılamayan Arabi, gelecek nesillere yönelik açıklamaları ancak günümüz açıklamaları ile birleşmektedir. Günümüz ezoterizm ışığında, onun eserlerini gözden geçirerek, Arabi'nin bâtıni yönünü ve eserlerinde üstü kapalı ve apaçık anlatmaya çalıştığı konuları biz de ele almak ve sunmak istedik.

Muhiddin İbn-i Arabi'ye göre **Mutlak** olan **"O"**, Âmâ'da yani, tüm yaratılmış varlıklar için görünmeyen makamdadır. Ancak O, Kendini görür ve bilir. Diğer tüm görünen, açık hâle gelen varlıklar için Kör Makamdadır. Kün! Emrini verip, "Bütün"ü "Bütün" olarak tek vücudda yaratan, kendi ilmini vücuda getiren, apaçık hâle getiren Yoktan Var edendir. Ve hiçbir idrakin ulaşamayacağı anlayamayacağı bir durumdur.

O'nun, Kün! Emri, Vücuda gelmesi, Yaratıcı Allah hâline gelmesidir. İşte bu yüzden Arabi, **"Allah"**ı, Tek, Som ve Eşsiz olarak tanımlar.

Tek olması, başka bir varlığın daha olmadığını gösterir. Som olması, görünen görünmeyen her zerrede her şeyin O'ndan meydana geldiğini gösterir. Âlemlerin içinde, ama yine kendi gizliliğindedir. Eşsiz olması ise hiçbir şeye ihtiyaç duymadığını gösterir.

İbn-i Arabi *"Her şey O'dur ve O'nundur"* der.

O'nun için hiçbir tanım yapılamaz. Evvel demek yeterli gelmez. Çünkü evvel yani "önce" dediğinizde sınırlandırma yaparsınız. Ahir yani "son" ismini kullanırsanız, yine bir sınırlama yaparsınız. İlk ve Son derseniz bu sefer diğer sıfat ve isimlerin de anlamı olmadığı için eksik kalır. Kutsal ayetlerde, sayı ile bildirilen isim ve sıfatlar, bütündür. Ancak sayı ile ayrı ayrı gösterilmiştir. "Allah" ismi tüm isim ve sıfatların bütünlüğüdür. Ancak Tek, Som ve Eşsiz olduğu için henüz vücuda gelmemiştir. Vücuda geldiği vakit Hakk olarak görünür. İşte ileride bahsedeceğimiz ve İbn-i Arabi'ye göre Hakikatlerin Hakikati olan üçlü erdem budur: **Mutlak, Allah, Hakk**

Mutlak, bilinmeyen Âmâ makamıdır.

Allah, Tek, Som ve Eşsiz olandır.

Vücuda gelen, açığa çıkan ise **Hakk**, tüm isimleri bir araya toplayandır. Hakk, bildiğimiz anlamda aşkın kendisidir. Ve aşk izin verdiği müddetçe, tüm İlahî isimler ve sıfatlar, suretler ve cisimler olarak meydana çıkar, oluşumu gerçekleştirirler. Bu yüzden Hakk isim olarak aşktır. Âlemin kendisidir. İnsan-ı Kâmilin kendisidir. Ve arz üzerinde kendisine ulaşmak isteyen, dileyen Ariflik makamına yükselten yüceliktir. Hakk izin vermese tek yaprak kıpırdamaz. Hakk izin vermese, adını bile anmak mümkün olmaz. Hakk dilemese, hiçbir şey ortaya çıkmaz, belirmez, şekil almaz. İbn-i Arabi felsefesinde Hakk manası şudur:

"BEN'im O'na ulaşma yolunun çerağı"

İBN-İ ARABİ FELSEFESİ VE ÖĞRETİSİ

İbn-i Arabi'nin eserlerinde bahsettiği temel bir gerçek; Âlemin bir vehimden yani zanlardan ibaret oluşudur. Âlemin gerçek varlığı yoktur. "Başına buyruk oluşur ve Hakk'tan ayrı oluşmuştur, ayrıdır" diye düşünmek de bir zandır. Çünkü "ben ve sen" diye ayırdığın her şey de bir hayâldir. Yani sen kendin bir hayâlsin, gören gözlerinle baktığın Âlem de bir hayâldir. Yani sen Âlem hayâli içinde bir zandan ibaret olan hayâl bir "ben"sin. Kısaca, İbn-i Arabi *"İnsan, hayâl içinde hayâldir"* demektedir.

Herkes bu yaşamda uyur, ancak öldükleri vakit uyanırlar. Bedene doğan, uykudadır, ancak geri kendi gerçekliğine döndüğü vakit uyanır. Kendi gerçekliği nerededir? Tabii ki, Hakk Gönlünde herkesin bir gerçeklik sureti mevcuttur. İşte o suretin yansıması, Âlemlerde varlık olarak görünür. Gerçekliği olmayan bir varlık görüntüsüdür. Aslı yine Hakk gönlünde, İlahî aynadaki siluettir, şekildedir. Hakiki şekil, hakiki varlık İlahî aynadaki surettir. O İlahî suretin yarattığı İlahî düşünce, maddi plânda şekil alır ve yansır. İşte bu yansıma, Hakikatin, Âlemlerde hayâl olarak yansımasıdır.

"Varlık ve Oluş (Vücûd ve Kevn) Âlemi, bir hayâl olup, gerçekte bu, Hakk'ın bizzat kendisidir." / **Fusûsu'l Hikem, Muhyiddin Arabi**

İbn-i Arabi felsefesinde, Hakk, tek gerçektir. Hakk dışında görünen, sınırları çizilmiş olan her şey arızidir, boştur, gölgedir, yapaydır, oyundur, hayâldir. Tek hakikat, Hakk'tır. Üçlü erdemin üçüncüsüdür. Üç erdem de "Bir"dir, bütündür.

Hakk ismi, "Allah" ismine açıktır. "Allah" ismi Hakk ismine gizlidir ve tüm var olanlara gizlidir. Mutlak ise "Allah" ismi ve "Hakk" ismi için gizlidir, bilinemeyen, bulunamayan Ama noktasıdır.

Allah ismi, Hakk isminin bâtınisindedir. "Allah" Sever, "Hakk" göremediğine "Aşk" duyar. Ve o Aşk ile Cevherinden ayırdığı her bir hakikati, her bir gerçekliği, açığa çıkarır. An zamanda, tüm insanlarda yaratır, tüm zerrelerde yeniden yaratır. Ve bunu sadece Arifler görür. Çünkü Arif, Hakk merkezine ulaşmış, kendi merkezindedir.

"Allah" isminde tüm isimler ve sıfatlar "kül" yani bütün hâlde, som hâlde, tek hâlde ve eşsiz hâlde bulunur.

"Var" eden isimler ve "Yok" eden isimler, Dualite manaları ile Hakk isminde belirir. Ve bize sayıca bildirilen isimlerin anlamları, An zamanda yaratımdadırlar. "Allah" ismi, kendini Hakk'ta tanır. Hakk ismi, kendini İlahî isimlerde tanır, İlahî isimler kendini İlahî suretlerde tanır. İlahî suretler kendini Âlemlerde tanır. Ve Hakk kendini insanlarda tanır. Her bir insanda yaratılan İlahî isimlerin ve sıfatların yansıması ile tanır. Eğer insan kalbini, arındırır ve temizlerse, işte o vakit cilasız ayna gibi parlar ve Hakk kendini orada tanır. Hakk kendini, insan gönlünde tanıdığı vakit, o insan Hakikatini görmüş olur. Hakk kendini insan gönlünde gördüğünde, insan da gönlünde Hakk'ı görmüş olur. Ve işte bu karşılıklı görme hâli, "BİL"me hâlidir. İnsan bildiği vakit, Arif mertebesine yükselmiştir. Artık varoluş ve yok oluş isim ve sıfatları Arifte meydana gelmez. Arif ikilikten kurtulmuş, Hakk'ın Birliği ile donanmıştır. Bu yüzden varoluş ve yok oluş hâlinde olan diğer insanları seyre dalar. Hem gönlünde Hakk ile seyreder Âlemleri, hem insanlar üzerinde meydana gelen İlahî isimlerin tecellilerine şahitlik eder. İşte buna ileride bahsedeceğimiz **"seyr içinde seyr"** denmektedir.

İnsan, kendi inancı ve elindeki bilgiler doğrultusunda Hakk'ı müşahede eder. Diyelim ki her biri bir renk görebilecek durumda birkaç kişi var. Her biri diğer renkleri göremiyor. Binlerce ayna var ve ortada bir suret, binlerce aynada yansıyan çeşit çeşit renklerde binlerce insan yansıması olsun. Örneğimizdeki birkaç insandan sadece kırmızıyı gören insan, binlerce aynadan sadece kırmızı aynadaki yansıyan insanı görebilir. Mavi rengi görebilen insan ise, aynı şekilde sadece mavi aynadaki insan suretini görebilir. Her insan, kendi inancı ve kendisine öğretilen ya da dayatılan bilgiler ile kâinatı algılar ve her algıladığında Hakk'ın ancak bir İlahî ismini ya da sıfatını görebilir. Örneğin sadece baş gözü ile bakıyor ve idrak bundan öteye gidemiyor ise, Hakk'ın sadece "Zahir" isminin yansıması olan çokluk yani fizik Âlemi görebilecektir. Çünkü inancı ve bilgisi ancak budur.

Yanılsama içindeyiz

Herkes kendi kapasitesi oranında müşahede eder ve algılar. Yaradılış her an gerçekleşse de, insan sadece Zahir olan İlahî ismi görür ve her şeyin yeniden yaratıldığını değil de, sabit olduğunu algılar. Bir yanılsama içindedir. Çünkü Zahir olan fizik Âlem, aslında arızîdir, yani geçici bir süre için varlık olmuştur. Hakikatte vardır, ancak yansımada bir vücudu yoktur. Hakikatte Hakk'a ayn'dır, ancak yansımada gayr'ı olmuştur.

Yeri gelmişken İbn-i Arabi öğretisinde çok geçen ayn ve gayr kelimelerine kısaca değinelim. İlerleyen bölümlerde bu iki kelimenin açıklamasına çok geniş yer verildi. Ayn ve gayr çok basit iki kelime olarak görünmesine karşın bunların derinliği ve bâtıni anlamları, dilimize yerleşen manalarından farklıdır. İbn-i Arabi'nin bu iki kelime ile anlatmak istediği ile günümüz terminolojisinde kullanılan anlamları farklıdır.

Ayn, bizim dilimizde "aynısı, aynası, tıpkısı, benzeri, ikizi" demektir. Oysa İbn-i Arabi'nin "ayn"ı farklıdır. Arapça kökenli bir kelimedir. Ayn, "göz" anlamındadır; göz, bakış, derinlik, gözbebeği, kuyu, memba, asl, öz, zat, kök, hakikati anlamlarına gelir. İbn-i Arabi eserlerinde *"O, Âlemlerin ayn'ıdır"* der. Fakat Türkçeye çevirilerde, Allah Âlemlerin aynısıdır, Âlemdir, kendisidir diye yorumlanır. Oysa İbn-i Arabi'nin anlatmak istediği şudur: *"O, Âlemin Hakikatidir, Özüdür, Aslıdır"*. Bu iki anlam birbirinden çok farklıdır ve şu an kullanılan, yaygınlaşan anlamının dışındadır. O, Âlemin aynısı, tıpkısı, ikizi, benzeri anlamında değildir. İbn-i Arabi öğretisinde "O, ayn-ı Âlem" sözünü kullandığı vakit, Âlemlerden gayr'ıdır fakat Âlemlere ayn'dır. Yani Âlem değildir, Âlemin Hakikatidir, gözüdür, membaıdır, Zatıdır, Aslıdır. Âlemlerin içinde değil, hakikatidir.

Hakikatte ayn olmak, farklılığın birbiri ile birbiri içinde olması, her bir bütünlüğün içinde diğer farklılığın zerresinin bulunması anlamındadır. **Gayr** ise, ayrılık olarak ortaya çıkar. Farklılığın bütünsel görünümü. Örneğin, kadın ve erkek bedenleri gayr'dır. Farklıdır, farklılıkta kendi içlerinde bütündürler. Fakat Hakikatte ayn'dırlar, çünkü her kadın bedeninde eril, her erkek bedeninde dişil enerji bulunur. Bu kısa açıklamadan sonra konumuza devam edelim.

İBN-İ ARABİ FELSEFESİ VE ÖĞRETİSİ

Baş gözü denilen gözlerimiz ise bu fani olan geçici belirmeyi görür ve onun sabit olduğu üzerinde şahitlik eder. İnancının suretini görür. Zihninde inancına ait ne varsa, ancak onu görür ki bu da sınırlı bir görüştür. Çünkü Hakk, tüm itikatların, inançların ötesindedir. "İnsan ancak Hakk'ı tenzih eder" açıklaması budur. İnsan ancak Hakk hakkında geçici gördüğü görüntüyü yorumlayarak, bir "zan"da bulunur. Çünkü Âlemde Hakk, kulunun zannı üzerinedir. Her yorum bir zandır. Zan ise, geçici bir süreliğine ortaya çıkmış, belirmiş, işarettir. Gerçek değildir, gölgedir. Bu yüzden inançların çerçevesinde idrak edilmeye çalışılan Hakk, gerçek bir idrak değildir, yanılsamadır. İnançlar insanı dar bir çerçeve içerisine alır ve o çemberin dışına çıkmaya izin vermez. Yaptırımlar, dayatmalar, sınırlandırmalar, zorlamalar, tek tek bir "zan" oluşturur ve bu zanlar da Hakk hakkındaki hakikate ulaştırmaz.

Eğer Hakk'ın hakikatine varmak istiyor isen, sadece O'ndan dilemelisin. O'ndan dilemek, hiçbir itikada bağlı olmadan kalbi göz ile görmek demektir. "Sen beni an, ben de seni anayım" denmiştir. Karşılıklı bir rezonansın sağlanmasıdır. Arada hiçbir inanç, düşünce, ayrım, kopuş, zorlama, sınırlama olmaksızın, "beni an, seni anayım" oluşur. Çünkü şah damarından en yakîn, kalpte olan Hakk'tır. O gönülde oturan bir sultandır ve kul ile Hakk arasına hiçbir köprü, vasıta giremez, aracılık edemez. Bu yüzden "tek veli Hakk"tır denmiştir. Hakk kimdir? İnsan-ı Kâmildir. Tüm Âlemlerin bütünlüğü ve birliğidir.

Hakk zihni zanlarda değildir, "mütekadde"dir. Açıklaması şudur; Hakk, inançlara bağlı oluşan "zan"lardan gayrıdır. Mütekadd ise, inanç üstü, kalbi bir imandır. İşte Hakk, Hakikatine ulaşmanın tek yolu mütekadd ile anlayabilmektir, görebilmektir. Tek tek gördüğü suretlerin, tek bir bakış ile birliği hissedebilmek mütekaddir. İnsan Hakk'ı "zanlar" ile tanıdığı gibi, bazı insanlar da yansıyan İlahî isim ve sıfatları tanıyabilir. Bu da inançların dışına çıkarak, objektif algılamadır. Bu tip kişilere, müşahede ehli denir. Onlar bir an olsun, tüm dünyadan soyutlanarak, tüm inançları bir kenara bırakarak, hakikat hakkında bir anlayışa varabilirler. Ancak Arifler ise, tüm İlahî isim ve sıfatların bütünü ile yansıdığının idrakine varmış, hakikate ulaşmış kişilerdir.

Bir inanç var ise o da Hakk inancıdır ki bu mütekaddir; yani tüm inançların ötesinde, tüm zanların ötesinde bir teslim oluştur. İbn-i Arabi'ye göre; Allah'ın iki tecellisi vardır: Gayb ve Şehadet. Gayb gizli anlamındadır. Şehadet şahit olunan yani açık anlamındadır.

Allah için Hakk Açıktır yani Zahirdir. Hakk'a göre Allah gizlidedir, yani Gayb'dadır.

İlahî isim ve suretler açıkta, Hakk gizlide, Allah gizlidedir. Misâl Âlemine göre İlahî isim ve suretler gizlide, Hakk gizlide, Allah gizlidedir. Şehadet yani fizik Âlem, madde plânı, açıkta ve ondan önce olan hiyerarşideki Misâl Âlemi, İlahî isim ve suretler, Hakk, Allah gizlidedir.

Allah için tüm Âlemler Açık'tır. Hakk için kendinden sonraki tüm Âlemler açık'tır. Bu yüzden Allah tüm Âlemleri kuşatır ve kapsar. Hakk, tüm Âlemleri ayn denilen "göz" ile gözetler.

Allah, tüm Âlemlerden, fizik plâna kadar uzanır ve kişilere, Rabb eğitici sistemi ile ulaşır. Bu yüzden şöyle denir: "Allah kişi ile kalbi arasına girer". Her insanın kalbi ile kendi arasına girer. İşte buna İbn-i Arabi "şehadet" tecellisi demektedir.

Gayb tecellisi ise Mutlak Yaradan olarak bilinemeyen bulunamayan nokta olarak, idraklerimizin ötesindedir.

Arif, her zerrede o an, Hakk hangi İlahî isim ve suret ile yaratımda meydana çıkmış ise onunla görür. Yani her zerre o an hangi İlahî isim ve suret ile meydana gelmiş ise onu, hiç yorumsuz ve zansız görür. Oysa Arif olmayanlar, o an İlahî isim ve suret kendini açığa vurduğu vakit, bunu kendi inanç ve zannı üzerine yorumlar. Arif ile Arif olmayan arasındaki fark budur.

Beşer için, "cahil" insan, alınlarından sürüklenenler, yeryüzü beşiğinde uyuyanlar, sürüler gibi şaşkınlar sıfatları, Arif olmayan, inanç sahipleri denmiştir. Çünkü onlar "zan"ları üzerine hareket eder, düşünür ve yorum yaparlar.

Örneğin, güneş ışığı, mavi bir cam üzerine yansıdığında, beşer bunu görür ve "güneş mavi renkte" der. Çünkü beşer, kendi zannı üzerine yorum yapar. Güneş ışığı, kırmızı bir zemin üzerine vurduğu vakit, "güneş kırmızı renkte" olarak yorumlar, yine zannı bu doğrultudadır.

Arif olanlar ise, "güneş ışığı o an mavi zemin üzerine yansımış ve mavi olarak görünüyor, oysa hakikatte beyaz renktir" bilgisine vakıftır. İşte Bilme ve Dileme böyle gerçekleşir.

Beşeri insan, bilme ve dilemenin nasıl gerçekleştiğini asla bilemez. Onlar ancak gördüklerini, kendi bilgileri, inançları, doğrultusunda yorumlarlar.

Yine İbn-i Arabi buna çok güzel bir örnek verir: Karanlık bir odaya bir fil konur. İçeri birkaç kişi girer, onlara şöyle denir: *"İçeride hakikat vardır ve siz bu hakikati bilin."*

Bu kişilerden biri filin ayağını tutar, *"Hakikat kalın ama uzun bir şeydir"* der. Biri filin hortumunu tutar, *"Hakikat kalın, uzun ama esnek bir şeydir"* der. Biri filin dişini tutar, *"Hakikat sert ve sivri bir şeydir"* der. Biri filin kulağını tutar, *"Hakikat geniş, esnek, büyük bir şeydir"* der.

Kısaca kimse bilmez gerçekte neyle karşı karşıya olduğunu. Karanlıkta, neye dokunurlarsa hakikati o zan üzerine yorumlarlar. Bütünü göremedikleri, kalbi kör oldukları için parçaya konsantre olmuşlardır. Parça ise zandır, arızidir, aslında bir hakikat teşkil etmez.

Arif ise bu örnekte şunu yapar: "O karanlıkta gören gönül gözü ile Hakikati görür, Bütünden parçaya bakar ve şöyle der: *"Hakikat canlı bir fildir."*

İbn-i Arif, *"zamana kızmayın"* der eserlerinde. Çünkü o zamanda açığa çıkan İlahî isim, sizin zannınız üzerine "karışık", olumsuz ve çirkin görülebilir. Ancak diğer anda açığa çıkacak olan İlahî isim, diğer zamanın tüm izlerini siler. İşte iki an zamanda açığa çıkma aralığı, biz beşerler için çok uzun bir zaman dilimidir. Hatta asırlar sürebilir. Oysa Hakk katında ve Arifler makamında, bu süreç "an" zamanda gerçekleşir. Bir İlahî isimle var olur, bir İlahî isim ile yok olur tüm yaradılış. İşte o iki zaman dilimi, biz insanoğlu için çok uzun bir zaman dilimi gibi gelir. Uzun ya da kısa zaman, tamamen algılarımıza aittir. Öyle vakitler vardır ki, savaşın, husumetin ve katliamların durmadığı, tabiat olaylarının, ölümlerin, hastalıkların yoğun olduğu zamanlar, insanoğluna çok uzun bir süreç gibi gelebilir. İşte o an İlahî isimlerden birinin açığa çıkması yaşanmaktadır. Sakın ola ki "zanlarınız" ile o zamana kızmayın, çünkü o da Hakk'ın isimlerinden biri ile açığa çıkmış hâlidir.

İbn-i Arabi Futuhat-ı Mekkiye'de şöyle der: ***"Öyle anlar vardır ki, Veli ismi ile açığa çıkar ancak Hayy bulamaz, yani hayat bulamaz sadece açığa çıkar. Ama öyle anlar vardır ki,***

Veli ismi ile açığa çıkar ve Hayat bulur". Bu tüm kâinat ve Âlem için verdiği bir bilgidir. Bir de aynı örneği insan için verir: *"Veli ismi ile bir insanda açığa çıkar ancak, Veli ismi ile hayat bulmaz, sadece açığa çıkar. Ama bazen de Veli ismi ile açığa çıkar ve o insan Velayeti devam ettiren Veli olarak hayat bulur"* der. Bunu eserinde şöyle açıklamıştır:

"Azabından Affına sığınırım. Gazabından Rızana sığınırım. Senden sana sığınırım." / **Tevilat-ı Necmiyye, Muhyiddin Arabi**

İbn-i Arabi, bu sözü ile her var oluşun, bir isimle belirdiğini anlatmak istemiştir. Var eden ve Yok eden isimlerin zıtlıklarına dikkat çekmiştir. Ayrıca İbn-i Arabi, "O her AN, ayrı bir şe'ndedir" Kur'an-ı Kerim ayetine de bir açıklama getirmiştir. İbn-i Arabi'nin Fusûsu'l Hikem eserinde belirttiği **"Hakk'ın Rahmeti, yine kendi isimleri üzerinedir."** sözü de bu anlayışı desteklemektedir.

"Çıktım erik dalına, An'da yedim üzümü" / **Yunus Emre**

Erik de üzüm de bir oluşumdur. Hakikatte atomları ayn'ı atomların bir araya gelen oluşumda birbirlerinden gayr'ıdırlar. Özde "bir", kesrette yani çoklukta, farklılık gösteren iki cins meyvenin bir "sır" ile aktarımıdır, çağlar öncesinden gelen. Ariflerin sözleri, birçok manaya gelir. O an hangi makama ermişse oradan konuşur. Seyr hâlinde iken söylediklerine akıl sır ermez. Ağacın özü AN'dır bir bakıma. O özden yüzlerce ağacın, o ağaçlardan da yüzlerce ağacın, sonsuza giden bir tohumu vardır. Geçmişte de yüzlerce ağacın tohumu yine o özü oluşturmuştur. Ve geçmişi geleceği hep o özdedir. Yani öz tüm zamanların sahibi olan **Vaktin Oğlu**'dur.

Geçmiş ve gelecek diye ayrılan iki zamanın, teke indirildiği an'da, Hakk hangi oluşumda ise, o oluşumun meyvesi yenir. Bu bir rızıktır. Oluşumun rızkını almak, insana nasiptir. Ancak bunu bilinçli yapan Ariftir. Arif, erik ağacına çıkar ve an'da yaratılan oluşumun meyvesi o an üzüm ise, onu yer. Her olan ve olagelen hadise, bir rezonans yaratmakta ve gizliyi açığa çıkartmaktadır. Herkes kendi incisini çıkartacak. Ariflerin incilerini idrak edebilseydik bugün insanlık sevgi ile donatılmış olurdu. Bu bilgiler, bilinmesi gerekenlerin cüzzisinin zerresi.

İnkâr ve takdir, ümit ve korku üzerine olan iki zamanlı insan. Ne vakit onu an zamana erdireceksin ki Arif olasın? İki zamanlı, bir zamanda İlahî isimlerin var edenleri, ümit ve takdir üzerine olanları, diğer bir zamanda ise İlahî isimlerin yok eden, inkâr eden, korku üzerine olanları ile bir arada yaşayan insanoğlu habersizdir her birinden. Ne olduğunu bilmez, şaşkındır, cahildir. İçindedir ama hep perdelidir göremez, duyamaz.

Bilgi insanın kendi bâtınından Zahire doğrudur. Bir bakış bazen yeterlidir.

İnsanların kalpleri Rahman'ın parmaklarından iki parmağı arasında tek bir kalp gibidir, dilediği gibi çevirir. Ve Rahman dileseydi, herkesi eşit şekilde inançlı yaratırdı. İlahî isimler sonsuzdur ve her biri yaratıcı ve yok edici, cezalandırıcı, mükâfat verici, rahmet edici, affedici olarak sürekli açığa çık maktadır. O an hangisinin açığa çıktığı, insanoğlu tarafından bilinemez. Bunu ancak Arifler bilir. O an kâinatta hangi ismin açığa çıktığını ya da hangi insanda hangi İlahî ismin açığa çıktığını ancak

Arifler bilir. Çünkü Arifler, aynı an'da, Hakk'ın her nefeste, hangi isim ile kâinatta açığa çıktığını da bilendir. Çünkü Arif, iki zaman içinde değil An'da oturan, kutup olan, merkez olandır. Hakk kendi merkezinde kutuptur. Arif, kendi merkezinde döner, oysa insanoğlu Hakk'ın merkezinde döner. Ve tüm dönüşler yine Asıl olanadır.

İbn-i Arabi bu durumu şöyle açıklar: *"Ne Hakk'ın İsimlerinin açığa çıkmasında bir son vardır ne de insanların bunu yorumlamasının, zanları üretmesinin bir sonu vardır."*

İnsanoğlu, su içip içip hazmedememe hastalığındadır. Su içer, içer ancak hazmedemediği için susuzluktan ölür. Halbuki ilim deryası bakidir ve tam yanı başındadır.

Çok ve çeşit olarak görülen her cisim, madde, varlık, Hakk'ın vücudundan olmuştur. Gizli ve açık olan her şey Hakk Vücudu ile vücud bulur. Bu yüzden de çokluk olarak görünen her şey arızidir, yani yansımadır, sanaldır, gölgedir. Çokluk Âlemi yoktur. Her bir açığa çıkan yine Hakk'ın kendi isimlerinin vücududur. Açığa çıktığı vakit, insan kendinde bu açığa çıkanı tanırsa, kendi ölümsüz parçasına ulaşmış olur. Kendini Bil felsefesi budur. Sende o an açığa çıkanı tanır ve bilirsen, ölümsüz parçana ulaşır, oradan da bütünsel parçaya ulaşırsın; seni eğiten, seni gözetleyen sistem olan Rabb'ine ulaşmış olursun. Ulaştığın an Rabb sistemindeki, sana ait olan ölümsüz parça da kendini tanımış olur. Kendi aksini, yeryüzündeki parçasında görür. Açıkta olan parça ile gizlide olan parça birbirlerini bulmuş, tanımış ve görmüş olurlar. İşte o andan itibaren açıkta yani yeryüzünde olan insan ölümsüz parçasını gizlideki eğiticisinden yani Rabb'inden tanımış olur. Rabb'i de kendi parçasını yeryüzünde görmüş olur. İki göz karşılaşır ve kendilerini görürler ve birbirlerine ayna olurlar. İşte insan, kendi hakikatine ulaşmış olur. Tüm zanları, yorumları, inanç ve itikat sistemi o an çöker, sanki bir bilgisayar sisteminin çöküşü gibi, bir buzun güneş ışığında erimesi gibi. Çünkü insan kendi gölgesini bulmuştur ve yüzünü nereye döneceğini bilir. Kendi nefsinden, kendi ölümsüz parça olan emanet ruhundan, Ölümsüz Bütünselliğe ulaşır. Bundan sonra da artık inanç, yorum, zan ile değil, Hakikat ile aydınlanır. Gördüğü her şeyin hakikatine erişir. Açık olanda, Zahirde derinleşerek, içe doğru uzanır ve her "hâl" ve merhalede, daha da derinleşerek onu eğiten Rabb'ine ulaşır. Bu tasavvufta ölmeden ölmek, beden içinde ölmek ve yeniden o bedende doğmak demektir.

İşte bunu İbn-i Arabi şöyle açıklamaktadır: ***"Kendinde açığa çıkana şahit olan ve bunu tasdikleyen Arif, Arifte bunu açığa çıkaran ve tasdikleyen Hakk"***. Hakk açığa çıkardığını tasdiklediği vakit, Arif de kendinde açığa çıkanı tasdiklediği vakit, iki tasdiklenen birbiri ile uyumlu ise, Arif kendi hakikatine ulaşmış olur.

Oysa, açığa çıkardığını tasdikleyen Hakk ile kendinde açığa çıkanı kendi inancı, bilgisi ve empozeleri doğrultusunda "zanlar" ile yorumlayan, arızi bir tahminde bulunan insanoğlu durumunda Hakikat ancak insanoğlu bakışı ile "zan"dan öteye gidemeyecektir.

İbn-i Arabi bunun için çok güzel bir örnek verir. Su "yağmur" olarak gökten yağar ve tüm zerrelere kadar ulaşır. Su sudur, değişmez. Hakikatte sudur, ancak her nebatta farklı açığa vurur kendini. Gül çiçeğinde gül olur, çınar ağacında çınar olur, taşta taş olur, insanda insan olur. Hakikatte sudur, ancak açığa çıktığı varlıkta yine o varlık olur. Suyun özelliği değişmez, hakikati değişmez, atomları değişmez, yine su olarak öz'de sabittir, fakat her bir zerrede farklıymış gibi yansır. Nerede yansıdığı ve o olduğu, suyun hakikatini değiştirmez. Ter ile fotosentez ile tükürük ile vs. buharlaşıp gökyüzüne geldiğinde, yine su olur.

Muhyiddin İbn-i Arabi'ye göre; hiçbir varlık, elde ettiği değerle, Mutlak'ın eşsiz birliğini eksiksiz ve mükemmel olarak kendi varlığında bulamaz ve O'na ulaşamaz. Bu mümkün değildir. Böyle olmasaydı, her bilinç sahibi varlık için hem kendisinin (mikro kozmos), hem de evrenin (makro kozmos) hiçbir gizliliği, bilinmezliği kalmazdı. Yalnız, Mutlak için gizlilik ve bilinmeyen yoktur. Geri kalan her varlık için, çeşitli düzeylerde gizlilikler ve bilinmeyenler vardır.

Bu çeşitli düzeylerdeki gizlilik ve bilinmeyene, "Allah" ismi ve "Hakk" ismi de dâhildir. Çünkü Mutlak Â'mâ mertebesidir ve Mutlak'tan sonra tüm hiyerarşik evrelerde, gizlilik ve bilinmezlik mevcuttur. Bilinmek isteyen Mutlak'tır. Ancak her zerrede olduğunu belli etmez, örtmüştür, üstünü kapatmıştır. İlk erdem, ikinci erdem içinde, ikinci erdem üçüncü erdem içinde, üçüncü erdem ise tüm ruhlar ve cisimler içinde meydana gelir. Fakat hiçbiri bir öncekini bilemez. Çünkü saklıdır, gizlidir, bilinmeyendir. Her şeyi tek bilen Mutlak'tır.

"Allah" ismi ile işaret edilen, Mutlak'ın vücuda gelmiş en mükemmel hâlidir. Allah vücuda gelmiş hâli, Hakk ise Âlem'dir. İşte bu yüzden İbn-i Arabi, eserlerinin her yerinde, ***"Âlem, Allah'ın gölgesidir"*** der. İnsan-ı Kâmil ise, "Allah" ilminin gölgesidir. Bu yüzden etrafta görülen, sınırları çizilmiş olan her şey aslında yoktur. Sadece gölgedir. Gölgedir ve gerçek değildir.

Gerçekliğini görebilen sadece Ariflerdir. Ancak merkezde olan eşyanın hakikatine ulaşır ve gölgeyi değil, gerçekliğini görür.

Nasıl insanın gölgesi, ancak gölgenin düştüğü yer aracılığı ile görünüyorsa, Âlem de, Allah'ın gölgesinin üzerine düştüğü madde aracılığı ile idrak edilir, bilinir.

Kur'an-ı Kerim, "Her şey beni zikreder ama siz anlayamazsınız." **İsra Suresi, 44. Ayet** de buna işaret eder.

Tüm Âlemleri kuşatması, aynı zamanda Âlemlerden gayrı olması bakımından "Allah" ilmi, tüm zerrelere kadar ulaşan İlahî "emir"dir. Bu en anlaşılması zor olandır diye devam eder İbn-i Arabi. Çünkü hem Âlemleri kuşatması, hem de Âlemler içinde olmaması, ancak "Hakk" ismi ile Ariflerin gönlünden Âlemleri gözlemlemesi, idraki zor, anlaşılması neredeyse imkânsız bir durumdur. Bunu ancak, Arifler anlayabilir der İbn-i Arabi. Çünkü *"Arifin gönlü, Hakk ile dopdoludur, yer kalmamıştır gayrı başka bir şeye".*

İbn-i Arabi, *"Allah yaradılıştan önce neredeydi ve nasıldı?"* sorusuna net cevap vermiş; *"Âmâ'da, sessizlikte, derin sükûttaydı"* demiştir. İşte "Öze en yakîn" olanların dahi anlayamayacağı sır budur. O bilinmeyen Mutlak'tır. Hakiki "Yok"luktur ve bunu hiçbir idrak kavrayamaz der İbn-i Arabi. Bunun idrakine ancak şu şekilde biraz yaklaşabiliriz. Eğer doğuştan görmeyen birine "renkleri" anlatmaya kalkarsanız nasıl bocalar ve eksik kalırsanız, işte "Âmâ" mertebesini anlamak ve idrak etmek için de hep "eksik" ve "noksan" kalırız.

İlahî bütünlük

Fizik plânda olan tüm olaylar, "bütünlüğü" bozamayacağı gibi, İlahîliğe de bir kusur getirmez, bir noksanlık yaratmaz. Yani İlahî olan sistem her zaman bütündür, eksilme ve noksanlık oluşmaz. Fizik Âlemlerde dünyalar var olur, dünyalar yok olur, yıldızlar söner, yeni güneşler doğar, insanlar ölür, doğar. Bunların olması İlahî sisteme bir zarar ya da eksilme getirmez. O bütünlüğünü her zaman muhafaza etmektedir. Çünkü İlahî İrade'de, bir yok olma söz konusu değildir. Mutlak "Yok" kendini Hakk olarak "Var" ettiğinden itibaren, bir eksilme, yok olma söz konusu olmamıştır. **İbn-i Arabi'ye göre; var olma, yok olma ile "yaratım" birbirinden ayrılmalıdır.** Yaratımda her AN ayrı bir yaratımda, ayrı bir görünüşte, oluşumda, her an kâinat yine kendi ile cilveleşmekte, sohbette, akışta, renkten renge bürünmekte, farklılık ve çeşitlilik ile oynaşmakta, sevgililer buluşmada, gönüller akmakta. Yaratım ile oluşan "var oluş ve yok oluş" ile "Yok'tan Var olmayı" birbirinden bu şekilde ayrılmalıdır. Yaratım arızidir, gölgedir. Sadece "Allah" boyası ve ilmi ile boyanmış vücuda gelmiş Hakk isminin, Âlemler olarak yansımasıdır.

Fusûsu'l Hikem eserinde, "ayna" örneği önemli bir yer tutar. Eğer gönlündeki ayna pürüzlü, eğri büğrü ya da renkli ise, Hakk o aynada kendini öyle görür ve aynanın görüntüsü gibi kendini açığa çıkarır. Ve artık insan aynadaki görüntüyü Rabb'i bilir. Bu, kendi inançları ve bilgileri doğrultusunda oluşan gerçek olmayan bir "ilâh"tır. Kaç milyar insan var ise, kalbindeki Hakk yansımasına göre de "ilâhlar" vardır. Ancak İbn-i Arabi önemle vurgular ki "Tek Allah" vardır.

ARİF İÇİN DİN YOKTUR

İbn-i Arabi Hakk için Futuhat-ı Mekkiye eserinde şöyle demiştir: **Sen bilir isen kendini, O'da bilir kendini.. Sen tanır isen Nefsini, O'da tanır kendi Nefsini.. O vakit Arif olursun, Hakk Makamına ulaşırsın. Âlemler görünür, bütünleşir Ayn'ında, Olur Tek Âlem Hakk gözünden seyr eylersin Cümle Âlemi...**

Arif kendi hakikatine Arif olduğu vakit, Hakk nazarına sahip olur. Hakk nazarına sahip olan Arif için yaradılışın seyri, bir hâl olarak yaşanır. Kendinden gayrı kimse kalmamıştır Arif için. İbn-i Arabi felsefesinde, "Kendi gerçekliğine" ulaşan için bir başkası zaten olmayacaktır. Başkası dediği sürece, kendi gerçekliğine de vakıf olmamıştır.

Gel Canımın Canı
Ey Yüceliğim
Senden hasret An'larda
İsmin yankılandı gönlümde
Gel gönlüme gir ey Yücem
Olmasın o vakit senden gayrı hiçbir şey
Ak pak ettim, temizledim gördün mü?
Billur pınar akar da, coşar..
Gördün mü? Bildin mi kendini?
Bildim kendimi,
Göründü gözüme o vakit "güzel",
Misafir eyledi gönlüme "güzel"

Beşer, beşeri müşahedesi ve itikadı nedeni ile Rabb'ine ibadet eder. Arif, kendi hakikatine, kendi gerçekliğine, Rabblerin Rabb'ine yani Allah'a ibadet eder. Burada ayrıcalık, bir özellik yoktur. Gölgeler diyarında kendi gölgesini keşfeden Arif, yüzünü nereye dönse Hakk oradadır. Bu yüzden hiçbir itikad ile inanç sisteminin zorunlulukları ve öğretisi ile bağlı kalmayacaktır. **Arif, sadece kendi Hakikatine bağlı kalacaktır.**

"Kim bilir nefsini, Rabb'ine olur Arif, o vakit, Rabb bilir kendini, olur Hakk'a Arif". Arif, Rabbin Rabbi, Âlemlerin Rabbi olan "Hakk"ı gönlüne misafir eyler, imanı yalnız "Allah"a olur o vakit.

And olsun, biz sizin üzerinizde "yedi yol" yarattık. Biz yarattıklarımızdan habersiz değiliz. / **Kur'an-ı Kerim, Mü'minun Suresi, 17. Ayet**

Ayette bahsedilen "yedi yol", Âlemimizin yedili yapısı burada farklı bir üslupla bir kez daha ifade edilmektedir. Yani yedi boyutlu Âlemimizden söz edilmektedir. Ezoterizmde anlatılan evrenin yedili fiziksel yapısı günümüzde artık kuantum fizikçileriyle daha anlaşılır bir hâlde dile getirilmeye başlanmıştır. İbn-i Arabi'nin de eserlerinde bahsettiği "yedi sistem" de ileriki bölümlerde çok detaylı olarak açıklanacaktır. Öncelikle yedi yol olarak bahsedilenin ne olduğunu anlamaya çalışalım. Sonra Kuantum Fiziği açısından ele alacağız.

Arapça olarak "seb'a tarâika"dır. Yani "Yedi Tarik"dir. Tarık, (ışığıyla karanlığı) delen yıldız anlamına gelir. Yıldızla yol bulma (Nahl suresi/16) açıkça belirtilmiştir. Yıldızın yol göstericiliğinden bahseder ve bu yıldız yani (Tarık) evrendeki en güçlü etkiden bile daha güçlüdür. Fakat evrendeki diğer yıldızlar gibi ışığı olan bir yıldız değildir. Çünkü evrendeki her yıldız, karadeliğin akıbetine, tahribatına uğrayabilir. Tarık denilen yıldız üstün manevîyatı olan, en güçlü bir "karadelikten" bile etkilenmeyecek bir ışıktır. Karanlığı delen bir ışık, bu fizik kâinata ait olmamalıdır. Tarık Arapça ve Osmanlıca kökenli olup "terk eden" anlamındadır. Tarık ışığı öyle nurlu bir ışık ki, terk ettirecek güçtedir ve kâinatta olan her türlü gücün üzerindedir.

Tarık Yıldızı gizlemli bilgilere göre Sirius Yıldızı'nın Kur'an-ı Kerim'deki karşılığıdır.

Gönülleriyle bakanlar

Tarık Nurunu ancak gönülleri ile bakabilenler görebilir. Gönül gözü ile görenler, kalp gözü ile duyanlar, Ariflerdir. Öz'ün, "kendinden kendine" olan "İlahî dalgalanmasında" Var olan ve Yok olan Nur Işımasının, O'ndan O'na, yani Asl'ından Âleme, Âlemden Asl'ına geri dönmesidir. Ta ki tekrar bir yolculuk başlayana kadar. An zamanda gerçekleşen daimi bir yolculuktur bu.

Ve insan, görünür fizik Âlemde, derinleşerek, Rabb'ine geri dönecektir, tüm tespit edilenler, tüm yaratılanlar hepsi sonla karşılaştıklarında, Tarık yıldızının ışığıyla Rabblerine geri döneceklerdir.

İbn-i Arabi felsefesinin dayandığı temel noktalardan biri de **"gönül gözü ile görmek, kalp gözü ile duymak"**tır. Bütün kalpleriyle gören demek, iman edenler anlamındadır. İman edenler, gönül gözü açık olanların yöneleceği bir durumdur. Kalbinden duymak anlamı ise çok hassas bir durumdur. Kalbi ile duymak yani Hakk'ın çağrısını, davetini duyabilmek için, gönlünün mertebesinin yüksek olması gerekmektedir. Bu çağrı Tarık'tır. Ve Tarık, İbn-i Arabi felsefesine göre, "Mekânen

Alliya" denen, mekân olarak en Yüce Makamda olan "Allah" ilminin nurudur. İşte bu nuru ancak Arifler görebilir. Bunun için, gönül gözünün açık olması ve imanının çok güçlü olması gerekmektedir. Çünkü kalben işitilecek bir durum söz konusudur. Kulaklarla duyulacak bir durumdan bahsetmemiştir. Kalbin yani gönlün duyması, çağrıya cevap verebilmesi için diri olması gerekir. Çünkü kalben ölüler bunu duyamazlar. Kalben ölü olmak, gönül gözünün kapalı olması durumudur.

Arif hakikatine eriştiğinde, kalben iman etmiştir, bir itikad ile kayıtlanmaz. İşte o vakit, Tarık yıldızı ile karşılaşacaktır ve o nurların nuru, tüm evrendeki gücün üzerindeki güç, çekip alacak bu daveti işiten Arifleri. Yedi yol kat ederek O'na ulaşacaklardır. Yani Siriusyen bilgilere ulaşacaktır.

İbn-i Arabi'nin ***"Hakk Âlemdir"*** ifadesi her şeyin birliğini ortaya koyan bir düşüncedir. Fizikte, tüm madde, kaynağını, bir atomun parçacığının titreşimine neden olan ve parçacıkları çok yüksek bir kuvve ile bir arada tutan, bir kuvvetten alır. Tüm fiziksel madde, etrafımızdaki her şey, bir frekansın sonucudur. Bu şu manaya gelir: Eğer frekansı artırırsanız maddenin yapısı değişecektir. Şu anda biz üç boyutlu dediğimiz bir frekans içindeki bir maddi Âlemin içinde bulunmaktayız.

Evrenimizdeki sınırsız enerjinin, sınırsız frekans aralıklarının içindeki dünyamız ufacık bir frekans aralığıdır. Atomların parçacıkları, muazzam boş alanda ışık hızlarıyla dönerler. Ve parçacıklar maddesel objeler değildirler. Parçacıklar, enerjinin ve bilginin muazzam bir boşlukta dalgalanmasıdır. Alanı değiştirirseniz, içerisindeki atomları da değiştirirsiniz. O yüzden tasavvufta zikirle alanı değiştirmek hedeflenmiştir. Zikirle, müzikle alan değiştirilmiş ve o ortam ruhsal ve fiziksel değişimin merkezi hâline getirilmiştir. Ve bu değişimle, gerçeğe giden yola adımlar atılmıştır. Titreşimle titreşim içindeki madde ve maddeye bağlı vücutların değişimi sağlanmıştır. Titreşimi değiştirecek tek güç yine titreşimdir.

Biz de atomlardan meydana geldiğimize göre, her şey birbirine bağlı olduğu için, tam anlamıyla fiziksel gerçekliğimizi de değiştiriyoruz. Evreni oluşturan temel yapıyı yaratan aslında bilinçtir. Biz olmadan evrenin olması mümkün değildir. Çünkü bizim rolümüz sadece etrafımızdaki dünyayı gözlemlemek değildir. Gözlemlerken aynı zamanda içinde yaşadığımız, algıladığımız evreni şekillendiriyoruz. Yaşadığımız her an aslında evreni var etmekteyiz. Bilinç evrenin programlama dilidir. Biz bilincin orkestra şefiyiz. Ne yaparsak biz oyuz.

Biz hem bir bütünün parçalarıyız, hem de bütünü oluşturan biliniciz. Evrenin fiziksel oluşumu, evrenin içindeki bilinçlerle devam etmektedir. Bilincimizin yaydığı enerji içinde bulunduğumuz maddi sistemi değiştirmektedir. Çünkü her şey bir frekanstır. Zihnimizden çıkan her frekans içinde bulunduğumuz fiziksel sistemin frekansına etki etmekte, onu değiştirmektedir.

Altın Çağ'da hem ruhsal hem de fiziksel değişim beklentisinin nedeni budur. Ruhsal etki değişince fizik de değişecektir.

Yeni Çağ, devrenin sonu, Ariflerin çağıdır.

İşte Kur'an-ı Kerim'in çeşitli ayetlerinde sözü edilen İsrafil'in sura üflemesinin bir anlamı da kuantumun bu fiziksel bulgularının içinde aranmalıdır. Kuantum fiziğine göre, yaşadığımız her an evreni var ediyoruz. Ve İbn-i Arabi felsefesinde de, var olan ve yok olan bir "İlahî dalgalanma" ile her an yeni bir yaratılış mevcuttur. Ve yakında yepyeni bir dünyayı, yukarısı ile aşağısı "bilinçli bir koordine ve açık şuur ile " yeniden oluşturacaklardır. Hakk var ise batıl yoktur, şu an batıl var ise Hakk yoktur. Hakk geldiği vakit batıl yok olmaya ve yıkılmaya mahkûm olacaktır.

Vahdet-i Vücut felsefesinin altında yatan gerçeklerin bir kısmı işte bu ezoterik anlayışta aranabilir. Yeni Çağ, kıyam çağıdır. Ve İbn-i Arabi'nin eserlerinde, kendi çağından seslenerek "günümüz kıyam çağını" üstü örtülü sembolik ifadeler ile aktarmaya çalışmıştır. O zaman anlaşılamadı. Yeni yeni gün ışığına çıkan, yorumlanan eserlerini anlamaya gayret ederken kuantum fiziğinin keşiflerini de kullanmaya çalışıyoruz.

İbn-i Arabi, Fusûsu'l Hikem eserinde, kıyametin birkaç çeşitte olduğunu aktarır.

Birinci kıyam, Her an, "öz'ün, fizik plâna", "fizik plândan tekrar öz'e" olan "İlahî dalgalanması" ve bu dalganın yedi katmanlı tüm Âlemlere nüfuz etmesidir. İlahî emirlerin, an zamanda tüm Âlemlere nüfuz etmesi, ulaşması ve yine aslına geri dönmesi anlamındaki kıyamdır. Tüm Âlemlerle birlikte görünen kâinattaki her şeyin bu dalgalanmaya dâhil olduğunu vurgular İbn-i Arabi. Hayy isminin açığa çıkması ile her şeyin daima diri olduğu, uyuma ve uyuklamanın olmadığı bir "İlahî Yapının" varlığıdır.

Ona göre ikinci kıyam, bir insanın bedenini terk etmesidir. Üçüncü kıyam ise, insan öldükten sonra, bir süre Misâl Âleminde yaşamaya devam eder. Burası bir bekleme ve ara aşamadır. Tekrar bedenleneceği güne kadar burada yaşamını bir "gözden" geçirme durumunda kalır.

Dördüncü kıyam, Arifin, fena ve beka makamlarını hâl olarak yaşaması, nefsini tanıyarak Rabb'ini bilmesi ve tekrar kendi bedeninde yeniden Hakk Birliği ile dirilmesidir.

Beşinci kıyam ise, tüm insan ruhlarının, henüz yaşarken Arif sınıfına erişememesi, beden içinde fena ve beka makamlarını hâl olarak yaşamaması, Hakk Birliği ile dirilememesi, hayatını beşer tarzında sürdürmesi ve bedeni terk ettikten ve ahirette bekledikten sonra, topluca uyanacağı zamandır.

İbn-i Arabi, gerçek uyanışın şöyle gerçekleşeceğini düşünmüştür. "Herkes 'çok değerli birer cevher' olduğuna uyanacaktır. Kişi, kendi Hakikatinden gayrı değildir." Binlerce yıldır "ne olmadıklarımızı, hakikat gibi gösteren" dayatmalardan kurtularak, gerçekte "ne olduğumuz" Hakikatine ulaşan bir uyanış.

Herkes gülerken Arif ağlar

Arif, ne vakit dünyası içinde iken daha derine seyr içinde seyr hâlini alır o vakit bâtınında, kendi içselliğinde "dünyalar" oluşur. Artık Arif, dünyaları, Âlemleri Hakk gözü ile görmektedir. İçinde bulunduğu hâl ile hemhâl olma hâlindedir. Ancak İbn-i Arabi'ye göre, "hâlâ tehlike geçmiş değildir". Hâl ve makamları seyrederken, sarhoş olma, kapılma büyüsü, arızî durumlar olabilir. Hakk yolu kıldan ince kılıçtan keskindir, takılıp kalmak da mümkündür. Arif, yüreğinin gönlünün isteği, daha derine daha derine inmek, susadıkça içmek, içtikçe susamak, An zamanda tüm hâlleri ile hemhâl olmaktır.

Seyr içinde seyr olsun. En tehlikelisi Hakk yoluna girip, bir yerde takılıp kalmaktır. Suyun içinde susuzluktan ölmektir o vakit. Ariflerce, susadıkça içilen, içtikçe doyulmayan ne büyük deryadır bu Yol. Gönül sarhoşluğudur.

Nasıl bir sarhoşluktur bu? Herkes ağlarken Arif güler, herkes gülerken Arif ağlar hâldedir. Çünkü kendi dünyası kendi içindedir, görünen dünya içindedir ancak o dünya içinde kendi dünyasındadır Arif. Kıyamet kopsa, yerle bir olsa her şey, ne fark eder ölümsüz Arif için. Onun içindeki dünya hep sağlamdır. O dünyada yaşayan değil, dünyası onun içinde yaşayandır. Ve "onlar ve sen" ayrımı yoktur, görünen her şey arızi, geçici, gölge, oyundur. Oyun içinde oyun, gölgenin gölgesidir.

İbn-i Arabi diyor ki Allah'ın gölgesi Âlemdir, Hakk Âlem'dir. Hakk Aşktır, Aşk Hakktır. Arif Aşk makamına ulaştığında, dünyada kıyamet kopsa yerle bir olsa, o kendi dünyasındadır, başka şey görür, yıkılmayacak kadar güzellik vardır onun gördüğünde. Eşyanın hakikatine varmıştır Arif. Peki o güzellik nerede? Arifin gönlündedir güzellik.

Arif dünyada yaşayan değil, dünyasını içinde inşa edendir. Kendi dünyasını inşa eden Arif artık gönül avazı ile şunu nida eder: "Kayıb'tım gölgeler Âleminde, yolum şaşmış.. Şimdi Görünür Oldum Hakikatte, var olan bir tek ben imiş."

İbn-i Arabi felsefesinde, vahdet-i vücud düşüncesinde, **"Vücud birdir, ancak sıfatı çoktur"**. Vücud birdir, başka vücudlar yoktur. Görünen her şey, Hakk'ın, İlâhî sıfatlarının açığa çıkması ve görünür olmasından dolayıdır. Görünür olmasını, İbn-i Arabi **"Zatından Zatına"** diye ifade eder, yani kısaca **"kendinden, kendine"** olan bir yolculuktur. Canlılığın kaynağı olan ve tüm isimlerin tek tek açığa çıkarken bütünleştiği Hayy ismi, sıfatların en üstünü olarak kabul edilir. Çünkü açığa çıkan bir sıfat, isim, eğer Hayy ile canlılık kazanmaz ise, sadece isim olarak açığa çıkar, görünür olur ancak bir varlık kazandırmaz. Yani hâkimiyet kazandırmaz. Hâkimiyet kazandırması için, açığa çıkan İlahî ismin, sıfatın, hareket kazanması gerekir ki bu da Hayy ismi ile olacaktır. İlahî düzende, "durma" yoktur, sürekli hareket vardır. Hayat İlahî bir isim ve sıfattır. Bir ismin, varlık olarak görünür olması için Hayat ile hareketlenmesi gerekir, yoksa o bir ölüdür. Hayat olmayan yerde, tüm isimler ortaya çıksa bile bir işe yaramayacaktır. Tüm İlahî isim ve sıfatlar, ortaya çıkarken Hayat yani Hayy ismi ile canlılık bulur, hareket kazanır.

İbn-i Arabi, "Kemâl sıfatlarını" sekiz tane olarak sıralar.

Eğer bu kemâl sıfatları bir varlıkta vücud bulmamış ise, o varlık "kemâl" değildir. "Hayat (Hayy), İlim (Âlim), Kudret, İrade, Yaratan, İşiten, Söyleyen, Gören. Bu sekiz İlahî sıfat, bir insanda açığa çıktığı vakit o insan Âdem'dir, İnsan-ı Kâmildir, Ariftir. Tüm sekiz sıfat da aslında Hayy ismi ile bütündür. Kâmil olmak Hayy olmaktır. ***"Hayy olan, Allah'tır"*** der İbn-i Arabi. Cennetin en son basamağı olan, Allah'a en yakîn olan yer, yani "mukkaribun", ölümsüzlerin, Ariflerin "Yüce Mekânı"dır. Arabi felsefesinde, an'da "Veli" ismi ile zuhur eden "zaman", Hayy bulur ise, hâkimiyet kazanır, bütünleşir, işte o çağ, Arifler Çağı olur.

Arayın bulacaksınız

İbn-i Arabi felsefesinde, seyr yolculuğuna çıkan insanın ruhunda İlahî isimlerin tecellisi tek tek açığa çıkar. İbn-i Arabi, talep edenin, talebi duyanın, talebi yerine getirenin, talebi açığa çıkaranın "tek" olduğundan bahseder. Sadece yetenekli olan ve isimleri kendinde açığa çıkaracak olan kişi, talep doğrultusunda birtakım zuhurların meydana gelmesi gerekir.

"Tek başına yetenek bir işe yaramaz." der İbn-i Arabi. Bunun anlamı, "Sende, tek başına "var olan" istidat yeterli değildir". İstidadınla beraber, Hâkimiyet de açığa çıktığı vakit, Bütün'leşirsin. Yani tek başına hikmet isminin insanda açığa çıkması yeterli değildir. O kişi hikmet sahibi olduktan sonra "hâkim" isminin de açığa çıkması ve bütünlüğün oluşması gerekmektedir.

Her şeye yaratılışının hakkını veren, yol gösterendir. **/ Kur'an-ı Kerim, Taha Suresi, 50. Ayet**

Futuhat-ı Mekkiye eserinde, İbn-i Arabi özellikle şunu vurgulamıştır: ***"Hikmetin verdiği şeyi verene, Hâkim denilir."*** O, insanın neyi talep ettiğini bilir ve ona göre hikmetini gönderir, ancak buna hâkim olup olmaması yine insanın elindedir. Talep ettiği hikmet, kendisine verildiği vakit, onu taşıyacak, sorumluluklarını yüklenecek ve ona hâkim olması gerekecektir. Bu yüzden insanın kalbinde olan, gizlisinde olan açığa çıktığı vakit, onu taşıyacak kudret de yine insanın yetkisinde olacaktır.

Kalbinde ne var ise ona verilecektir.

Hz. İsa da ***"dileyin verilecektir, arayın bulacaksınız"*** demiştir. Kalbindeki "necm"i kime vereceğini bilmeli insan. Çünkü ona verilen hikmeti taşıyacak ve onun sorumluluğunu da yüklenecektir. Eğer onu yaban ellerde heba ederse, o hikmet ondan alınır. Her şey bir süreliğine insana emanettir ve o süre içinde onu taşıyacak kadar hâkim olma hâlini yaratmaz ise, tekrar ondan geri alınır. İşte o vakit insan darmadağın olacaktır. Taşıdığı emanetin sorumluluğu, yine kişiye aittir ve bu edeb'tir.

Azap ve ıstırap içinde olanlar, dünyanın etkisi altında kaldığı İlahî sıfatın sırrını anlayamadıkları için, azap ve ıstırap içindedirler. Hakk'ın "Müdil" isminin açığa çıkması ve Hayy bulması, dünyayı ve insanları, etkisi altına alması diye yorumlar İbn-i Arabi. Hakikati bilmeyenler için "dünya bir cehennemdir". Ancak dünyadaki tüm işler Hakk'ın isimleri etkisi altındadır. Ve O, Hayat ismi ile her zerreyi kuşatır ve etkisi altına alır. Müdil isminin Hayat bulması ve bu ismin ve sıfatın sırrına ulaşamadıkları için, insanlar dünyada ıstırap ve acı içindedirler. Ne vakit Müdil yani delalete götürücü, ıstıraba yöneltici sıfatın sırrına erişir, işte o zaman insan, yavaş yavaş uyanmaya ve farkındalığa erişir. İşte o zaman insanda "Hadi" yani yol gösteren, yol açan, kurtuluşa ulaştıran sıfatı Hayat bulur.

Kahrı, "lütfu şeyhi" vahit bilmeyen çekti azap. Ol azaptan kurtulup, sultan olan anlar bizi. / ***Niyazi Mısri***

Mudil ismi cehennemde çekilecek ıstıraba işaret eder. Kişi, Mudil isminin sırrını çözerse, bu ismin manasını idrak ederse, cehennemin ateşinden kurtulur. Yani dünya bir ıstırap yeridir ve Mudil ismi ıstırap ile hükmeder. Eğer bu ismin idrakine varırsa kişi, dünya ıstırabından kurtulmuş olur.

İbn-i Arabi der ki: ***"Hakk'ın rahmeti gazabını bastırır."*** Ve şöyle devam eder: *"Cehennemde ateş yoktur. Ancak Mudil isminin sırrına ulaşamayanlar orada ateş gibi yanarlar. Istırap ve acı içinde olurlar. İşte bu yüzden yanar yanar ama kül olmaz, yok olmazlar. Devamlı kalacak olanlar ise, hâlâ İlahî ismin* *sırrına ulaşamayanlardır. Ulaştıkları vakit Hayy isminin bütünlüğü olan, Sekiz Uçma mertebesi ile Mansur'laşırlar. Yani zafere ulaşırlar, Arif olurlar."*

Sekiz Uçmadan kasıt, az önce yukarıda saydığımız sekiz İlahî İsimdir. Sekiz İlahî isim "Kâmil" makamıdır. Kâmil makamı, tasavvufta "sekiz uçma" olarak bahsedilir.

Kâh ruhum O'nun çöllerinde dervişe olmuş dolanırken, su gibi akar, çiçek olur açar, kartal olur uçar, seyreyler tüm kavramları, tüm deyişleri, tüm manaları. Ne kelime vardır orada, ne cümle. Kelime de sen olursun, cümle de.

Gönlü ile perdeleri arayanlar üstündür sadece. Sadece akıl, insanı bir adım öteye götürmez, dünya işini kolaylaştırır. Öyle hadiseler vardır ki, akıl kabullense, gönül etmez, gözü yumsan, dil inkârda. Dünyayı bir "savaşın ve ölümün" dünyası olarak baştan çizilmiş bir kaderin içine zerk etmişler. Akıl kabullenir. Lakin Gönül nasıl kabul etsin ki.

Ötede, Hakikat kendi huzurundadır. Bilmek ile tanımak ayrı şeylerdir, gönül bilir, ama tanımaz. Tanısın ki, tanıklık ettiğini kutb'tan seyreylesin. Hem içindeyiz dünyanın köküne nam salmışız, hem dışındayız dünyanın dem olmuşuz. Kendi Hakikat dünyamızı inşa ettiğimiz vakit, işte hayır ve şer Teklik olacaktır.

Sır, gönlü arayanlar için sırdır, ulaşanlar için sırlayandır.
Sır bir kelime ise, gönül kelime olur, kelime kelimeyi tanır.
Sır bir sözden ibaret ise, gönül bir söz olur, söz, sözü tanır.
Sır bir bakış ise, gönül göz olur, her yerden görendir.
Sır bir ateş ise, gönül ateş olur, ateş, ateşi tanır.
Ve ateşin ateşe söyleyecekleri çok olur.

Kader ve sebep sonuç ilişkisi

Ayan-ı Sabite, mutlaklığı bakımından Hakk ile fizik dünya arasında bir konuma sahiptir. Hakk, Tekliği simgeler, fakat görünmeyenden görünene çıktığı vakit ayrışır ve İlahî isimler olarak belirir. İbn-i Arabi düşüncesinde, görünmeyenden görünene çıkışı, bir nefes alma şeklindedir. Bâtın'ın yani görünmeyenin sıcak havası, görünen yani Zahirin soğuk havasına çıkışıdır. Hakk bünyesinde oluşan muazzam sıkışma, bir nefes alma, nefesi dışarı verme şeklindedir. Bu sıkışmayı sağlayan ve tetikleyen unsur ise Işk yani Aşk'tır. Aşkın tetikleyiciliği sonucu, nefes ile görünmeyen Teklikten, görünen Çokluğa geçişte İlahî isimler ayrışırlar. Her bir isim, bir Rabb Plânını oluşturur. Rabb Plânı ise görüp gözeten, geliştiren bir plândır. Hakk ile fizik dünya arasında bir konuma sahip olan A'yan-ı Sabite, Rabb Plânlarının organizasyonu ve konumlandırdığı, yaşam platformlarını hazırladıkları levhalardır. Her insanın, her nesnenin, Ayan-ı Sabitede bir levhası bulunmaktadır. Rabb Plânı, bu levha üzerinde çizdiği her İlahî görüntü, yansıyarak, fizik dünyalarda gölge hayatları oluşturur. Levha üzerine çizilen her İlahî görüntü bir sebep oluşturur. Sebep, İlahî bir ilimdir. Levhada oluşan Hakikat görüntüsü, sebebi ile fizik dünyaya yansır. Oluşan her şeyin, meydana gelen her olayın muhakkak bir sebebi vardır. İbn-i Arabi, Fusûsu'l Hikem eserinde, **"sebeplerin ortadan kaldırılmasının imkânsızlığı"**nı vurgulamıştır. Olan her şey İlahî levhada bir sebep üzerine yaratılır. Sebep üzerine yaratılan her durum, onun Hakikatidir. Hakikati yok etmek de mümkün değildir. Çevremize baktığımızda, yaşadığımız her olay, oluşan her durum, başımıza her ne geliyor ise, sebebi ile birlikte oluşur. Bu oluşumu, insanın yok etmesi, durdurması ve değiştirmesi mümkün değildir.

Ayan-ı Sabitede oluşan her İlahî hakikat, Allah'ın bir kelimesidir. Allah'ın kelimeleri ise, insanların ve eşyaların Ayan-ı Sabitesinden başka bir şey değildir. Bu yüzden görünen her nesne ve insan, Allah kelâmının ayanı sabitede şekil almış yansımasından başka hiçbir şey değildir, der İbn-i Arabi. Sebeplerin amacı da sadece, yaşamın ve yaratımın sahibi olan Allah'a aittir. Beşeriyet olarak, insan, sebeplerin amacını bilemez. Ancak sonuçları görebilir. Sonuçları da kapalı bir şuur ile gördüğü ve izlediği için de zanları ile yorumlar. Oluşumun ve yaratımın sebebine hâkim olamayan insanlık, sadece sonuçların kendine uygun oluşundan dolayı sevinç, uygun olmayışından dolayı da üzüntü ve karamsarlık duyar.

Sebepler hakikatlerdir. Ancak kendi hakikatine ulaşan Arifler, sebeplere de ulaşmış olur. Sonuçları da sebepleri ile birlikte gözlemleme melekesine sahip olduğu için, olan herhangi bir oluşuma yorum getirmez sadece izler. Ve her şeyin Hakktan olduğunun bilincindedir. Bu tam bir uyanıklık ve açık şuur hâlidir. Arif olmayanlar ise sadece sonuçları, izleyecek ve zihinlerinde yarattıkları zanlar yorum katabileceklerdir. İsyan ederek, sevinerek, üzülerek, coşarak, küfrederek, memnun olarak ya da olmayarak, severek ya da nefret ederek, yaşamın kendisine haksızlık ettiğini düşünerek, ya da ne kadar şanslı olduğunu düşünerek hayatını geçirmeye devam edecektir.

Örneğin, gözlerini kapattığında hiçbir şey görmeyen bir insan, her şeyi yok sayamaz. Şu an hiçbir şey görmüyorum dediği anda, her şeyin yok olduğu gerçeği ortaya çıkmaz. Ya da bir eşya satın aldığında, o eşya artık onundur ama bu daha önce de yok olduğu anlamına gelmez. Bunun gibi, sonuçlara bakarak hareket etmek doğruya ulaştıramaz. Her insan Hakk'ın bir İlahî isminin belirdiği Rabb eğitim sistemine dâhildir. Rabb Plânı Ayan-ı Sabitede nasıl bir şekil çizmiş ise, o levhadan yansıyan insan da o çizilen sebeplerin sonuçlarını yaşayacaktır. Çizen el de, yaşayan insan da hakikatte Ayn, fizik plânda gayr görünümündedir. Bu İbn-i Arabi deyimiyle **"kendinden kendine olan yolculuğun"** bir oluşumudur. Her insan doğmadan önce, kendi levhasında hangi sebebi oluşturmuş ise, Rabb Plânı tarafından terbiye edilerek sonuçlarını fizik dünyalarda yaşayacaktır.

Kendisine verilen cüzi akıl ve cüzi nefs ile maddenin tesiri altına giren insan, bedenin de vermiş olduğu çekim alanı ile tüm bu İlahî Hakikati unutur. Unuttuğu için de tüm yaşadıklarını bir zorunlulukmuş gibi zanneder. Nefsine ve aklına uyan şeyler için de imkân ve ödül olarak görür. Yaptığı her şeyin bir cezası ve mükâfatı olduğunu düşünür. Ölçü ile hareket etmeye başlar. Attığı her adımın karşılığını bulacağı düşüncesi, tüm hayatını kaplamaya başlar. Arif ise, her yaşadığının kendi plânı olduğu idrakindedir ve hayat plânına tamamen teslim olmuştur. Çünkü sebepler ya vardır, ya yoktur, bunun ortası olmayacağını gayet iyi bilmektedir. Üçüncü bir hâl oluşmayacağı için, Arif tam bir teslimiyet hâlindedir. Her şeyin bizzat kendi elleriyle çizdiği levhadan yansıyan bir hayat plânı içinde gerçekleştiğini bilir. Bu yüzden Arifler için korku ve hüzün yoktur. Hakikati bilen için bir korku ve bir hüzün olmayacaktır. Bir cezalandıran ya da mükâfatlandıran da olmayacaktır. Çünkü kendinden kendine olan yolculukta insanı yargılayacak olan tek şey vicdani kanaldır. Yani kendi iç sesidir. Yani Ayan-ı Sabiteye çizdiği

Hakikatidir. Bu hakikatinin dışına çıkamadığı için de, hayat plânına ne dâhil ise onu yaşayacaktır. Daha fazlası için üzülme, daha azı için mutsuz olma kaygısı taşımayacaktır. İsteklerin ve arzuların birer nefsî ve aklî caydırıcılar olduğunu bilir. Arif, daha fazlasını istemesinin, yaşamının yön değiştirmesine sebep olabilecek değişimle re yol açabilir bilincini taşır.

Kuvveden fiile çıkarken, tüm yaratım bir sebep ile oluşur. Bu mümkün olandır. Mümkün olma, tamamen insanın doğmadan önce belirlediği hayat plânıdır. Ve bu hayat plânının koordinesini sağlayan Rabb Plânıdır. Her insan kendi Rabb Plânının görüp gözeticileri altındadır. Ve tüm yaşamı, mümkün olma durumu içinde oluşur.

Herkes kendi kaderini kendisi tayin etmektedir. Ne yaşıyor ise, bizzat kendi Rabb Plânında oluşturduğu eserin içine dâhil olmuştur. Kendi çizdiği ve renklendirdiği tabloda, yine başrolde kendisi oynamaktadır. Tablonun içinde olmak, dışarıyı bilememek insanın kapalı şuurda olmasındandır. Açık şuurda olsaydı, tablonun hem içinde memnun, hem dışında bilen konumunda olacaktı. Ve ne cezalandıran, ne de mükâfat veren bir yaratıcının değil, bizatihi kendi kendine yürütülen bir İlahî sistemin varlığına şahit olacaktı. Çünkü her şey bir düzen içerisinde kanunlar çerçevesinde yürümektedir. Bu kanunlar ve düzene Hakk dahi kendi de uymaktadır, İlahî isimleri de uymaktadır. Bu Hakk'ın istidadıdır. İstidat, belirleyici güç ve kuvvedir. Bu kuvvenin açığa çıkması ve şekil alması, Âlemin her an bir yaratımda olduğudur. Her an ayrı bir yaratımda ve ayrı bir şekil alma üzerine olduğudur. Her yaratım da bir sebep ile ortaya çıkar, sonuçlar da Âlemde olaylar tarzında meydana gelir.

Kaza ve kader

Allah'ın, yaratılanlar ile ilgili hükmü kazadır. Hükmü bilgisidir. Bilgi de sadece yaratıcıya aittir. Kısaca Yaratım bilgisi, Allah katında sabitlenmiş bir bilgidir ve yaratım ile ilgili tüm bilgiler kazadır. Hakk da, Allah katında sabitlenmiş yaratım ilmine sınırlı sahiptir. Yaratım bilgisi, Allah katında sabittir ve Hakk da bu bilgiye sınırlı olarak sahiptir. Bu maddenin ve tüm nesnelerin kazasıdır.

Her yaratılanın kendi nefsinde sabit bilgisi, onun cevheridir. Hakk yaratılanlara, eşyalara ve nesnelere hükmederken, aslına sadık kalarak onu değiştirmeden hüküm etmektedir. Ayn-ı Sabitesine sadık kalarak, yaratımı ve oluşumları gerçekleştirir. Asli sabitesini bilemez ve aslını değiştiremez. İşte bu da ilk yaratımda oluşan tüm sabitenin kaderidir.

Bir olayın kazası zaman içermez. Sebeb ile yaratılmış bir sabitliğe sahiptir. Zamanı ise kader belirler.

Örneğin, deprem kuşağı olan bir merkezde depremin olması bir kazadır. Yani kesin ve sabittir. Jeolojik ve yerleşim olarak depremin oluşması kaçınılmaz bir fiziki olaydır. Bu o yörenin kazasıdır. Yani sabitlenmiş bir hakikattir. Ancak ne zaman deprem olacağı ise o bölgenin kaderidir. Şimdi insanlar o bölgede, zaten deprem olacak kaygısı ile kaçmaları ne kazayı değiştirir ne de kaderi. Bir zaman deprem olabilir düşüncesi ile yaşamaları ise, yine kaderi değiştirmeyecektir. Zamanı ancak hüküm belirler. Hüküm yetkisi de ancak Hakk'a ve İlahî isimlerine aittir. Her şey kanunlar çerçevesinde düzen içinde olduğu için de, sabit kaza hâlinin, ne vakit kader hâline dönüşeceğini ancak zaman enerjisi belirleyecektir.

İbn-i Arabi, *"Kaza, her zerrenin, her yaratımın Allah katındaki Hakikatidir ki bunu Hakk varlığı bile kısıtlı bilmektedir"* der. Hakk'ın hükmü, bu gizli Hakikate sadık kalarak yaratımlar gerçekleştirir. Zaman enerjisi de işin içine dâhil olduğundan, kaza önceden sabitlenmiş sebeptir, zaman enerjisinin ve Hakk hükmü gereğince yaratımın sonucunda, kaderi ile sonuç bulacaktır.

İşte bu bölümde İbn-i Arabi, Arifleri de ikiye ayırmıştır. En üst ve alt mertebe olarak. Kaderi, özet olarak bilen Arifler ve ayrıntılı olarak bilen Arifler olarak değerlendirir. Ayrıntıları ile bilen daha üstündür açıklamasında bulunur. Ayrıntıları bilebilmesi için, Ayn-ı Sabit bilgilerine ulaşmış olması gerekir.

Hakk'ın bile sınırlı bilgisi dâhilinde olan bu Ayn-ı Sabit bilgiler sadece Allah katında mevcuttur. İbn-i Arabi, Allah katına en yakîn halde bulunan Arif, ancak bu bilgilere sahip olur diye belirtmiştir.

Ezelden ebede kadar olan tüm yaratımda, her oluşum, kendi Ayan-ı Sabitesinden meydana çıkmış ve yansımıştır. Ayan-ı Sabite çoğul manasına gelir ve Hakk ile insan arasında kalır. Ayn-ı Sabiteler ise, tamamen Allah katında bir sırdır. Arif kendi hakikatine ulaştığında ancak Ayan-ı Sabitedeki hakikatine ulaşmaktadır. Allah Katındaki Ayn-ı Sabitesi hakikatine ulaşması, Arifin çok üstün bir mertebeye eriştiği ile ilgilidir.

İşte burada hemen dileklerin gerçekleşmesi konusuna İbn-i Arabi nasıl bir görüş bildirmiş ona değinelim. Dilenen arzu ve isteklerin hemen gerçekleşmesi ya da gecikmesi, kaderden ileri gelmektedir. Eğer zaman enerjisi ile mekân çakışmış ise, kaderi gerçekleşmiştir ve bir insan bir şeyi dilediğinde hemen gerçekleşir. Fakat sabitesinde kazası oluşmuş ancak henüz zamanı gelmediği için kaderi oluşmamış ise, insan bir şey dileğinde hemen gerçekleşmez. Zamanı gelene kadar bekletilir. İbn-i Arabi, zamanı geldiğinde her ne şekilde olursa olsun kader gerçekleşir, insan o an fizik plânda ya da ahirette bile olsa muhakkak gerçekleşecektir demektedir.

Bir de hiçbir talepte bulunmadan insanlara bahşedilen birtakım şeyler olmaktadır. Bunu İbn-i Arabi şu şekilde açıklar: **Talep insan tarafından sözlü de edilebilir, onun özel hayat plânında belirlenmiş bir talep de olabilir. Sözlü talebi de gerçekleşebilir, hiçbir şey dilemediği hâlde de hayat plânında belirlenmiş bir talebin gerçekleşmesi de olabilir.**

İnsandaki birlik hakikati

İbn-i Arabi görüşünde bir kevni insan vardır, İnsan-ı Kâmil olan, bir de Ferdî insan vardır beşeri insan olan. İnsan, Hakk ile Âlem arasında olan bir ara konumdadır. Fakat Ferdî yani beşer de olsa insan, yaratılan tüm nesne ve mahlûkatın en şerefli makamındadır.

Hakikatte insan sembolü, İnsan-ı Kâmil yani kevni insandır. Fakat Ferdîyet olarak insanların hepsi Kâmil değillerdir. Dünya tarihinde de çok azı İnsan-ı Kâmil mertebesine ulaşarak Arif olmuştur.

Bütün olma hâli denilen "cem" etme hâli tüm insanların, tüm beşerlerin özünde mevcut bir cevherdir. Ancak kuvve olarak mevcuttur. Kuvve hakikat bilgisidir. Hakikat bilgisi, ilmi, her insana eşit şekilde yaradılış anında bahşedilmiştir. Ancak

Kuvvenin fiiliyata dönüşmesi ise "cem ül cem" olarak bilinir ki bu da İnsan-ı Kâmil olmadır.

Herkesin özünde cevherinde Birlik Hakikati mevcut olsa da, herkes bu bilgiden haberdar değildir. Haberdar olsa da açığa çıkarma yeteneğine sahip değildir. Açığa çıkarma yeteneğine sahip olsa da, Birlik hâlini yaşamaya yetenekli değildir.

İnsanın en üst bilinci, yansıdığı ana kaynak olan, İlk İlahî isim ve İlahî Suretlerin bilincidir. En alt bilinci ise, beşer hâlde iken sahip olduğu akıl ve zekâsıdır. Dünyada iken sahip olduğu akıl, zekâ ve kalbi yeteneklerini ne kadar geliştirir, çabalar ise, İlk İlahî kaynağa ulaşması mümkün olabilir. Kendi hakikatine Arif olma hâli, ilk kaynağa ulaşmasıdır. Ulaşması ve oradaki Birlik Hâli kuvvelerini açığa çıkarması ise özel bir yetenek gerektirir. İşte bu yüzden dünya tarihi boyunca, milyarlarca insan içinden çok azı Ariflik mertebesine yükselerek kendi Hakikatine ulaşabilmişlerdir.

Ferdî insanlar, huyları, renkleri, karakterleri, yaşam tarzları, beğenileri, nefretleri, arzuları, hayat plânları hep değişkenlik ve farklılık gösterir. Bu her bir insanın çeşitli İlahî isimlerin bileşke hâlinde yansımasından kaynaklanan bir farklılaşma ve çeşitli görünme hâlidir. İsimlerin bir veya birkaçının bir araya gelişlerinde bir farklılık ve çeşitlilik vardır, yoksa Hakikatte her bir insan tüm İlahî isimlerin Birliği olan Hakk'ın bir yansımasıdır.

İbn-i Arabi bunu şu örnekle açıklar: **Su sudur, fakat aktığı ve geçtiği yerler farklıdır. Geçtiği yerlerde toprağın durumuna bağlı olarak su tatlılaşır, rengi değişir, acılaşır, yoğunlaşır, kirlenir, berrak kalır, durgunlaşır, akışkan hâle gelir. Fakat bu hâller asla suyun hakikatini değiştirmez. O sadece**

bulunduğu yerin şeklini, rengini, kokusunu, tadını almış olur.

İbn-i Arabi, Ferdî insanların, çeşitli inanışlara, düşüncelere sahip olabileceklerini, bunun ihtiyaçtan kaynaklanan insani bir hâl olduğunu vurgular. Çünkü dilekleri ancak nefsî ve aklîdir. Tüm istekleri nefsaniyet boyutundadır. Daha çok şey elde etmek, daha fazlasına sahip olabilmek uğruna sürekli dilekte ve zikrde bulunduklarını ifade eder.

Oysa kendisinde birlik hâlini açığa çıkarmış Arif, tüm mevcudiyeti ile sadece Hakk'ı diler ve Hakk'ı zikreder. Ve Hakk da bu dileği, kendine ulaştırarak gerçekleştirir.

Ferdî insan bir itikad üzerine, inanç üzerine belli düşüncelere sahiptir. Zihninde nasıl şekil aldıysa Hakk'ı o şekilde düşünür. Korkuyorsa korkutucu, cezalandıran bir varlık, iyi hâlde düşünüyorsa bir melek, bir dede, bir baba gibi sahiplenen, koruyan ve kollayan olarak imajlar yaratır.

Ancak tüm imajlardan daha yüce ve sınırsız bir Hakk vardır. Hakk hiçbir zaman sınırlı zihinler tarafından algılanamaz. Hakk hiçbir dini inancın emrettiği şekilde bir sınırlılığa sahip değildir. O her türlü inanç ve düşünce sisteminin şeklinden çok uzaktadır. İnsan zihinlerinde yaratılan şekillerle hiçbir ilgisi yoktur. Arifler, Nebilerin işaret ettiği Hakk bilgisini, kendi gönüllerinden ulaşarak tecrübe eder ve müşahede ederler.

Ferdî insanlar ise, Nebilerin işaret ettiği Hakk bilgisini aynen birebir kopyalayarak, zihinlerinde çizdikleri imaja uygun bir suret yaratırlar. Ve bir daha da bu imajın dışına çıkmazlar. Hep o imaj ile dilek ve duada bulunur, zikrederler. Fakat dua ettikleri Hakk değil, zihinlerindeki yarım yamalak oluşmuş bir gölge görüntüdür. Bu yüzden de yüzlerce yıl dua ve dilekte bulunsalar da gerçekleşmeyeceğini bilmezler. İbn-i Arabi bu kişilere taklitçi demektedir. Taklit yoluyla Hakka ulaşanlar aslen hiçbir yere varmamakta sadece kendi nefs karanlıklarında, ölçü ve hesap peşinde olan akıl içinde kaybolmaktadırlar.

İbn-i Arabi *"Ancak kalp sahipleri ve kulak verenler için öğüt vardır"* **(Kur'an-ı Kerim, Kaf Suresi, 37. Ayet)** dikkat çekmiştir. Kulak verenler denmiştir, taklit edenler denmemiştir.

İnsan-ı Kâmil olan Arifler, eşya üzerinde bir kudrete sahiptirler. Bu kudret, yüzyıllar boyunca, şarlatan, büyücü ve düzenbazlık ile suçlanmalarına sebep olmuş, hatta birçok Arif bu yolda katledilmiştir. İbn-i Arabi, Arifin gücünün yoğunlaşması sonucu ortaya çıkan kuvvenin ruhi enerjisine "himmet" ismini vermiştir. Himmet sahibi olan Arif, iman sahibidir ve inancı tüm Ferdî insanlardan daha üstündür. O eşyanın hakikatine ve ilmine ulaşmıştır. Bu yüzden su üstünde yürüyebilir, ateşte yanmaz, bir yerden bir yere kısa sürede ulaşabilir, astral seyahat yapabilir. Literatürde birçok Arifin kudretlerine dair kıssalar, örnekler ve hikâyeler çokçadır.

Bunun nasıl gerçekleştiğini İbn-i Arabi şu şekilde açıklar: Ferdî insan, düşüncelerini, kendi zihninde, yani vehim gölge olan Âleminde yaratır. Olmayan bir Âlemde yaratılan düşüncelerin de gerçekleşmesi ve fiile geçmesi imkânsızdır. Gölgede yaratılan yine gölgedir. Arızi yani geçici olan, yine geçici olanın sonucu olacaktır.

Oysa Arif, ruhi gücü ve kudreti ile düşüncedeki yaratımını, zihninin dışında yaratır. Dünyasal zaman ve mekânın dışında oluşur. Eğer Arif, düşüncesindeki imajı, maddenin hakikati olan levhaya ulaştırır ve orada şekillendirirse, hakiki bir yaratım gerçekleştirir. Ve bu yaratım, yansıyarak, fizik dünyada şekil alır. Mevlâna'nın yedi kapıdan girmesi, Hallac Mansur'un hapisteki kilitleri bir el şıklatması ile açması, Hacı Bektaş Veli'nin tayin-i mekânları küçük birer örnektir. Tüm Ariflerin, bin bir hünerleri ve parapsişik yetenekleri ve tecrübeleri olmuştur ve buna şahit olanlar tarafından da tarih kitaplarına konu olarak geçmiştir.

Gizli Öğretiler

Gizli Öğretilerin kökeni, on binlerce yıl öncesine giden, çok köklü bir bilgi edinme ve bilgi aktarma sistemine bağlıdır. Bu sistem Sufizm'in önemli temel taşlarından biridir. Sufizm'in içinde, kendine özgü bir üslupla, Bâtıni Öğretinin (Gizli Öğretiler) sırlarının kuşaktan kuşağa aktarılmasında Ariflerin çok önemli bir fonksiyonu olmuştur.

Gizli Öğretilerde, sırların hemen hemen hiçbiri açık bir şekilde dışarıya sızdırılmamışsa da, öyle sözlerin içine öyle bilgiler gizlenmiştir ki, bu sözlerle karşılaşanlar, çoğunlukla büyük bir şaşkınlık içinde kalmışlardır. O sözleri anlamaya çalışanlar, o **sözlerin içine gizlenen asıl anlamlarla** yüz yüze gelebilmişler, ancak böyle bir çaba içine girmeyenlerin büyük bir bölümü Arifleri, din dışı olmakla suçlamışlardır.

Gizli Öğretileri anlayabilmek için, bâtıni öğretinin birçok alanlarını öğrenmiş olmak gerekir. Ariflerin tek bir sözünde bile çok derin bâtıni sırlar, üstü örtülü bir şekilde durmaktadır. Bir tek sözün içinde, dinlerle ilgili de çok önemli bilgiler gizlidir.

Gizli Öğretilere ait sözlerin derinliklerine inildikçe, dinlerin aslında ne olduğu da şimdikinden çok daha farklı bir şekilde algılanabilecektir. Çünkü günümüzde hâlen dinler, bâtıni yönleriyle değil, zahiri yani dış görüntüsel şekliyle, geniş halk kitlelerine öğretilmeye devam edilmektedir. Halktan kişiler bu sözlerin anlamını kavrayamaz. Ve dile de getiremezler. Bu cümlelerin anlamını da ancak açık şuurlular anlayabilir. Ve uygun şekilde aktarabilir. Kısaca, halka sembolleştirerek ve üstü kapalı anlatılır. İşte bu üstü kapalı ve sembolleştirilerek aktarılan bilgiler **Gizli Öğretiler** (Gizli İlimler) olarak bilinir.

Gizli İlimleri idrak edebilmesi ve kavrayabilmesi için, kişinin hakkedişi ve liyakati çok önemlidir. Bu hakkediş, Hakk etmek ile ilgili değildir. Hakk etmek ile Hakkediş kavramları farklı anlamlar içerir. Hakkediş İlahî bir yasadır. İnsanın, sadece bir hayat değil, hayatlar boyunca edindiği sonsuz tecrübelerin öz-kavram haline gelmesi ve kendisinin de bu özü yaşamına indirgemesidir.

İşte bu yüzden Gizli İlimler öyle kitabi bilgi değildir. Hakkediş ve liyakat içinde olan kişinin bir yaşam biçimidir. Hangi hayatında ve o hayatının hangi zaman diliminde bu hakkediş ile karşılaşacağı, bunu bir yaşam tarzına dönüştüreceği bilinmezdir. Bu yüzden "aramak", "beklemek", "arayış" daima sürecektir.

ARİF İÇİN DİN YOKTUR

Âlem ve Kâinat

*"Hakk, mana itibari ile zahir olan şeyin ruhudur. Hakk bâtındır, Âlemin ruhudur". / **Fusûsu'l Hikem, Muhyiddin Arabi***

Muhyiddin İbn-i Arabi, Âlemleri kendi dilinde çok anlaşılır bir tarzda aktarmaya çalışmıştır. Ancak eserlerinde özellikle belirttiği şu nokta çok önemlidir: **Bu bir hâldir, anlatılamaz, ancak yaşanır.** Böyle zor bir görevi üstlenerek, yaşadıklarını anlaşılabilecek hâlde anlatmaya, aktarmaya, bir nevi tercüman olmaya çalışmıştır. Elbette onun anlattıklarını, anlayacak düzeyde olmak çok mühim. Çünkü görünmeyen, bilinmeyen bir konuyu, okuyacak, zihinde tasvir edecek ve anlamaya çalışacağız. Öncelikle ezoterik anlamda ve kutsal kitapta da geçtiği gibi aynen örnekleri ile hiyerarşik sıralanmayı aktaralım:

"Kaadir-i Mutlak Yaratan", ilk yaratılışı meydana getiren "KÜN" emrini veren kudrettir. Hiçbir zaman ve hiçbir şekilde anlayamayacağımız, "yoktan var edilişin" sahibidir. Bu yoktan var ediliş, daha sonra anlatılacak "yok oluş ve var oluş" ile ilgili değildir. Bu yoktan var etme olayı, vahdet-i vücud'un, belirmesi, vücuda gelmesidir. İşte bu emri veren, bilinemeyen, bulunamayan A'ma noktası, La Mekân, O ve Mutlak ile adlandırılan. A'ma noktasını şöyle açıklayabiliriz: Tüm mevcudiyeti, yaratılmışları, varlıkların özlerinin Bütün halde olduğu ve tümünün Hakikatlerinin bilindiği Tek Gerçeklik, yokluk, hiçlik ve sıfır noktası. İbn-i Arabi Yokluktan Varlığa geçişi, Hakk'ın Nefesi olarak yorumlar. Hakk, Bâtından Zahire, dipsiz karanlıktan aydınlığa Nefes ile çıkar. İşte bu Nefesin olmadığı, Evvel'den önceki, öncesizlik A'ma noktasıdır.

Kaadir-i Mutlak Yaratan hakkında hiçbir şey bilinmez, hiçbir ölümlü O'nun ile ilgili tek bir düşünce, zihinsel bir imaj, bir zan oluşturamaz. Hiyerarşinin ilk basamağı değildir. Çünkü O, kendi Nur'unun karanlığında, hiçbir yaratılmışın görüş alanında yani İbn-i Arabi'ye göre "ayn" olamadığı, göremediği bir Nokta'dadır.

İlk Belirme, hiyerarşinin en üst basamağı, **Öz, Zat**'tır. Tüm İlahî isim ve sıfatların Bir ve Bütün olduğu, ayrılma ve kopmanın olmadığı Vücud. **Âlemlerin Rabbi**: O'nu farklı dinler, farklı isimlerle insanlara anlatmaya çalışmışlardır. En son olarak Kur'an-ı Kerim O'ndan bahsederken, "Allah" ismiyle zikretmiştir. **Allah** Evrensel İdare Mekanizması'nın en üst noktasıdır. Allah Kur'an'da "Âlemlerin Rabbi" olarak ifade edilmiştir. Yani Âlemlerin görüp ve gözeticisidir. İdarecisidir. Tek'dir, Bir'dir, Som'dur, Doğmamış ve Doğrulmamış olandır. Besmele'de sese gelmeyi sağlayan Elif, "Allah"tır.

İkinci Belirme, Öz'ün, "Allah" ismi ile belirtilen Kudret'in, vücuda gelme hâli, sistemleşmesidir. Ve "ayn" olması, yani

ÂLEM VE KÂİNAT

"göz" hâlini almasıdır. İlahî isimler ve tüm isimlere bütünlük sağlayan **Hakk**. İsim ve sıfatların meydana çıkışı, zuhur edişi, Hakk ile adlandırılandır. Ancak henüz daha ayrılma oluşmamıştır, tüm isimler Hakikat olarak bellidir ancak bütünsel hâlde Hakk ismi ile adlandırılmışlardır. Rabb sisteminin meydana çıkışıdır. Kutsal ayetlerde "Rabb" ya da "Cenab-ı Hakk" olarak adlandırılandır. Hakk boyutunun, kendi İlahî boyutundan, zerreye kadar inen hiyerarşide, beşer insana kadar olan bir alışverişi vardır. Şah damarından "yakın" olma, "yaklaş" durumları, Hakk ile kulu arasında ortaya çıkar. Hakk hem insanın hem de tüm Âlemin "gören gözü, işiten kulağıdır." Aynı zamanda Besmele'de "B" harfi Hakk'tır.

Arap alfabesinde Elif birinci harftir, Ba harfi ikincidir. Oysa Arabi, önce Ba harfi birincidir, Elif ikincidir diye önemle belirtir. Çünkü tüm görünen ve görünmeyen Âlemlerin "gözü" B'dir, B sırrındadır ve "Hakk" olarak isimlendirilir. Bu yüzden tüm sureler "B" sırrı olan Besmele ile başlar, tek başlamayan Tevbe suresinin de ilk harfi yine "B"dir. "Berâetun" kelimesi ile başlar ve "bu bir uyarıdır" manasına gelir. Özellikle "B" harfine dikkat çekmek için, "Besmele" ile başlamaz ama yine "B" harfi ile başlamıştır. Besmele, hiyerarşinin en üst basamağından, fizik Âleme kadar olan, tüm İlahî basamakları bünyesinde toparlayarak aktaran "tek" ve çok mühim bir şifredir. İbn-i Arabi, *"Allah'a göre "kün" (ol) ne ise, kula göre besmele de odur"* demiştir.

Hiyerarşinin ilk üç "erdem"i olan **Mutlak, Allah ve Hakk** Hakikatlerinden sonra, dördüncü basamakta yer alan, İlahî isim ve sıfatların ayrıldığı, birbirlerine hakikatte "göz" yani "ayn" olan, ancak görünür olduklarında birbirlerinden "gayr" yani anlam ve görev olarak ayrı olanlardır. Her bir İlahî isim ve sıfatın Zahirleştiği **"İlmi Suretler"** ve **Ruhlar Âlemi**. Ezoterizmde, Ruh ile adlandırılan boyuttur.

Beşinci boyut ise, her bir İlahî suretin Zahirleştiği, görünür olduğu **Misâl Âlemi**. Misâl Âlemi, Hayâl Âlemi ya da ezoterizmde **spatyom** olarak da bilinen Âlemdir. Arştan arza kadar olan hiyerarşinin çokluk olarak yansıdığı Âlemdir. Her bir İlahî suret, bir İlahî isim ve sıfatı taşır. Önce burada şekillenir daha sonra fizik Âlemde görünür olur.

Altıncı boyut ise, Misâl Âleminin Zahirleştiği, görünür olduğu **görünen Âlem**, cisimler ve madde Âlemi, fizik Âlemdir. Kuantum evreni ya da bizim kâinatımız olarak adlandırılan varlıkların tümü olan Âlem. Fizikteki ilk "Birlik" olan, tüm farklılık ve çeşitliliğin bünyesinde olan ancak "Bütün" olan Âlemdir. "Âdem" olarak bahsedilen isimdir. Âdem, fizik Âlemin bütünlüğü, fizik Âlemin bütünlüğü ise Âdem olarak nitelendirilendir.

Yedinci Boyut ise, İlahî Emaneti taşımaya Ehil ve İstidatlı olan **İnsan-ı Kâmil**, Büyük İnsandır. Büyük İnsan denmiştir çünkü kuru ve cismani değil, "Allah"ın ruhundan yani kudretinden üflediği, içinde sonsuzluğu taşıyan, ölümsüz olan "insan" boyutudur. Bir yönü ile yani Bâtın yönü ile Elif'tir, bir yönü ile yani Zahir tarafı ile Ba harfinin temsilcisidir. Ancak "insan" diyerek, İbn-i Arabi burada biz beşerleri kastetmemiştir. "İnsan" mertebesi, tüm mertebeleri bünyesinde toplayan bütünsel ve İlahî insandır. Tek Yaratım, Tek Nefs, "İlahî İnsan"dır. İlahî İnsan, Hakk'ın Nefs'idir, Allah'ın Nefesidir.

"İnsan" yani İlahî Varlık, daha sonra dönüştürülür, zıddı yine kendi nefsinden yaratılır ve "zevcesi olarak" adlandırılır. Ve aşağıların aşağısına yani dünya gibi gezegenlere "beşer ya da insanoğlu" olarak gönderilendir. Tek Nefs'in Rahman, Zevcesi Rahim ile olan birlikteliğinden, yani Rahman ve Rahim'in, çoğalarak, türeyerek, dünya gezegenlerinde "kadın ve erkek" olarak yayılışıdır.

Tüm bu sıralanış, yedi kademe, ezoterik bilgilerde aşağı iniş ile sembolize edilmiştir. Arapça yedi harfinin sembolü olan "V" harfidir.

İbn-i Arabi, tüm bu sıralanışın, bir kademe olduğu, ancak, her bir kademenin öncekinin açığa çıkanı yani Zahiri, sonrakinin Bâtını olduğunu vurgular. Baş ve son yoktur aslında. Her biri diğerinin içindedir, her biri diğerine "ayn" yani göz olmuştur. Her biri diğerinden kopuk değildir, Hakikatte birdirler, meydana gelişleri farklılık ve çeşitlilik gösterir.

Beşeri idraklerimizin çok ötesindedir bu kavrayış. Çünkü an'da, İlahî Nokta'nın sonsuzluğunda seyrde iken, aynı an'da var oluşu gerçekleştirmektir. Bunu en güzel şu cümle ile tamamlayabiliriz:

Sırdır nokta Âlem-i Vücudun içinde, aynı An' da, Âlem-i Vücud o sırrı noktanın içinde.

Bu sıralanış, yukarıdan aşağı doğru bir iniş değil, içten dışa doğru bir açılımdır. Noktadan Bütüne çıkma, görünme, işaret ve belirmedir. İbn-i Arabi tabiri ile "zuhur" etmedir. Her biri ayrı ayrı değil, bilakis Tek Vücud olan İlahî vücud ya da vahdet-i vücud'dur. Her biri kendi hakikatinde birbiri ile aynı, benzer, bir ve bütün, ancak görev icabı meydana gelişte, zuhur etmede, belirmede, ortaya çıkmada ise "gayr" yani ayrıdırlar.

Kâinatta iki vücud yoktur. Sadece Hakk'ın vücudu vardır. Görünen Âlemde, varlıkların vücud bulmaları imkânsızdır. Ruhlar Âleminde, Hayâl Âleminde ve varlıklar Âleminde her şeyin vücud bulmasının manası; ancak Hakk'ın Hakikatinde sirayet olmuşlardır yani Hakk Hakikati, tüm Âlemlere sirayet etmiş, bulaşmış, ulaşmış olmaktadır. İlk başta belirttiğimiz gibi, Hakk ile zerre arasında mühim bir ilişki ve iletişim vardır. Hakk her yere, her zerreye ulaşmış ve Rabb eğitim sistemi ile "mührü"nü bırakmıştır.

Hakk'a ait, Hakikati olmayan hiçbir "zerre" belirmez. Görünen Âlemde de, her şey çokluk ve farklılık gibi görünse de, aslında bir kopma, ayrılma yoktur. Sadece her bir İlahî ismin belirmesi, Zahirleşmesidir. Her görende görücü, her duyanda duyucu, beliren her şeyde Zahir olan yine Hakk Hakikatinin sirayetidir. Gören de O'dur, gösteren de O'dur. Âlem, Hakk'ın hem sureti hem de Zahiridir. Hakk, Âlemin ruhu, Bâtını ve hakikatidir. Bir başka anlamı ile Âlem, Hakk Hakikati ile kuşatılmış olan, canlı, gören, işiten ve ruhu olan bir "Büyük İnsan" olmaktadır. Hakk Âlemin ruhu ise, İnsan'ın da ruhudur. Hakk Âlemin Bâtını ise, Büyük İnsanın da Bâtınıdır.

*"İlahî İsim Zahir, Hakk'a nisbetle Âlem, ruha nisbetle cisim'dir." / **Futuhat-ı Mekkiye, Muhyiddin Arabi***

Zahir, İlahî isimlerden biridir. Âlem Zahir olduğundan dolayı, Âlem Hakk'ın Zahir ismidir. Cismani, akli, hissi tüm suretlerden Zahir olan tüm "şey"lerin mana ve hakikati ile Hakk, Âlemin ruhudur. Âlem Zahirdir. Zahirde Âlem, Bâtında Hakk'tır.

Zahiri ve Bâtını Hakk olan Âlem Büyük İnsan ise, insan Hakk'ın sureti, Hakk da insanın ruhudur. Ruh insana tasarruf eden, hükmeden ve tahakküm altına alandır. Hem görünen

ÂLEM VE KÂİNAT

ile kuşatmış hem de iç Âleminden kuşatmıştır. Büyük İnsan, içten ve dıştan, Bâtından ve Zahirden, Hakk'ın Hakikati ile kuşatılmıştır.

Ayn-ül Âlem, Ayn-el Hakk'tır. (Görünen Âlem Hakk'ın Gözüdür) **/ Futuhat-ı Mekkiye, Muhyiddin Arabi**

Buraya kadar İbn-i Arabi'nin iki eserinden alınan cümlelerini açıklamaya çalıştım. Daha anlaşılır olması bakımından konuyu biraz daha açalım.

İlahî isimlerden Bâtın ve Zahir, görünen Âlemi ve görünmeyen Âlemi işaret eder. O Bâtındır ve Zahirdir. O diye bahsedilen ise Hakk'ın Zat'ı yani Öz'üdür. **Hakk İlahî isimleri kendi bünyesinde toplayandır.** Allah isminin Zahiri olan Hakk, ancak görünen Âleme göre Bâtın olan İlahî isimdir. Daha önce de açıkladığımız gibi, her bir Zahir Âlem, diğer Âlemin Bâtını konumundadır ve gölgesidir. Gittikçe titreşimi kabalaşan ve görünen Âleme kadar daha kaba titreşime sahip cisimler çokluk olarak belirir. Noktadan, çokluğa kadar olan tüm hiyerarşide, her bir "tezahür, belirme" diğerinin gölgesi konumundadır.

Aşağıdan yukarıya, her bir Âlem öncekinin Zahiri yani görüneni, bir sonraki Âlem içinse Bâtındır. Ve her biri diğerinin gölgesidir. İlk görünen "Â'mâ mertebesinin Nuru, tüm Âlemleri aydınlatmakta her biri yüzünü O'na dönmekte ve arkasında kalan gölgede, diğer Âlem Zahirleşmektedir. Nurun gölgesinde kalan Âlem Zahir, nura bakan taraf Bâtındır.

Mana bakımından anlaşılması ve idrak edilmesi gerçekten zor olan bu hiyerarşiyi bir örnek ile açıklamak isterim.

Her bir Âlem kendi konumunda Elif, bir sonraki Zahirleşen konumuna göre Ba'dır. Bir önceki konuma göre Ba olan Âlem, kendi konumunda yine Elif'tir, ancak bir sonraki Zahirleşen Âleme göre yine Ba'dır. Elif ve Ba aslında birbirlerine ayn'dırlar. Hakikat gereği birbirlerine ayn iseler de, zuhur yani Zahirleşme bakımından birbirlerine gayr'dırlar. Ancak Ba'nın altında sembolik olarak bulunan nokta ise, Elif'in ilk başlangıç noktasıdır. Yani Ba harfi kendi muhteviyatında Elif harfini barındırmaktadır. Elif de kendi muhteviyatında ilk başlangıç noktası ile Ba harfini barındırır.

Elif kendi konumunda beliren, işaret bulan, meydana çıkandır, ancak Ba'ya göre Bâtındır, yani görünmeyen, bulunamayan konumundadır.

Örneğin, ruhlar Âlemi kendi konumunda Zahirdir ve Elif'tir. Ancak Misâl Âlemine göre Bâtındır. Ruhlar Âlemi elif ise, Misâl Âlemi Ba'dır. Bu tamamen birbirleri konumunda olan bir örnektir. Misâl Âlemi kendi konumunda Elif ve Zahirdir, ancak ruhlar Âlemine göre Ba'dır. Görünen şehadet Âlemi (bizim evrenimiz), Misâl Âlemine göre Ba'dır. Misâl Âlemi Bâtındır ve kendi konumunda Elif'tir, görünen Âlem de Misâl Âlemine göre Ba'dır.

Her bir Âlem kendi konumunda Elif, fakat önceki Âlemin konumuna göre Ba'dır. Her biri birbiri konumunda Elif ve Ba olmaktadırlar. Bu yüzden Zahirleşen Ba kâinatı, Besmele'de *"İsmi Ba olan illeh"* olarak tanımlanır. Elif gizlidedir, aşikâr değildir. Elif olmadan Besmele ses gelmez. Elif Bâtında, Ba ise görünen Âlem konumundadır. "Elif ile sese gelen" Can bulan manasındadır.

ÂLEM VE KÂİNAT

Elif ile sese gelen, Can bulan, ismi B ile işaret edilen "İlleh"tir. Buradaki derin mana şudur: La makamından Âlemlere kadar, yani bilinmeyen, bulunamayan noktadan, görünen Âleme kadar olan tüm hiyerarşide, konumlara göre Elif olanın, görünen Âlemdeki Bâtınıdır. Elif Bâtındadır, görünmeyende gizlide, ses olur, can olur, ruh olur. Âlem B ile işaret edilen "illeh" kudreti ile Rahman ve Rahim ile dağılır, yayılır, türer.

Son olarak şunu belirtebilirim: Arştan arza, Gaybın Gaybından, şehadet Âlemine yani görünen Âleme kadar olan her şey bir hiyerarşidir. İlk üç mertebe, akli ve zamansal değildir. Üç mertebe bir tek Hakikattir. Anlaşılır olması bakımından üç mertebe, akli olarak sıralanmış ancak zamansal olarak sıralanmamıştır. Zaman ve mekân manasının tamamen dışındadır. Zaman ve mekân üstü olan bu üç mertebe Hakikattir. Bundan sonraki mertebeler zamansal ve aklidir. Ruhlar Âlemi, Misâl Âlemi, görünen Âlem, Kâmil insan mertebeleri ise zamansal ve akli mertebelerdir. Zaman ve mekân, her Âleme ve her boyuta göre izafidir. Ruhlar Âlemindeki zaman ve mekân, Kâmil insan mertebesindeki zaman ve mekân ile kıyaslanamaz. Hakikat bakımından birbirlerine ayn, oluş ve belirme bakımından birbirlerine gayr'ıdırlar. Farklılık ve çeşitlilik gösterir ancak Hakikatleri ayn'dır.

Her bir zerresi, aşk ile Hakk'ın İlahî isim ve sıfatlarının birbirleri münasebeti ile Zahirleşir, İlahî suret olur. İlahî suretler Hayâl Âleminde Zahirleşir ve modellenirler. Hayâl Âleminden yani Misâl Âleminden de cisimler Âlemine zuhur eder, Zahirleşir. Varlıklar olarak çoklukta yayılır. Fakat noktadan çokluğa olan tüm hiyerarşide, "nokta"nın tasarrufu her bir zerrede kendini açığa vurur. Açığa vuruşu Hakk ile olur.

Yani Hakk, her bir zerrenin ruhudur, Ancak ruh Hakk değildir. Hakk tüm İlahî isim ve sıfatların bütünlüğüdür. Yani Hakk hem bütünlük olarak Âleme vücud olur, hem her bir zerrede kendini açığa vurarak Zahirleşen ile çokluk olarak yansır. Her bir zerreden bakıcı, her bir zerreden görücü ruh olan Hakk'tır.

Kâmil İnsan mertebesi, Mutlak Vücudun en son belirmesidir. Bir nevi, Mutlak Vücudun örtüsüdür. Kâmil insan mertebesi, tüm hiyerarşideki Âlemleri, İlahî isim, sıfat ve suretleri kendinde toplayabilen, İlahî Emaneti taşıyacak kudret ile donatılmış Mutlak Vücudun Örtüsüdür. Her bir Âlem bir diğerinin belirmesi ve yansıması olduğundan, Kâmil insanın, belirmesi ve Zahirleşmesi ve tüm Âlemler tarafından apaçık ve aşikâr olarak görünebilmesi için Muhyiddin Arabi'ye göre *"Allah'ın Boyası ile Boyanmış"* olması gerekmektedir. Allah'ın boyası ile boyanmak İlahî tesirlerle rezonansa girmesi ve o büyük birliğin idrakine varması demektir.

İlahî Emaneti taşımaya ehil, Arif ve irfan sahibi olan Kâmil insan, kendisinde İlahî sıfat ve isimlerin hükümleri, tasarrufu ve fiilen Zahiridir. En basit anlatımıyla Kâmil insan, İlahî tüm isim ve sıfatların fiilidir. Bâtında İlahî isim ve sıfat olan, Zahirde "dabbe" sesi ile yürüyen, işiten, gören ve fiziki tüm özellikleri yerine getiren bir "yukarının eli ayağı" konumunda olan bir Can'lıdır.

Hakk, kendi suretini, sıfat ve isimlerini, Âdem'de yani Kâmil insanda müşahede eder. Ancak uzaktan, yukarı tepe noktasından aşağı insana bakan bir konumda olduğu düşünülmemesi gerekir. Hakk, İnsan-ı Kâmilin her bir zerresinde "görücü" ve "bilici" ruha sahiptir. O her bir zerreden bakan, her bir gözden görendir. Uzaktan izleyen değildir. İnsanın her bir zerresindedir ve madde kâinatında "hâl" müşahedesi ile görür, duyar, bilir.

İnsanoğlu, her bir İlahî isim ve sıfatın yansımasıdır. Tek tek beşer varlığı, yani insanoğlu, hangi İlahî isim ve sıfata tekabül ettiğini asla bilemez. Bu tamamen Hakk'ın bileceği ve amacına sahip olduğu bir manadır.

İnsan-ı Kâmil, Büyük ve Görünen Âlemin hakiki gölgesidir. Beşer insanları ise bu hakiki gölgenin gölgesinde kalan mecazî gölgelerdir. İnsan-ı Kâmil hakiki gölge olarak, "Allah'ın gölgesi"dir. Ancak beşer varlığı ise, mecazî yani gölgenin gölgesi konumundadır. Yani İnsan-ı Kâmil olan varlığın gölgesinde kaldığı için, beşer gölgesi mecazîdir. Allah'ın hakiki gölgesi yani nuru, Kâmil insanı aydınlatmış, Kâmil insanın gölgesinde kalan beşer insanları da kendi gölgeleri, yansıyan mecazî gölge ile oluşmuştur. Beşer insanı, Allah gölgesi değil, İnsan-ı Kâmil gölgesidir.

Ayn ve Gayr

Hakk Zat'ı bakımından eşyadan münezzehtir, taayyün (belirme) bakımından münezzeh değildir. Hakk zatı bakımından eşyanın ayn'ıdır, fakat taayyün (aşikâr) bakımından gayr'ıdır. Ey eşyayı kendi nefsinde halk eden! Sen halk ettiğin şeyi cami'sin. Vücudu mütenahi olmayan şeyi sen vücudunda halk edersin. **/ Fusûsu'l Hikem, Muhyiddin Arabi**

Ayn, hakikatte aynısı ve bir olanı anlamındadır. Birbirinin "gözü" olan, bakışı olan, birbiri ile ilintili olan bir "Bir"lik ve "Bütünlük" ayn'ıdır denir.

Gayr ise, görünürde, meydana gelişinde farklı ve çeşitli olması anlamındadır. Gayr olması, kopması, kesilmesi, parçadan ayrılması anlamına gelmez. Hakikatte ayn ise, vücuda gelmesinde gayr'dır. Bâtında ayn ise, Zahirde gayr'dır. Ruh ayn'dır, Vücudlar gayr'dır denebilir.

Çokluk Âlemi, birliğe bağlıdır. Var oluş Birliktir. Çokluğun varlığı yoktur. Çokluk arızıdır. Şer çokluktadır, çokluk arızı olduğu için, şer geçici bir durumdur. Asli olan huzurdur, cevherdir. O zaman şunu deriz; Ayn hakikattir, birdir, gerçektir; gayr ise arızıdır, çokluktur, çeşitliliktir.

İlahî isim ve sıfatlar, Mutlak'a ayn'dırlar ve Hakk'tan ortaya çıkarlar. Hakk, tüm İlahî isim ve sıfatlara cami'dir, yani tüm İlahî isim ve sıfatları kendi özünde toplar. Mutlak Âlemlerden ganidir, yani Âlemlere muhtaç değildir. Ancak Hakk ile ortaya çıkar. Hakk'da toplanan İlahî isimler ve sıfatlar da, yine Hakk'dan Zahir olurlar. Fakat bu Zahir oluş, görünen Âlem tarafından algılanamaz. Görünen Âlemin Zahirliğine göre Bâtındırlar.

Hakk, tüm varlıkları, kendi nefsinde halk etmiştir, yani yaratmıştır. Şöyle diyebiliriz: Tüm mertebelerde ortaya çıkan Hakk'tır. İbn-i Arabi, Fusûsu'l Hikem eserinde şöyle der: **"Ey Eşyayı kendi nefsinde halk eden!"**. İbn-i Arabi bu sözü ile tüm mevcudatın Hakkın kendi nefsinde yaratıldığı görüşünü ortaya koyar. Hakk, kendi nefsinde yarattığı tüm mevcudatı yine kendi nefsinde ayırır. Ve aynı zamanda da yarattığı ve ayırdığını bütünler. Kısaca, tüm İlahî isim ve sıfatlar Hakkın kendi

ÂLEM VE KÂİNAT

nefsinde yaratılır, ayrılır ve toplanır. Bunun sonucunda da tüm mertebelerde ortaya çıkan her şey Hakk'tır. Hakikatte tüm isim ve sıfatlar, görev bakımından bir ve bütündür fakat anlam ve mana bakımından çeşitli ve farklıdırlar.

Burada Hakk'ın kendi nefsinde manasını, Kur'an'dan bir örnekle açıklayalım:

Ben seni nebi olarak kendi Nefsim için seçtim. / **Kur'an-ı Kerim, Taha Suresi, 41. Ayet**

Nebi olarak Ben bilmem Senin (Hakk) Nefsinde olanı. / **Kur'an-ı Kerim, Maide Suresi, 116. Ayet**

Tek vücud vardır o da Hakk'tır, başka vücud yoktur. Hakk "şey" olan her varlığı kendi vücudunda yaratır. Varlıklar, çoğul görünümünde iken, Hakk'ın vücudunda Zahir olmuşlardır. Hakk vücudu haricinde herhangi bir vücud mevcut değildir. Yaratılmış tüm varlıklar, görünen tüm varlıklar, derece derece Hakk'ın içinde bulunan tüm İlahî isim ve sıfatlarından, görünen Âleme kadar olan her kademesinde ortaya çıkmış, Zahir olmuşlardır.

Bulunamayan nokta, bilinmeyen ve sadece O ya da Mutlak olarak ifade edilen Â'mâ Mertebesindeki "la-taayyün" mertebesinde vücud Allah'ındır. Allah vücudundan, her mertebede beliren ve ortaya çıkan da Hakk'ın vücududur. Hakk her mevcudun ayn'ıdır, her derecede bir öncekinden gayr'ıdır. Çünkü latif yani daha süptil daha ince seviyelerden, daha kaba titreşime kadar inen maddi boyutlara kadar olan her mertebe ve katmanda, bir önceki bir sonrakinin Bâtınıdır. Bir sonraki bir öncekinin de Zahiri durumundadır. Bâtın olan Zahire ayn'ıdır, ancak Zahir olan Bâtın olana gayr'ıdır. Titreşim seviyesi ve bileşimi değiştiğinden görünen görünmeyene gayr'ı olacaktır. Bunu basit bir ifadeyle şöyle diyebiliriz: Varlıklarımızda Bâtın olan hüviyet Hakk'tır, Zahir olan maddi varlıklarımızda ise biz kendimizizdir. Bâtında Hakikatimiz Hakk'tır, Zahirde ise kendimiziz. Bu yüzden kutsal metinlerde "Biz, Siz" kavramları açıkça belirtilmiş ve vurgulanmıştır. Biz diyen İlahî isimler ve sıfatlar toplamı Hakk, Siz diye seslenilen ise, daha kaba titreşimde maddi varlıklar olarak Zahirde ortaya çıkan bizler gayrıyızdır. Hakikatimiz Hakk'a ayn, Zahirimiz ise yine kendimizizdir. Bu yüzden herkes kendinden mesuldür.

Kim zerre kadar iyilik yaparsa karşılığını bulur. Kim zerre kadar kötülük yaparsa karşılığını bulur" **(Kur'an-ı Kerim, Zilzal Suresi, 7-8)** ayeti de bunu ifade eder. Madde Âleminde sana ait olan sorumluluk ve akıl bilinci ile kendi yaptığından sorumlusun ve bunun karşılığını göreceksin manasındadır.

Çevirdik, aşağıların aşağısına attık ayetinde belirtildiği gibi, çevrilme manası, Bâtından Zahire geçiş anlamındadır. Aşağıların aşağısı ise, derece derece, mertebe olarak bir inişin, titreşimsel seviyenin kabalaşması manasındadır. Çoğul sesleniş ise, Hakk Zat'ında bütünlenmiş olan tüm İlahî isim ve sıfatların anlamlarıdır.

Âdem olarak bahsi geçen konu ise, Allah'ın Âdem'i yaratması, mutlak yokluktan değil, izafi yokluktan izafi varlığa geçiş manasındadır. Fakat bu izafi varlığa geçiş, Zahir olunan, görünen durum ise bize göre Bâtındır. Tüm isimlerin Âdem'e öğretilmesi ise Hakk'ın tüm İlahî isimler ve sıfatları kendinde toplaması durumudur. Hakk, tüm İlahî isim ve sıfatları kendi özünde mevcutlaştırır. Ve Hakk kendi vücudunda bu İlahî isim

ÂLEM VE KÂİNAT

ve sıfatlardan yaratımla varlıkları Zahirleştirir. Âdem, madde kâinatına göre yokluktadır ve tüm İlahî isim ve sıfatlarla bütündür.

Hakk ilminde mevcud olan İlahî suretler, maddi Âlemde görünmezler, görünemezler. Şahit olunacak bir durum değildir. O zaman görünen Âleme göre, İlahî suretlerin görünmezliği, Bâtıniliği, yokluğu, "izafi" bir yokluktur. Göremediğimiz için yok diyorsak bu izafi bir yokluktur. Bilinmezlik derecesinde "yok"luk izafidir manasındadır. Görünen tüm varlıkların da, Hakk vücudu olduğu hakikati de, hakiki değil, izafi ve mecazîdir. Çünkü iki vücud yoktur. Tek vücud vardır, o da Hakk vücududur. Her görünen, Hakk vücudundan Zahir olduğu için, görünen her şey mecazî yani aldatıcı ve yanıltıcıdır. Tek'in çokluk olarak görünmesi tamamen aldatmacadır. Bu yüzden eşyaya, maddeye, bedene, "batıl" denir. Bâtın hakikati Hakk ile ayn olan, ancak Zahirde çokluk olarak türeyen, yayılan "masiva" aslında aldatmacadır, gerçek değildir. Çünkü her an kendi aslına dönmektedir. O an zamanını kavrayamadığımız için görünen tüm Âlem, "an" zamanda aslına, hakikatine dönmekte olduğu için, gerçek değildir. Sadece belirmekte ve yine aslında dönmektedir. Bâtın Hakikat, Zahirde göründüğü anda hakiki olmayıp, sadece görüntüdür. Ve bunu bilinçlerimiz algılayamadığı için, biz her şeyi sabit, görünen ve daima olduğu gibi kalan olarak algılamaktayız. Muhyiddin İbn-i Arabi'ye göre; ***"İlmi hakikatler itibari ile Hakk'a ayn olan, İlahî isim ve sıfatlar, görünen Âlemdeki suret ve cisimleriyle Hakk'tan gayr'ıdırlar."***

ARİF İÇİN DİN YOKTUR

Keşif Ehli Arifler, Allah'ın her nefeste tecelli ettiğini görürler. /
Fusûsu'l Hikem, Muhyiddin Arabi

Arifler konusunu ilerleyen bölümde daha detaylı anlatılacak ancak, Arif manasını anlamak için, buradaki her nefeste tecelli etmek, belirmek meselesi üzerinde biraz durmak ve bu manayı açmak gerekiyor. Ne demektir her nefeste tecelli etmek? Bununla ilgili Kur'an-ı Kerim ayeti şöyledir:

O her an bir şe'ndedir (tecellidedir). / ***Kur'an-ı Kerim, Rahman Suresi, 29. Ayet***

Yeniden yaratılıştan şüphe içindedirler. / ***Kur'an-ı Kerim, Kaf Suresi, 15. Ayet***

Ayette en mühim kelime *"şe'n"* kelimesidir. Türkçe karşılığı "tecelli" demek olup, daha anlaşılır olması için "görünme, belirme, var olma" diyebiliriz. Her an ayrı bir şe'nde olmayı ise şöyle açıklayabiliriz: İnsanoğluna bildirilen sayı doksan dokuz olarak tanımlanmıştır. Bunun dışındakileri biz bilemiyoruz. Bize bildirilen isimler, zaman içinde kendi hakikatleri doğrultusunda meydana gelirler, tecelli olurlar. İsimler zaman içinde görünür olur. Zaman aslında an'dır, o da şimdidir. Bunun dışında lineer bir zaman yoktur. Bizim zamanın uzunluğu olarak gördüğümüz ise geçici algısal bir durumdur. Hangi İlahî isim o an'da açığa çıktıysa, o asır o ismin hakikati ile şekil alır. İnsanlar zamana küfredemezler, beğenmemezlik yapamazlar. Bu yüzden hayır ile küfr bir aradadır. Yani senin küfrettiğin, kızdığın aslında senin hayrınadır bu manada açıklanabilir. Küfrettiğin yine Hakk'ın İlahî isimlerinden birine olacaktır. .

ÂLEM VE KÂİNAT

Her bir asrın içinde, Hakk'ın gözü yani ayn'ı devam ettiğinden, sıkıntı içinde güzellikleri bulabilirsin. Kolaylıkla zorluk beraberdir denir. Kumaşın önü ve arkası gibi.

An zamanı idrak etmemiz mümkün değildir, ancak keşif yani şübut denilen, kalbi bir meleke ile müşahede etmek mümkündür. Bunu da ancak Ariflerin yapabildiğini dile getirmektedir İbn-i Arabi.

Her nefes, her an, her yaratılış manası birbiri ile benzerlik taşır. Andaki yaratım, süreklidir ve benzerlik taşımaz. Her görünüm, birbiri ile aynılık ve benzerlik taşımaz. İlahî isimler, sıfatlar ve suretler sonsuzdur. Biz kendi evrenimize ait olan sayısını bilmekteyiz, bilmediklerimiz de mevcuttur. Ancak bu İlahî isim ve suretler, An zaman ile birbirleriyle münasebetleri ile yaratılış hâlindedirler. An, var oluş ve yok oluşu kendi bünyesinde korur. Yani hem var hem yok An'a aittir. An dendiği anda hem var oluş ve hem yok oluş gerçekleşmiştir.

Evren genişler, büzülür, genişler, büzülür ve bu sonsuz sayıda devam eder. Ve her olagelen ve olmakta olan her seferinde tekrarlanır.

Her olan, aynıymış gibi görünse de, aslında aynı şey tekrarlamaz, kâinatta bir şey iki kere tekrarlamaz. Her seferinde yenilenerek yaşam devam eder. Her seferinde bilgi özümüzden akar ve özümüze iletilir. Hayat enerjisi daima yenilenir. Tüm değişim bu yenilenen Hayat enerjisindedir.

İbn-i Arabi, Fusûsu'l Hikem eserinde, var oluş ve yok oluşu şu şekilde anlatmıştır: İlahî isimler, iki kısımda ele alınır. Var oluş ve Yok oluş manasını kendi içinde mevcutlaştırmışlardır. Mucid, Muhyi, Mübdi, Rahman, Musavvir, Halik, Kayyum gibi İlahî isimler Var oluş yani varlıkların vücud bulmasını, ortaya çıkmasını, Zahirleşmesini gerektirirler. Mümit, Darr, Kahhar, Kabız gibi İlahî isimler ise, Yok oluş yani Bâtınlaşmasını, gizliliğe çekilmesini gerektirirler. Şimdi görünen tüm Âlem bu iki İlahî ismin grupları arasında bir var oluş ve bir de yok oluş gerçekleştirirler. Bu bir daimîlik, çeşitlilik, farklılık ve yenilenmedir.

Her an yeniden bir yaratılış olarak bildirilen ayetin açıklaması bu şekilde yapılabilir. An'da bir ve tek olan, yani cami olan, toplanan tüm İlahî isim ve sıfatlar, iki mana ile var oluş ve yok oluş olarak ikileşirler. An'da bütün iken, tek iken, an'da hem var oluşu hem de yok oluşu icap ettiren İlahî isimler ve sıfatlar olarak iki manaya ayrılırlar. İlahî isimlerin Zahiri ve eseri olan tüm görünen şey'ler, an'da var olurlar, Bâtıni isimler ile de yine an'da yok olurlar. Bu var oluş ve yok oluş, izafidir. Mutlak bir var oluş ve yok oluş değildir. Tamamen var olup sonsuza kadar kalmak ya da tamamen yok olup sonsuza kadar yitip gitmek manasında değildir. İzafi bir var oluş ve yok oluş gerçekleşmektedir. An zamanda bir nefes gibi ya da bir kalp atışı gibi var oluş ve yok oluş gerçekleştiği için, asla idraklerimiz algılayamaz. Peş peşe ve süratle oluşum gerçekleştiği için de, her seferinde bir yenilenme olur.

Fakat evreni seyreden bir Zahir göz, her şeyi aynı ve sürekli olarak algılar. Gözleri ve kulakları perdelidir" ayetinde, perde kelimesi, bizim algılarımızdaki sınırdır. Biz baktığımız her şeyi devamlı aynı ve sürekli olarak algılarız. Oysa bu izafidir. Çünkü her şey her an yeniden ve sürekli var edilmektedir. Var olan ve Yok olan bir kalp atışının tam ortasında bulunmaktadır insanoğlu. Fakat gördüğü her şeyi sabit ve devamlı görür.

ÂLEM VE KÂİNAT

An zaman sadece O'nun tasarrufundadır. Ondan sonraki tüm zaman dilimleri ise varlıklar içindir. Zaman izafiliği ayetlerde de önemle belirtilmiştir. *"Size göre elli bin yıl olan bir gün"* **(Kur'an-ı Kerim, Mearic Suresi, 4. Ayet).** Yani dünya zamanı ile elli bin yıl geçtiğinde, İlahî isim ve sıfatların Bâtınında ise bir gün geçmektedir. Ve Allah katında ise sadece an zaman dilimi mevcuttur. Zaman algısı, kâinatın her zerresinde farklılık ve çeşitlilik gösterir. Biz kendi arzımıza yani dünyamıza denk gelen zaman dilimi içinde çakılıp kalmış beşerleriz. Beşer boyutunda ise perdeli olduğumuz için, an zamanda gerçekleşen değişimi, yaratımı algılayamayız. Ancak bu var oluş ve yok oluş "nefes"ini sadece Arifler gözleyebilirler.

Felsefede, bir dereye defalarca girip yıkanabilirsin ancak dere aynıdır ama su aynı değildir ifadesi kullanılır. Son zamanlarda yapılan çalışmalarda, kuantum biliminin yeni keşiflerinde, atom altı parçacıkların bir var olup bir yok olduğu belirsizliği gözlenmiştir. Daha doğrusu atom altı parçacıkları gözlenememektedir. Nerede olduğu belirsiz olan atom altı parçacıklar, bir var olup bir anda tekrar meydana çıkmaktadırlar. Ancak bilim adamları, gördüklerini doğrulayan, ancak görmediklerinde nerede olduğunu asla bilemediği başka bir boyuta kayan parçacıkların peşinde deneyler yapmaktadırlar. Veliler ve erenler ise yüzyıllar öncesinden bunun bilgisini vermişlerdir. Kur'an da her an yaratım manalı ayetlerinde de bunu açıkça aktarmıştır.

Görünen her şey var oluşta Zahir, yok oluşta Bâtın olur. Fakat her var oluşta, artık o bir önceki gibi değildir. Yeniden yaratılmıştır. Benzerinin yaratılması, aynı olduğu ya da tıpatıp o olduğu anlamına gelmez.

ARİF İÇİN DİN YOKTUR

Sen Fani olmazsın, Baki de kalmazsın. / **Fusûsu'l Hikem, Muhyiddin Arabi**

Bâtında, hakikatte Hakk olduğun için fani olmazsın, Zahirde mahlûk olman ile de baki kalmazsın.

Muhakkak O'nun içiniz. Muhakkak O'na dönücüleriz. / **Kur'an-ı Kerim, Bakara Suresi, 156. Ayet**

Var oluş ve yok oluş kanununa tabi olan tüm varlıklar, var oluşta Hakk'ın gayrı olarak Zahir olmaktalar. Fena hâlinde, yok oluşta, Hakk'ın Hakikatine yani aslına dönmekteler. Her bir varlık, Hakk'tır, Hakk'ın ayn'ıdır.

Her AN,
Asl'a dönüş yapan bir Varlık'ın neye ihtiyacı vardır?
Sadece ulaştığı AN'daki huzura kanca atmaya.
O madeni, cevheri gören gözlerin açılsın!.

Demir ateşle rezonansa girdiği vakit, kıpkırmızı olur. Ve "ben ateşim" der. Ancak hiçbir zaman ateş değildir ama görünürde ateştir. Yani demir ateşin ayn'ı olmuştur. Ateş ve demiri birbirinden ayırt edemezsin. Demir ateşten çıkarıldığı vakit gayr'iyet apaçık ve belirgin olur. Demirin ateşliği arızi (ayn olmayan hâli, rezonans hâlinde iken görünürlüğü, özünden farklı oluş fakat kopuş değil), demirliği ise zat'ıdır (yani özü, kendisi).

Ayn ve gayr konusuna tekrar dönecek olursak, Allah isimleri hem ayn'dır hem gayr'dır. Bir ve bütünlük bakımından ayn'dır. Ancak kendine has manalar içerdiği için birbirlerinden gayr'ıdırlar.

ÂLEM VE KÂİNAT

İnsan ve Âlem İlahî isimlerin Zahiridir. İlahî isimler de, insan ve Âlemin Bâtınıdır. İlahî isimler ile Öz (Zat) arasında hem ayniyet hem gayriyet mevcut ise, Öz olarak ayn'dır ve birdir. İsimler bakımından ise gayr'dir çünkü her ismin kendine ait manası mevcuttur.

İlk belirme, belirsizlikten belirgin hâle geçme, aşikâr olma, İlk taayyün olarak bahsedilen, O yani Öz kendini sadece kendi Özü ile bilir. Tüm isimler orada toplanır. Birdir ve Bütündür. Hiçbir şeye ihtiyacı yoktur, muhtaç değildir.

Hak yolu, yürüdükçe açılan, feth olundukça nazar edilen, değişkenliğin yoludur. Çünkü O, her AN ayrı bir şe'ndedir. Kat'ında, her bir'i için belirlenen ateş topları, hedefi için, zamanını bekler.

O Âlemlerden ganidir. / **Kur'an-ı Kerim, Ankebut Suresi, 6. Ayet**

İsimler ve sıfatlar, bütünü ile Zat'a yani O'na, Öz'e ayn'dırlar. Gayr'iyet söz konusu değildir.

Burada parantez açarak, kendi şahsi fikrimi dile getirmek istiyorum naçizane. Kutsal kitapta Tek yaratım ve Tek Nefs denmiştir. "Tek Nefs'ten yaratan, ondan da eşini yaratan ve fiziki Âlemlerine kadın ve erkek olarak türeten"dir. Âlem, kâinat, insanı kebirdir. Tüm İlahî isimlerin birliğidir. Bizler, cismani varlıklar, çokluk görünenler türeyenleriz. Ayetlerin manalarına, düşüncede belki erişemeyiz, çözemeyiz, ancak gönülle hislerimizle ulaşmamız ve anlamamız mümkün olabilir. Fakat bu da kesin ve sabit değil. Her hâl ve durumda farklı anlayışlara idraklere varmamız muhtemel, fakat bu BİR'liği bozan değil, aksine destekleyendir. Ayetlerin meali, kullar tarafından, o an hangi "hâl" ve "mertebe" üzerinde iken, manalandırdığı, tamamen kendi müşahede yetkisi üzerinedir. Kaldı ki, Arapça kelâmların Bâtıni manaları, bildiğimizden çok daha derindir ve her mertebe müşahedesi tercüme olarak akseder. Herkes kendi hâli üzerine bir yorum yapabilir.

"O her görenle görür, her görünende görünür. Âlem O'nun suretidir. O Âlemin ruhu'dur. Böylece Âlem İnsan-ı Kebir'dir." / **Fusûsu'l Hikem, Muhyiddin Arabi**

Tekrar konumuza geri dönecek olursak; ikinci belirme, ikinci taayyün olarak bahsedilen ise, İlahî isimler ve sıfatlar olarak ayrılmış olarak belirmedir. Buna a'yanı sabite adı verilmiştir. Fusûsu'l Hikem'de, şehadet Âlemindeki yani görünen kâinattaki tüm varlıklar, İlahî isimlerin ayn'ıdır. Yani ayrı bir bedene ve vücuda sahip değillerdir. Hepsi İlahî isimlerin ayn'ıdır. İlahî isimlerin mana itibari ile farklı oluşlarından dolayı, görünen Âlemde farklılık ve çeşitlilik vardır ve her bir varlık diğerinden farklıdır, yani gayr'ıdır. Şehadet Âleminde yani görünen Âlemde Zahir olan İlahî suretler, İlahî isimlerin her birinin mana ve anlamına akis ve gölgedirler. Bu akis ve gölgeler, fizik Âlemdeki her bir varlığın Bâtındaki hakikati, onları terbiye eden Rabb-i Has'larıdır. Rabb-i Has manası, her bir İlahî ismin bir insanda ortaya çıkması, o ismin insanın Rabb'i olması anlamındadır. Rabb eğitim sistemi görüp gözeten ve imtihanlara sevk eden bir sistemdir. Her bir İlahî isim, insanın Rabb"idir.

ÂLEM VE KÂİNAT

İlahî suretler ile Hakk arasında ayn'iyet mevcuttur. Bu İlahî suretler birbirlerinden mana olarak farklı anlamlar içerdikleri için, aralarında gayr'iyet mevcuttur.

Ruhlar mertebesi olarak bahsedilen, ikinci mertebede konu olan İlahî suretler, cevher olarak Zahir olurlar. Ancak bu Zahir oluş, görünen Âlemin Bâtınıdır.

Her bir ruh kendini, kendi benzerini, kendisinin Rabb'ini idrak eder. İşte bu an, Hakk'ın, ilk gayriyetin ilk Zahir olduğu mertebe hâlidir. Çünkü kendi kendinin Rabb'ini idrak ettiği anda gayr'i olmaktadır.

Ben sizin Rabb'iniz değil miyim? **/ Kur'an-ı Kerim, A'raf Suresi, 172. Ayet**

Burada ben ve siz kavramları ayrılmış ve kendi kendinin terbiye ve öğreticisi konumunda gayrilik Zahir olmuştur. Buradaki ilk gayriyet, mana bakımından ayrılık gösterse de, daha aşağı kademelerde daha bariz ortaya çıkmaktadır.

Bu "ben" seslenişi bir avaz ile ruhlarda bir bilginin açığa çıkmasıdır. Bir hatırlatma emridir. "Ben, Sizin" ayrımı aslında iki vücudun iki ayrı varlığın olduğu anlamında değildir; aslında kendinden kendine bir sesleniş, Ben manasının Bâtın, Siz manasının Zahiri olmasından dolayı, Bâtının Zahiri görmesi, Zahirin Bâtını görememesinden kaynaklanmaktadır. Her ortaya çıkış Zahir ise, bir sonraki için Bâtındır. İşte Bâtın olan "ben" seslenişi, Zahir olan yine kendine olan ruhlara "siz" hitabı bundandır. Kendinden kendine olan bir sesleniş, bir uyandırma, bir hatırlatma, içsel bir fetih, keşif manasıdır. İçinden içine, özünden özüne, kendinden kendine sesleniştir, ancak sembolik olarak, üstü kapalı "Ben ve sizin" şeklinde ifade edilir.

Yaklaş ve daha yaklaş! O vakit der ki, Geldim ve kendimden başka bir şey bulamadım. Geleyim ve kendimden başka bir şey bulamayım. Yüreklerinizi hazırlayınız, geldiğimde kendimden gayrı bir şey bulmayayım.

Ben, tek, fakat "siz" çoğul olarak ortaya çıkana, Zahirleşene bir hatırlatmadır. Orada aslında ne Ben vardır ne de Siz çoğulu. Aslında Tek olanın, Ben ve Siz olarak ortaya çıkışıdır. Bâtında olan "Ben", Zahiri olana yani yine kendine "siz" olana hatırlatmasıdır. "Siz" konumunda ortaya çıkan, Zahirleşen ruhlar, "Ben" diyen Bâtındakini göremezler. Çünkü derecelenmede Bâtının Zahiri görmesi mümkün, Zahirin Bâtınını görmesi mümkün değildir. Ancak hatırlatma tarzında bir sesleniştir. Ortada bir soru yoktur. "Değil miyim" de bir soru yoktur. Cevap da *"Kalu Bela, Şehidna (Evet! Şahidiz)"* yani evet anlamında bir evet değildir. Orada Zahir olan "Sizin" konumundaki ruhların, "Ben" konumundaki Bâtındaki yine kendi tekliğine olan itikadları, imanları, kabul edişleridir. Yani her ne kadar çokluk olarak Zahirimseniz de, teklik olarak "Ben"siniz manasındadır. Zahirimdeki çokluğunuzun anlamı, Bâtınınızdaki Ben oluşumdur. Bunun hatırlatmasıdır. Ortada bir sesleniş, bir soru ve bir cevap yoktur. Ruhların Zat'ında, yani özlerinde uyanan bir bilginin, Teklik bilgisinin ateş alması, yanması ve kor hâline gelmesidir. Ruhlar, ne kadar çokluk da olsalar, aslında görünmeyen Bâtınlarında bir "Ben" olan Tek'e ait bilgisini özlerinde saklayacaklardır.

İkra! B ismi ile Oku. **/ *Kur'an-ı Kerim, Alak Suresi, 1. Ayet***

ÂLEM VE KÂİNAT

Bu da Hakikate yolculuk ettiren bir "hatırlatma"dır. "Oku! İlahî emrinde, arzdan arşa kadar olan tüm hiyerarşi an'da kat edilir ve nereye ait olduğunu, Asl'ını bil'irsin! Oku ve değil miyim? Bir İlahî "emir"dir.

Allah'ın Emri, Zat olan Öz'ünden her daim kuvvetlidir. Her şeyi bir ölçü ve denge ile yaratılması, "İlahî Kanunlar" ile yaratıldığının bir göstergesidir. Buradaki "İlahî emir" ölçü ve dengedir. Kendi Nefs'i de bu emirlere tabidir, Zatından ve Özünden, her daim kuvve altındadır.

Misâl Âlemine yansıyan "İlahî suret"lerin fizik plândaki yansımalarıyız.

Fusûsu'l Hikem'de, Misâl Âlemi olarak bahsedilen, O'nun, hariçte, latif suret ve şekillerde ortaya çıkmasından dolayıdır. Görünen Âlemde Zahir olacak her bir ferdin, tek tek suretine benzer suretler, bu Âlemde oluşur. Hayâl Âlemi olarak da adlandırılır. Burada bölünme ayrılma yoktur. Ruhlar Âlemine göre daha kaba titreşime sahip, ancak görünen madde Âlemine göre daha süptil, latif bir Âlemdir. Ruhlar mertebesine göre bu Âlem, daha bariz ve belirgin şekilde gayriyet hâlindedir.

Fusûsu'l Hikem'de konu edilen, şehadet mertebesi, onun, görünen Âlem olarak cisim ve madde olarak ortaya çıkmasıdır. Misâl Âleminde ayrılamayan, bütün olan, şehadet mertebesinde ayrılır, bölünür, bitiştirilir. Gözle görüldüğü için, his Âlemi ya da şehadet Âlemi olarak adlandırılmıştır. Bu Âlemdeki her şey ruh sahibidir. Her bir varlık, Hakk'ın İlahî isimlerinden birinin suretidir, İlahî isim de, bu suretin ruhudur.

İlahî isimlerin hepsi birleşip Allah zatında toplanmaktadır. Buna *ayn-ı vahide* denir. Her bir İlahî ismin bu ayn-ı vahide ile bir münasebeti mevcuttur. Fakat birbirleri ile münasebetleri bulunmayabilir. Her bir İlahî isme bir pay, bir hisse düşmektedir. Her bir İlahî isim Allah Zat'ından beslenir ve bütünlük olarak O'na bağlıdır. Ancak birbirleri arasında münasebetlerinde hisseleri farklılık gösterebilir. Muhyi İlahî ismine düşen hisse ve özellik, Mümit ismine düşen hisse ve özellik ile benzerlik göstermeyebilir. Hayy isminin ortaya çıkışı, varlıklarda derece derece farklılık ve çeşitlilik gösterebilir. Bu yüzden bazı varlıklarda hayat gizli, bazılarında ise aşikârdır.

Varlıkların bu şekilde derecelenmeleri, Hakk'tan gayrı'dır. Her bir varlık Hakk'ın bir ismi ile münasebette olduğundan dolayı, birbirlerinden de gayrı oldukları gibi Hakk'tan da gayrı'dırlar. Bu yüzden cisimler Âlemine, yani görünen Âleme *masivallah, gayrullah, siva* gibi isimler verilmiştir. Görünen Âlemdeki tüm varlıklar tek tek, Hakk'ın hakikatine ayn, zuhurdaki yani meydana çıkışındaki suretine gayrı'dırlar. Tüm velilerin, erenlerin ortak görüşüne benzerlik taşıyan Muhyiddin İbn-i Arabi'ye göre de Mevla Mevla'dır, Kul Kuldur, Mahlûk Mahlûktur.

Yine Fusûsu'l Hikem'de konu edilen, İnsan-ı Kâmil, görünen şehadet olunan Âlem, İlahî isim ve sıfatların tümüne, hüküm ve eserlerinin ortaya çıkışına müsaittir. Kemâli ile hepsi de insanda oluşmuş, toplanmıştır. İnsan varlığının amacı, Hakk'ın tüm İlahî isim ve sıfatlarına cilalı bir aynadır. Hakk ile insan arasında gayriyet mevcuttur. Kâmil olan insan, şuurlu olarak, var oluş ve yok oluşta yenilenmeyi müşahede edendir. Ancak beşer bunu idrak edemeyendir. O her şeyi aynı ve sabit zanneder.

ÂLEM VE KÂİNAT

Kâmil insan, tüm İlahî isim ve sıfatların zuhuruna müsaittir demiştik. Bu nasıl gerçekleşmektedir? Eğer bunu anlayabilirsek, Arif ile adlandırılanı biraz daha iyi anlayabiliriz.

An'da var oluş ve yok oluş gerçekleşir. Ve bu oluş, olagelen, tüm varlıkların tasarrufunda olmayan, mecburen dâhil oldukları bir kanundur. Şuursuzca ve idraksizce tüm varlıklar bu kanuna tabidir. An sahibi olan O, var oluşu ve yok oluşu gerçekleştirir ki, yenilenen ve her seferinde yaratım kendi tasarrufunda gerçekleşir. İnsan-ı Kâmil denilen şuurlu varlık, tüm İlahî isimleri ve sıfatları kendi Zat'ında yani Özünde bilme hâlindedir. Ve Kâmil insandan başka bunu bilen yoktur.

Hakk, İnsan-ı Kâmil, şuurlu ve tasarruf sahibidir. Var oluş ve yok oluş an'ında, bu oluşa şuursuzca dâhil olan tüm varlıklar ve dâhil olan şuurlu İnsan-ı Kâmil bulunmaktadır. İnsan, şereflilik ve Bil'me hâli bakımından diğer yaratılan ve görünen tüm varlıklardan daha üstündür. "Biz insanı üstün kıldık, şerefli kıldık" denmiştir. Bahsedilen insanda, tüm İlahî isimlerin bütünlüğüdür. Bu yüzden insan şuurludur. Şuurlu olduğu için de bilme hâlindedir. Tek yaratım olan nefs diye geçen ayette, tek yaratım olan nefs Âdem'dir yani Allah Bâtınından Zahirine Hakk olarak görünmesi, tüm İlahî isimlere ve sıfatlara vücud bulmasıdır.

Âdem, İnsan-ı Kâmil olan, şuurludur. Bil'me hâlinde olandır. Ve var oluş olan isimlerle, yok oluş olan isimler, iki olarak ortaya çıkar. Yani kutsal kitapta bahsedilen "Tek nefs yaratılır ve o nefsten alınan parça ile zevcesinin yaratılması" manası budur. Bunlar Bâtında olanlardır. Görünen Âleme Zahirleşmesi ise "kadın ve erkek olarak türedi ve yayıldılar" şeklindedir. Yani Tek Nefs yaratılır bu Âdem'dir, Bâtındadır; varlıkların var oluşunu gerçekleştirecek olan oluşumun simgesidir. Sonra O tek nefsten zevcesi yaratılır yani zıttı, bu da varlıkların yok oluşunu sağlayacak olan İlahî isimlerin bütünlüğü olan "eşi" olarak bahsi geçendir. Görünen Âleme kadın ve erkek olarak yayılış ve türeyiş de çokluk Âlemidir.

Rahman olan Bâtından, rahim olan Zahire, rahim olan Zahirden yine rahman olan Bâtına, var oluş ve yok oluşun, An zamanda gerçekleşmesidir.

İnsan-ı Kâmil şuurludur demiştik; var oluş ve yok oluş cereyan ederken, İnsan-ı Kâmil dâhil olduğu bu kanuna şuurlu olarak katılır. Çünkü yok oluşta Bâtındaki Hakk vücudunda ayn olur, uyanır, ama kendi bir önceki var oluşundaki görünen Âleme gayr olur. Var oluşta ise Hakk vücuduna fena olur, gayr olur. Fakat her an tecelli eden bu var oluş ve yok oluş, izafidir, mutlak değildir.

Kısaca, Fusûsu'l Hikem'de bahsi olan, tüm varlıkların tabi olduğu var oluş ve yok oluş kanununda, var oluş an'ında Hakk'ın gayrı olarak Zahir yani görünen olmakta; yok oluş ve fena hâlinde ise Hakk'ın Hakikatine dönmekte, aslına rücu etmektedir, Hakk'a ayn olmaktadır. Rücu ve Fena hâlinde (yok oluş) Hakk'a yani aslına geri dönen varlıklar, Hakk ile ayn olmuşlardır. Beka hâlinde ise (var oluşta) Hakk'tan gayr'ı olmuşlardır.

İlim öğrenen ve görünen tüm "şey"lerin ötesinde Bâtın tarafı sezgisel algılayan kişi için Fusûsu'l Hikem'de İbn-i Arabi, salik kelimesini kullanmıştır. Önce her görünenin, her varlığın, bir İlahî ismin Zahiri olduğunu idrak eder. Devamında, Fusûsu'l Hikem'de, şöyle açıklar: Her "şey" bir İlahî ismin Zahiridir. Zahiri olduğu Bâtındaki isme, ismin bâtını olan

ÂLEM VE KÂİNAT

sıfata, daha sonra da sıfatın Bâtın olduğu Zat'a yani Öz'e doğru kalbi bir yükseliş ve idrak gayreti içinde, Hakk'ın isim, sıfat ve Zat'ını "kalp ve basiret" gözü ile müşahede eder. Artık erdemli kişi, her baktığında gördüğünü, beşer gözü ile görünenin dışında, Hakk'ın Zat yani Öz, sıfat ve isimlerinin ortaya çıkmış bir görünümü olarak görme derecesine ulaşmış olur.

Dünya gözü ile bakılanın aksine, gören bir göze sahip olan erdemli kişi, gördüğünün arkasında daha İlahî bir yaratımın gerçekleştiğine tanık olmaktadır. Çünkü kalp gözü de açılmış, bu da ancak ilim ve irfan yolu ile gerçekleşmiştir. Tasavvufta bu yola marifet yolu denir. Her görünenin, ardında görünmeyen Bâtıni tarafını sezen, bilen kişi, her zerrenin, her oluşumun, bir İlahî isme ve sıfata ait olduğunu bilendir. Ve buradan yola çıkarak, her varlığın tek tek, bir İlahî isme, oradan bir İlahî sıfata ve en sonunda da Özüne doğru kalbi bir yolculuk yapar.

Bu yolculuk manevî anlamda "mana" yolculuğudur. Erdemli kişi artık "şey"lerin gerisindeki gerçekliğe, hakikate ulaşmıştır. Tüm gördüğünü, anlayacak, idrak edecektir. Bundan gayri Öz'e ulaşan Hakk'a ulaşmış, Hakk gözü ile görmeye başlamıştır. Hakk gözüyle gördükten sonraki mertebe ise, Hakk'ın gözünden görmektir ki, artık o erdemli kişi, bir marifet ehlidir. Ve artık beşer gözlerle bakan ancak, Bâtın gözlerle Âlemi seyre dalan bir Arif olmuştur. Herkes gibi görünen, ancak herkes gibi olmayan bir ulaşan, eren olmuştur.

O hasretle döner tüm kâinat, gezegenler, yıldızlar daima harlıdır bitmez tükenmez enerjileri ile. Ruh ile madde aşk ile hayat bulur Âlemlerde.

Hayıflanma ve kibir, insanı ya öldürür ya süründürür! Önüne bak ve yürü! Unuttuğu için hayıflanmayan, hatırladığı için kibirlenmeyen bir HATIRlama.

Hakk yolu, ateşten gömlek kuşanıp, kıldan ince kılıçtan keskin yolda yürümektir. Bin defa zulüm görsen bir defa "ah" dememektir.

O karanlıkta, ışığı ile aydınlananlar, birbirleri ile "selam"laşıyorlar. Çünkü onlar "sahip"lerdir. Yol uzun ama izafi. Çünkü O, her bir anda farklı tezahür eder. Çünkü O her an ayrı bir şe'ndedir. Mülk kimindir denir? Uzaklık, Mülk sahibinin bilmediği bir kelime. Görünenin ardındaki hakikate ulaşma, görüneni Bâtın gözü ile nazar etme, görünen her zerreyi, Hakk gözü ile görebilme nasibine ulaşma, Hızır bakışı, bir nebi bile bu bakışı zaman zaman kaybeder. Ancak Hızır bakışı yani Ayn bakışı hep daimdir. Çünkü o ölümsüz olanın bakışıdır. Ölümsüzlüğe mazhar olan, Mansur'laşanın bakışıdır. Evveli ve ezeli, başı ve sonu BİR olan bir Hakk Nazarı ile bir bakıştır.

Arif konusunu başlı başına bir bölümde işleyeceğimiz için, şimdi İlahî isim ve sıfatların açıklamalarına geri dönelim.

Özde, hakikatte, bir olan tüm isim ve sıfatlar kendi mana ve anlam içeriklerine göre farklılık gösterirler, bu yüzden çoğalırlar. Fusûsu'l Hikem'de verilen örnek aynen şudur: Âlim, Semi ve Basir diye adlandırılan İlahî isimler, Öz'de Birdirler ve Hakk'da toplanmışlar, birleşmişlerdir. Ancak anlam itibarıyla "Bilen, İşiten, Gören" farklı farklı manalar içerir. Bu yüzden birbirleri ile gayr'ılık oluştururlar. Oysa Öz olan Zat'ta birbirlerine ayn'dırlar. Mana itibari ile gayr'ı olan İlahî isimler, Öz'de ayn'dırlar. Her bir ismin Zahiri olan Âlem ve Kâmil insan da, Bâtındaki İlahî isme gayr'dır. Âlem ve Kâmil insan da, Zahirde

ÂLEM VE KÂİNAT

birbirlerine öz itibarıyla ayn, mana ve hareket, meydana vuruş ve amaç bakımından ise gayr'ıdırlar.

Çok basit bir örnek verecek olursak, bir taşın atomu ile insan atomu birbirine denktir. Yani atom tektir. Öz itibarıyla insan ile bir taş birbirlerine ayn, mana, şekil ve amaç bakımından ise gayr'ıdırlar. Tüm insanlar da, Hakk'da bir olan İlahî isim ve sıfatların Zahirdeki görünümü olarak, birbirleri ile öz itibari ile ayn'dırlar, ancak şekil ve amaç manası ile gayr'ıdırlar. Herkes birbirinden gayr'ıdır, görünüş, mana ve amaç bakımından. Oysa Öz'de ayn'dırlar. İnsan ve Âlemde öz olarak birbirlerine ayn, şekil ve amaç manasında gayr'ıdırlar.

Ayn'iyet ve Gayr'iyet konusu, Fusûsu'l Hikem'de, daha iyi kavrayabilmemiz için örneklerle açıklanmış ve geniş yer verilmiştir.

Bunlardan biri buhar-buz örneğidir: Buhar, daha süptil ve gözle görülmez. Mertebesine göre, değişen hava şartlarıyla girdiği rezonans neticesinde, bulut olur gözle görünebilen, daha sonra su olur elle de tutulabilen ve en sonunda donup buz hâline gelir. Buhar, buz olana kadar belli derecelere ve şartlara bağlıdır. Derece derece şekil değiştirir ve dönüşür. Ancak öz bilgisinden hiçbir şey kaybetmez. Değişim ve dönüşüm de onun bilgisini eksiltmez. Buhar ve buz, öz itibarıyla birbirlerine ayniyet, şekil ve şart durumuna göre de birbirleri ile gayriyet mevcuttur. Bu çok basit bir örnektir ancak şu bakımdan farklıdır: Buhar derece derece buz olduğunda buhar yoktur buz olmuştur yani tamamen bir dönüşüm gerçekleşmiştir. Oysa Mutlak yani, la mertebesinde olan, Ezelden ve Ebedden, Âlemlerden gani olan O, kendi hâli üzerinedir. İlahî suretler ile görünür olur. İlahî suretler de, özünde Bir olan Hakk ile yani, İlahî isim ve sıfatlar ile görünür hâle gelir. Her bir İlahî isim ve sıfat da, görünen Âlemde Zahir olur. Bu dönüşüm ve aşağıların aşağısına kadar olan derecelenme, katmanlar, bir eksilme ve bir yok oluş, tamamen dönüşüm değildir. Yani buharın buza dönüştüğünde buhardan bir eser kalmayışı gibi değildir. Âlemlere kadar inen Zahirleşmede, Mutlak olan O'nda ve sonraki herhangi bir görünümde, bir eksilme ve bölünme mevcut değildir.

İbn-i Arabi'nin üzerine basa basa tekrarladığı şu sözünü tekrar belirtmek isterim. *"Hakk Hakk'tır, Mahlûk Mahlûk'tur."*

Fusûsu'l Hikem'de çekirdek - ağaç örneğini de vermiştir. Tohum toprağın en karanlıklarına atıldığında, zamanla fidana, gövdeye, dallara, yapraklara ve meyvelere kadar derecelenerek gelişecektir. İşte o tohum daha henüz zerre kadar iken, tüm bu olacaklar, tohum içinde bir "kuvve" olarak vardı. Ancak Bâtın hâldeydiler. Çünkü zerre kadar tohum içinde bulunan bu kuvve henüz ortaya çıkmamıştı. Zamanla, tedriç yasası gereği gelişti, serpildi ve ağaç hâline gelerek meyve verdi. Ve meyvenin içindeki çekirdek de, yine "kuvve" taşıyarak, toprağa gömüldüğünde yine tedricen gelişecek ve bir ağaca ve meyve vermeye kadar giden silsile içine girecektir. Yani her bir tohum içinde, meyve veren ağaç ve o ağacın meyvesindeki çekirdekteki tohum, her birinin kuvvesidir.

İşte çekirdek ile ağaç arasında, hakikat gereği ayniyet söz konusudur. Ancak, ağaç çekirdekten meydana geldiği, hatta ağacın meyvesinde yine bir çekirdek mevcut olduğu hâlde, unsur, şekil ve amaç ile birbirlerine gayr'ıdırlar.

Fusûsu'l Hikem'de en ilham verici örneklerden olan ayna sembolü de vardır. Ortada bir insanın durduğunu ve etrafında çeşitli aynalar mevcut olduğunu düşünelim. Bu aynalar iç

ÂLEM VE KÂİNAT

bükey, dış bükey, çeşitli renklerde ve en boylarda olsun. Ortada duran kişi Hakk olsun ve aynanın her birinde beliren de bir İlahî isme sıfata tekâmül etsin. Aynadaki görüntüler ile o şahıs ayniyet durumundadır. Oysa şahıs ile görüntülerdeki mana ve amaç, şekil ve görüntü bakımından gayriyet mevcuttur. Aynaların ve görüntülerin sayısının sonsuza gitmesi ya da birkaç tane olması arasında hiçbir fark olmayacaktır. Sadece şekil ve görüntü olarak çeşitlilik gösterecek, ancak ortada duran şahısta bir eksilme ve çoğalma olmayacaktır. Ortada duran şahıs tek ve birdir, yansıması sonsuza kadar bile gitse bu bir çoğalma ya da eksilme, şahsa bir zarar ya da fayda getirmeyecektir. Fakat şahıs, her bir aynada kendini farklı görecek ve tanıyacaktır. Mühim olan ise budur. Her bir yansımada kendini tanıyacak ve bilgisini tatbik edecektir. Aynaları kırsanız, boyasanız, küçültüp, büyütseniz, eğip bükseniz de, ortadaki şahsa hiçbir şey olmayacak, daima aynı kalacaktır

Rabb ile Kul, Hakk ile Âlem, İsimler ile Mahlûk arasında ayniyet ve gayriyet, örnekteki gibidir. Öz bakımından ayniyet, mana ve amaç bakımından gayriyet mevcuttur. Bu, aralarındaki ilişkiyi zedelemediği gibi bir eksilme ve çoğalma da yaratmayacaktır. Yine Rabb Rabb, Kul Kul, Hakk Hakk, Âlem Âlem, İsm'ler İsm, Mahlûk da Mahlûktur.

Fusûsu'l Hikem'de bahsi geçen diğer örnek ise gölgedir. Gölgeyi iyi anlayabilmemiz için hiyerarşiyi de iyi anlamış olmamız gerekir. Daha önce de bahsettiğim gibi, Fusûsu'l Hikem'de bir hiyerarşi mevcuttur. Görünen tüm Âlem ve varlıklar, Misâl Âleminin gölgesidir. Misâl Âlemi (İlahî suretler), ruhlar Âleminin gölgesidir. Ruhlar Âlemi A'yan-ı Sabite (İlahî isim ve sıfatlar) Âleminin gölgesidir. A'yan-ı Sabite, İlk Taayyünün

(Zat, Öz, tüm isimlerin birliği ve tek oluşu) gölgesidir. İlk Taayyün, La Taayyün'ün (bilinmeyen, bulunamayan nokta, Â'mâ mertebesi) gölgesi durumundadır.

Ve böylece, içinde bulunduğumuz Âlem, Hakikatin Hakikatinin gölgeleri durumundadır. Bu gölgeler, Öz'de hiçbir eksilme ve çoğalma yaratmaz. Hakiki Vücud ve gölgeleri, en son görünen içinde bulunduğumuz Âlem. İbn-i Arabi'nin eseri olan Fusûsu'l Hikem'de bu gölge örneğine, çok geniş yer verilmiştir.

Şahıs ile gölgesi arasında, sıfatlarını taşıdığı manada ayniyet vardır. Ancak şahsa yapılan bir müdahalede gölge bir zarar görmez. Gölge de diyelim ki ıslatılsa, şahıs ıslanmayacaktır. Işık ile ayarlandığında gölge uzar ve kısalır ise de, şahısa herhangi bir zarar gelmeyecektir. Şahıs yine olduğu hâl üzerinde kalacaktır. İşte bu yüzden gölge ile şahıs arasında gayr'iyet söz konusudur.

*"Görmedin mi, Rabbin gölgeyi nasıl uzattı." / **Kur'an-ı Kerim, Furkan Suresi, 45. Ayet***

Gölgeden maksat görünen Âlemdir. Görünen Âlem uzar ve kısalır, ancak Rabb bundan etkilenmez. Gölge uzayıp kısalsa, yani değişime uğrasa, asli olanda hiçbir değişiklik söz konusu olmayacaktır.

Fusûsu'l Hikem'de, şu önemle vurgulanmıştır: Ne kadar örneklerle belirtmeye çalışsak da, Hakk ve görünen Âlem arasındaki ayniyet ve gayriyetin hakikatine ulaşmamız mümkün olmayacaktır. Çünkü örnekler, ancak anlayışımız doğrultusunda küçük bir mana katacaktır zihinlere. Ancak asla, hakikate eriştiremeyecektir.

İlahî boyutlar

İbn-i Arabi İlahî boyutları anlatırken **Hazarat-ı Hamse-i İlahîye** terimini kullanmıştır. Kelimeye yüklenen çok derin ve Bâtın anlamlar vardır. Bunun ne manaya geldiğini mümkün mertebe anlayışlara uygun olarak açıklamaya çalışalım. Konuların tekrarı, tamamen anlaşılır olması içindir. Özellikle açıklamak istediğim husus şudur: İbn-i Arabi öğretisinde, felsefesinde ve eserlerinde açıkça belirttiği gibi, "Âlem" denilen yerler, Hakk'ın İlahî isim ve sıfatlarının zuhur yerleridir. Yani sonsuz İlahî isim ve sıfat, Âlemler olarak kendini açığa vurur, belirir ve işaret bulur. Hakk Zat'ı sonsuzdur, İlahî isim ve sıfatlar da sonsuzdur. Sonsuz olanın ilminin görünmesi de sonsuz olacaktır. Bu yüzden rakamsal olarak ifade edilen her şey aslında zihinlerimize ve düşüncelerimize biraz anlam katması içindir. Yoksa İlahî sonsuz ise, yansıması da sonsuz olacaktır.

İbn-i Arabi, Fusûsu'l Hikem'de Âlemlerin hiçbir zerresinde *"vücud kokusu yoktur"* diye belirtmiştir. Koku burada "görülmez, bilinmez manasında kullanılmıştır. Yani tek Hakk vücudu vardır, Vahdet-i vücud anlayışı olarak. Ne başka bir beden, ne insan bedeni ne de cisim vücudu vardır. "Vücud Yoktur" anlamında "Vücud kokusu duyulmaz" denilmiştir. Vücudu olan her varlık, İlahî suretler mertebesindeki "İlahî Suret"lerin yansımasıdır. İhlas Suresi'nde "doğmamış ve doğrulmamış" sözünün manası budur. Doğmak ve doğrulmak, vücudun ikileşmesi ve sonsuzlaşmasıdır. Sonsuz vücud yoktur. Tek vücud vardır ve tüm Âlemler, görünen her şey o Zat'ın İlahî suretinin yansımalarıdır.

Her bir Âlem ve o Âlemlerde çokluk olarak görülen varlıklar, İlahî isim ve sıfatların belirmesidir. Yani İlahî isimlerle varlıklar çokluk Âlemlerinde belirirler. Her bir isme denk gelen bir belirme söz konusudur. İlahî isimler iki kısımda kendini gösterir: Var eden İlahî isimler, yok eden İlahî isimler. Varlıklar, Âlemlerde var eden İlahî isimlerle var olurlar, yok eden manasına gelen isimler ile de yok olurlar. Bu var oluş ve yok oluş, AN zamanda gerçekleşir. Ve her bir var oluş ve yok oluş sürekli yenilenir. Biri diğerinden farklıdır. Her an yeni bir var oluş ve yok oluştadır. Yaradılış an zamanda yenilenir. An zamanda yeni yeni suret ve görüntülerle belirir, var olur. İki varlığa aynı tecelli olmaz, aynı varlığa da iki defa benzer tecelli olmaz.

İbn-i Arabi eserlerinde, bir "son" olmadığını önemle vurgulamıştır. Âlemler için de on sekiz bin Âlemden bahsetmiş, dünya Âleminin de o Âlemlerden sadece biri olduğunu aktarmıştır.

Bu on sekiz bin sayısı aslında sonsuz olan ama belirtilen rakamların olduğu Âlemlerin hepsi, *Hazarat-ül Hamse* yani **"Beş İlahî Mertebe" "Beş İlahî Boyut"** adı altında toplanmıştır.

Boyutları anlatmaya geçmeden önce, burada küçük bir hatırlatma yapalım. Hamsei Arapça bir kelimedir. "Beş" anlamına gelir. Kendi başına bir kelime anlamı yoktur, ancak bazı harfler ile beraber kullanıldığında, o harflere anlam katar. Örneğin, Elif harfi ile kullanıldığında, Elif harfinin üzerinde yer alırsa "E" harfi, altında yer alırsa "İ" harfini meydana getirir. Kendi başına bir anlamı olmayıp, bazı harflerin yanında yer alması ve beş rakamını simgelemesi, neden Beş İlahî Boyut olduğunu daha iyi anlatmaktadır.

Beş İlahî Boyut / Beş İlahî Âlem

İlk Âlem: Gayb

La mekân yani hakkında hiçbir fikre ve düşünceye sahip olmadığımız, olamadığımız Â'mâ Mertebesi, O ve Mutlak olarak bahsedilen Mertebe, diye bahseder İbn-i Arabi Fusûsu'l Hikem eserinde. Vücud-u Mutlak, La-taayyün ismini de kullanmıştır. *Gayb-ı Mutlak adı* da verilir. *Âlem-i Lahut, Sirayet Âlemi, Itlak Âlemi, Mutlak A'ma, Sırf Vücud, Mutlak Vücud, Ümmül Kitab, Gaybların Gaybı* olarak da isimlendirilir.

Gaybın anahtarları O'ndadır. Gaybın Anahtarlarını O Bilir. /
Kur'an-ı Kerim, En'am Suresi, 6. Ayet

Hakikatin Hakikati Noktası, Bulunamayan, Bilinemeyen Nokta. Ne makam, ne mertebe, ne isim, ne resim, ne suret, ne sıfat vardır. O Âlemlerden ganidir. Yani henüz belirme ve tecelli söz konusu olmamıştır. Hakkında hiçbir şey bilmediğimiz, bilemeyeceğimiz, hiçbir yaratılmış varlığın yaklaşamadığı Gayb Âlemidir. Mutlak'ın Gizli Hazine olduğu, O vardı ama onunla hiçbir şeyin olmadığı Gayb Âlemidir. Hz. Ali'nin manalandırdığı anlatım, Gayb Âlemi için şudur:

"El AN kema kan!" Bu AN o AN'dır. **Hz. Ali**

An sahibidir, An'da kendi vardır, başka bir şey yoktur. Bu AN ve O AN gibidir. Tüm Âlemlerde ve boyutlarda meydana gelen zaman kavramı, AN kavramı içinde yok olur. An vardır başka bir şey yoktur.

İkinci Âlem: Ceberrut

İlk Taayyün, İlk Belirme, Zat denilen mertebedir. Allah ismi ile tüm İlâhî isim ve sıfatların bir olduğu mertebedir. İbn-i Arabi, bu mertebe için "İlk Gölge" manasını da kullanmıştır. Vahdet, zuhurî evvel, berzah-ı evvel manaları da yeri geldiğince adlandırılmıştır.

Ceberrut Âlemi olarak bilinir. *Birinci Tecelli, Birinci Belirme, Birinci İşaret, İlk Akıl, İlk Cevher, Bütün Ruh, Kitab-ül Müb'in* isimleri de kullanılır. Ümmül Kitab'da toplu olan her şey, bu mertebede ayrılmaya başlar. *İsimler Âlemi, A'yan-ı*

Sabite, Mahiyetler Âlemi, Berzah Âlemi olarak da bilinir. Her şeyin "küll" olduğu yani bütün olduğu makamdır.

Üçüncü Âlem: Melekût

İkinci Taayyün, ikinci belirme, vahidiyyet mertebesi, İlahî suretler denilen mertebedir. İbn-i Arabi, Fusûsu'l Hikem eserinde, tüm varlıkların hakikatleri, bu mertebedeki suretler olarak görünür demiştir. Buradaki İlahî suretler çokluk olarak ilk defa ortaya çıkmışlardır. Ve her bir İlahî suret, varlıkların hakikati olan, onları terbiye eden Rabb'leri olarak ortaya çıkar. İbn-i Arabi tarafından önemle belirtilen şu konuyu tekrar etmekte fayda var: Görünen Âlemde beliren tüm varlıklar, bu mertebede ki buna ayan-ı sabite adı verilir akisleri ve gölgeleridir. Yani görünen Âlemdeki tüm varlıklar, İlahî suretlerin gölgesidir. Görünen Âlemde vücud yoktur, vücud olarak görünen her şey, İlahî suretlerin gölgesidir. Tasavvufta rahman nefesi olarak da manalandırılır.

Misâl Âlemi, Hayâl Âlemi olarak da bilinir. Şehadet yani görünen Âlemdeki her varlık, önce bu Âlemde şekillenir. Ve bu şekiller, görünen Âleme akseder, yani fiziki Âlemlerindeki her varlık, Misâl Âlemindeki suretlerin gölgesidir.

Üçlü Erdem, Üç Erdem.
Elif Lam Mim.
Baş Erdem, İkinci Erdem'in içinde, İkincisi de, Sonuncu Erdem'in içinde. Son, ikinciye erişemez, ikinci de Baş'a. Baş

Erdem ikisinde de, ama hiçbir yerde. İkinci ile Üçüncü, O'nun Ayn'ı.

Dördüncü Âlem: Şehadet (Mülk)

Mülk Âlemi, halk Âlemi, hisler Âlemi, felekler Âlemi, şehadet Âlemi olarak da adlandırılan Âlemdir.

İstek ve arzular, tüm madenler, nebat ve hayvanların tümünü kapsar.

Görünen her şey, daha doğrusu gördüğümüze şahit olduğumuz her şey, çokluk Âlemi, çokluk olarak yansıyan, parçalanan, bölünen, yayılan ve türeyen Âlemdir. Kendisinden önceki dört Âlem, bu Âlemin Gaybıdır, Bâtınıdır.

Mülk, Melekût, Ceberut, Lahut dört Âlem, dört hazret, dört derya, ezeli ve ebedi yoktur. Sonsuzdur ve İlahîdir.

O gün mülk kimindir? Tek ve Kahhar olan (lillâhil) Allah'ındır.
/ Kur'an-ı Kerim, Mü'min Suresi, 16. Ayet

Göz açıp kapayana kadar meydana gelen bu Âlemlerdir. Bu Âlemler yoktan değil, Zat'ın tecellisi, yani yansımasından meydana gelmiştir. Lahut'ta yani Â'mâ mertebesinde, gizli ve bilinmez iken, Zat-Öz-Allah olarak belirdi ve Hakk olarak vücuda geldi. İbn-i Arabi, Âlemler için şunu belirtir: ***"Hakk, Âlem'dir. Tüm Âlemler bir Nur deryasıdır, coşup dalgalanarak tecelli eder."***

BEŞ İLAHÎ BOYUT / BEŞ İLAHÎ ÂLEM

Tüm dalgalanma Zat'tan gelir, yine Zat'a geri döner. Bir eksilme, kopma, durulma, ayrılma durumu söz konusu olmaz. Bir bütün olarak dalgalanır. Zat'ın kendisinden yine Zat'ın kendisine doğru, İlahî bir dalgalanmadır. Nur Zat'ı aydınlatır ve tüm Âlemlerin yüzüne vurur, gerisinde kalan gölgesi diğer Âlemi Zahirleştirir. Her Zahirleşen nura yüzünü döner ve arkasında kalan gölgesinden diğer Âlem Zahirleşir. Her bir Âlem Zahirdir, diğerinin Bâtınıdır.

İlahî Dalgalanma, Bulunamayan Nokta'dan çıkan dalga, cisimlere kadar yol kat eder, tekrar İlahî bir dalga ile Nokta'ya ulaşır. Her bir dalgalanmada ne bir kopuş, ne bir eksilme, ne bir azalma olur. Her bir dalga Öz'den Öz'edir.

O dalga ki, İlahî bir aşk ile mana üzerinde belirtiler ile seyrederken Nokta'dan, ortaya çıkar her zerreye, tekrar kavuşacağı AN'ın özlemi ile yanar da yanar.

Ene'l Hakk diyen, çoklu sistemlerin ve zekâların kelâmı olur ancak. Dil söyler ama ya idrak? Gerçek mahiyeti ile söylendiği vakit, dağ taş titrer, tüm Âlemler titreşir. Bu idrakin, kavrayışın dışında söz beyan etmek taklitte olur. Çünkü nasıl bir yaratım ve nasıl bir hâl var anlayamıyoruz.

Hallac-ı Mansur der ki *"O'nu tanımladığın an tanıyamamışsındır"*. Çünkü O'nun şekil ile suret ile bir ilgisi yoktur, O daima insanda açığa çıkar, zuhur eder ama insan değildir. İnsan da O olamaz.

Bütün işler O'na döndürülür. / **Kur'an-ı Kerim, Hud Suresi, 123. Ayet**

Allah'ın her şeyi ilmen ihata etmiş olduğunu bilmeniz için Emir, yedi kat gökler ve yerler arasında devamlı iner. / **Kur'an-ı Kerim, Talak Suresi, 12. Ayet**

İbn-i Arabi'nin Zat'ın kendisinden Zat'ın kendisine olan yolculuğu İlahî bir dalgalanma olarak nitelendirmesini destekleyen ayetlerdir.

Beşinci Âlem: Âdem (İnsan-ı Kâmil)

Ve Âdeme bütün esmayı ta'lim eyledi, sonra o "Âlemini" melâikeye gösterip «Haydin davanızda sadıksanız bana şunları isimleriyle haber verin» buyurdu / ***Kur'an-ı Kerim, Bakara Suresi, 31. Ayet***

Kur'an'da, Âdem'e esma öğretilmeden önce Âdem, öğretildikten sonra Âlem olduğu açıkça vurgulanmıştır. Âdem kuru balçıktan yaratılmış ve ona sonsuz kudret olan Ruh üfürülmüştür.

Yukarıda bahsedilen tüm Âlemleri hüviyetinde toplayan, tüm Âlemleri kapsayan, bütün mertebelere cami olan İnsan-ı Kâmildir. "İsm-i Azam" Hakk'ın tüm İlahî isimlerine verilen isimdir. İnsan-ı Kâmil de "Mülk, Melekut, Ceberut ve Lahut" Âlemlerinin tümünü kapsar.

Mekâna sığmayan O.
Ama aynı AN'da her yerden gören O.
Ne içimizde ne dışımızda ama her yerden kuşatan O.

BEŞ İLAHÎ BOYUT / BEŞ İLAHÎ ÂLEM

Âlemlere göklere ve yerlere sığmayan O.
Ama insan gönlünde sultan O.

Zahirde ve Bâtında, İnsan-ı Kâmilin kuşatmadığı hiçbir mekân yoktur. İnsan-ı Kâmil her şeyde hüküm yürüten ve her şeye ayn olandır. İbn-i Arabi, Futuhat-ı Mekkiye eserinde, bunu bir örnek ile açıklamıştır.

İnsan-ı Kâmil, on sekiz bin Âlemi, o Âlemlere dâhil olup, on sekiz bin göz ile seyreder. Tüm Âlemlerin sahibidir. Her bir Âlemi, ayrı bir his ile göz ile seyreder. Duygular Âlemini Zahir gözü ile mahlûkatları akıl gözü ile manaları kalp gözü ile seyreder. İbn-i Arabi, eserinde, özellikle şunu belirtir: **"Zahir gözü ile manaları seyredeceğini zannedenler yanılırlar."**

Hakikatte Âlemlerin sayısı kesin değildir. On sekiz bin olarak belirtilen rakam, sadece tahminidir. Diğer kaynaklara bakıldığında Hacı Bektaş-ı Veli Âlemlerden yetmiş iki bin olarak bahsetmiştir.

İbn-i Arabi, Futuhat-ı Mekkiye'de bir Âlemin örneğini şöyle açıklamıştır. *"Müheymin melaike. Onlar halk olunduğundan itibaren, Hakk'ın Cemalinden bir an gözlerini ayırmayıp güzelliğinde hayran kılınmış ve hayran olmuşlardır. Onlar ki, ne Âlemin, ne Âdemin, ne iblisin varlığından haberdardırlar. Halk olunduğundan bihaberdirler, sadece gözleri Hakk'ın güzel cemalini görür ve bilirler."*

Tüm Âlemler, İnsan-ı Kâmilin gönlünde yer alır. Yerlere ve göklere sığmayan Hakk, İnsan-ı Kâmilin gönlüne sığmıştır, orada oturur ve orada sultanların sultanıdır.

İlahî sevgiyi kâse kâse içtim, ne şarab tükendi ne de ben kandım. **Bayezid-i Bistami**

ARİF İÇİN DİN YOKTUR

İbn-i Arabi, Futuhat-ı Mekkiye'de, "Mü'min, Mü'min'in aynasıdır" diye belirtir. Buradaki müminin birisi İnsan-ı Kâmil, diğer mümin Hakk'tır. Açıklaması ise şöyledir: "İnsan-ı Kâmilin gönlü, Hakk'ın aynasıdır."

O her gözden görür, her zerreden bakar.
Lakin iş O'nu gören gözlere shb (sahib) olabilmekte.
Görünenin ardını görebilmek herkese nasip olmaz.

İnsan-ı Kâmil tüm makamların tümüdür. Beşer aşağıların aşağısından, makamlara yükseldikçe, bu makamları zevk ve hâl ile yaşar. Yoksa her bir makam ölçülebilir ya da kıyas ile yaşanmaz. Çünkü her bir makam "kalbî"dir. Her bir makamda, mertebede, zevk ve hâl yaşanır. O zevk ve hâl anlatılamaz. Ancak kudretli bir söz ile kelâm ile şekil alır, şiirsel bir ifade ile aktarılır. Bu aktarımlar ancak ve ancak idrak edebilenleredir. Diğerleri için şiirden öte bir anlatım değildir. Makamları zevk ve hâl ile yaşayarak anlatanların sözlerini ancak O'na yakîn olanlar anlayabilir ve idrak edebilir. Bir kişinin yaşadığı ile diğer kişinin yaşadığı farklılık gösterir. Bu yüzden makamlar ve mertebeler "zevk" ile bir hâl üzerine yaşanır. Bu mertebe ve makamları zevk-i hâl üzerine yaşayanlar olduğu gibi, müşahede edenler ve gördüklerini aktaranlar da bulunur. Onlar da makamlar arasında seyyah olmuş, seyr hâlinde, müşahede ettiğini aktaran ehil ve ilim sahibi kişilerdir. Hiçbir makamın sahibi değil, ancak tüm makamları müşahede eden ehil kişilerdir.

Yüksek Harfler

Bizler, bir zamanlar Yüksek Harfler idik, "kâinat satırları" arasına indik cümleler olduk. **/ Fusûsu'l Hikem, Muhyiddin Arabi**

İbn-i Arabi Futuhat-ı Mekkiye eserinde der ki: *"Kâinat, satır aralarıdır. Biz manada bir harf iken, O satırlara indik cümleler olduk, geldik yine kendimizi ve kâinat kitabını okumaya."*

Yine Futuhat-ı Mekkiye'de, İnsan-ı Kâmilin, Kur'an-ı Kerim'de hurufat olarak geçen ELİF, LAM, MİM'in bir adı olduğundan bahseder.

Elif, Lam, Mim, bu kitapta şüphe yoktur. **/ Kur'an-ı Kerim, Bakara Suresi, 1-2. Ayetler**

Okunması gereken üç kitap; İnsan-ı Kâmil kitabı, Âlem kitabı ve Kur'an-ı Kerim'dir. Fakat şu da bir gerçektir ki, okunacak kitap insandır önce. Çünkü insan külliyen Âlemdir. Âlem de eşyalar olarak çoğalır. Oku yani İkra! ayeti, tamamen önce kendini oku anlamındadır. Önce insan vardır. Hiçbir kitap insandan önce gelmemiştir. Kitap başlı başına bir işe yaramaz. Onu okuyacak bir insan yok ise, hiçbir şeyin bir değeri yoktur. Önce insan vardır, sonra Âlem, sonra okunacak kitap vardır. Çünkü insan da, her hücresi, her atomu, ayet ayet işlenmiş ve yaratılmıştır. Ve göğsüne İlahîliğin kudreti konmuş, burnundan da ruhu üflenmiştir. İnsandan daha şerefli bir mahlûkat var mıdır? Ancak şu da var ki, "aşağıların aşağısına gönderdik" sözünü hatırlayarak, fiziki Âlemdeki insana bakıp değerlendirme yapmak "neresi şerefli" dememek gerekir. Yani balığı tavada ya da ağaçta değerlendirmeye kalkmak, onun çok yeteneksiz olduğu zannını desteklemez. Balığı suda değerlendirirsen, çok başarılı bir yüzücü ve nefes alan canlıdır. Ancak karada fazla bir yetenek sergileyemez. Balığı ağaçta değerlendirmek, arızidir. Onu su içinde değerlendirip yeteneklerini bulacaksın. Bu değerlendirme cevheridir.

Nefs

İbn-i Arabi, Futuhat-ı Mekkiye eserinde, nefsten *Hakikat-i Nefs* olarak söz eder. Tüm nüfusun hakikati, Hakk'ın nefsi olan nefsi vahidedir. Yani tek bir nefs vardır o da Hakk'ın nefsidir. Hatta insanların suretleri de dâhil, Hakk'ın göründüğü nurlarıdır. Nefs-i cüzzi denilen insanın nefsi, kişinin kendi nefsi, Külli Nefs'in suretlerinden bir surettir. Nefs-i külli denilen Bütün

Nefs, İnsan-ı Kâmilin nefsidir. İnsan-ı Kâmil nefsi de, hakikatinde Hakk'ın nefsine ayn'dır.

O sizi Tek Nefs'ten(Nefs-i Vahide) yaratan, ondan da zevcini yaratandır. Ondan da arzda erkek ve kadın olarak türeden ve yayandır. **/ Kur'an-ı Kerim, Nisa Suresi, 1. Ayet**

Nefs, biri Hakki diğeri halkî olmak üzere iki yönlüdür. Şöyle açabiliriz: Nefs biri hakikat, diğeri yaratılmış olarak iki yönlüdür. Yaratılmışlar olarak nefs bize özeldir. Yani her bir kişinin kendine ait nefsi vardır ancak bu nefs külli nefsten ortaya çıkmıştır. Hakikatte, Bâtında, Hakk'ın ayn'ı olanlarız. Ancak fiziki Âlemlerinde, her bir İlahî isim ile görünenler olarak, bedenleniriz.

Âdem yaratıldı ve ona nida edildi "Gel cennetime gir ve sonsuz hayat sür" Âdem Cennette makul bir hayat sürüyordu. Ancak kendini göremiyordu, elleri ile dokunarak kendini tanımlamaya çalışıyordu. İşte o an "Sana, senin cinsinden, kendini görebileceğin bir eş var edilecek" nida edildi. Gönül seviyesinden bir parça ile Zevcesi, artık ona Ayn idi.

Yaratılmış Âlemdeki her varlık, her bir nefeste İlahî isim ile belirir. Hakk daima ebedden tecellidedir, yani işaret bulmada, ortaya çıkmadadır. Her nefeste bir ortaya çıkış olan varlık Âlemi, çok kısa bir zamanda gerçekleşir. Öyle ki, zaten idraklerimizin ötesinde bir zamanda gerçekleşen bu meydana vuruş, henüz biri daha varlıkta iken diğeri hayâli ile Bâtındadır. Hayâli Bâtında olan, Zahirde belirir iken, bir diğeri yine Bâtında Hayâli olarak var olur. Bu halk olanlar tarafından asla fark edilebilecek bir idrak değildir. Yani hiçbir ölümlü, bunu anlayamaz. Kayaya bakan biri yüzlerce yıl orada kaya olarak görür, oysa çok kısa sürelerde, İlahî nefesle, o kayanın yaratılışı yenilenir. Her an zamanda o kaya değişir, yenisi yaratılır. Yaratılış Ol ile başlamış ve sonsuzca devam etmektedir. Bu O'ndan geldik O'na döneriz ayeti yorumudur.

Her şey bir an'dır. O an'da hem ölüm vardır hem doğum. Zahirde doğan, Bâtında ölmüş, Bâtında doğan Zahirde ölmüştür. İşte şah damarından yakîn olan, insana ölüm kadar yakındır. "Ben yakînim" diyen, insana ölüm kadar yakındır. Her Bâtında var olan için Zahirde ölüm meydana gelir ama An'da yine Bâtında ölüm meydana gelince Zahirde ortaya çıkma, belirme gerçekleşir. Ve insana şah damarından daha yakîn olan, ölüm kadar yakındır. Çünkü An zamanda Zahirde ölen, Bâtınında O'na geri döner, yani aslına kavuşur. Yine An'da Bâtında ölen, Zahirde belirdiğinde, varlık Âleminde var olduğunda O'ndan ayrılmıştır, O'ndan gelmiştir. O'ndan gelen O'na döner ve bu An zamanda olur. Var oluşlar ve yok oluşlar hepsi An'da gerçekleşir.

Her şey Bâtın'dan Zahir'e doğru çıkar. Bâtın'ın sıcak havası, Zahir'in soğuk havasını ısıtır. Sonra, Zahir'in soğuk havasını, Bâtın'a çeker.

Kötülük dediğimiz, isimlendirdiğimiz şey, çokluğa bağlıdır, çokluk yansımadır, geçicidir; asli olmadığı için, kötülüğün var oluşsal yeri yoktur. Şer var oluşsal değildir. Var olan tek şey "Hay"dır, Hayır'dır yani Hakk'tır. O'nun olmadığı an'da, geçici olarak ortaya çıkan durum, "şer"dir. Hayır da şerr de Allah'tan sözü bundandır.

Var olan sadece Bir'dir. Kalp atışında, ya da nefes almada, bir an için "Bir" Bâtın'da var olduğunda yani Hakk olduğunda, geride kalan zaman diliminde "batıl" her yeri kaplar. Yani hava soğumuş olur. Geçici ve soğuk hava, Bâtından yeniden rahmet ile sıcak havanın dışarı üflenmesi ile ısınır. Hakk yeniden zuhur etmiştir.

İbn-i Arabi, Futuhat-ı Mekkiye eserinde, *"Her varlık kendi hakikatinden mahrumdur. Kendi nefsine de hâkim değildir."* der. Ve devamında şu belirtilir: *"Onlar kendi nefslerine hâkim olsalar, Hakikatlerinden de mahrum kalmayacaklardır"*. İşte o vakit, insanın hakikati apaçık keşfedilmiş olacaktır. Ve eşyanın yaradılış amacı, insanın kendi nefs hakikatine ulaşması için bir araçtır. Eşya ile kendini nazar eden insan, nefsini ancak bu yolla tanıyabilecek ve nefsin hakikatine ulaşabilecektir.

İbn-i Arabi, **"Cevher, kendi nefsiyle bütün olan şeydir"** demiştir. Cevhere ulaşmanın yani Hakikate ulaşmanın tek yolu ise "kıyam"dır. Yani insanın kıyam etmesidir. Kıyam etmesi, cevherin Hakikatine ulaşmasıdır.

Âdem ve zevcesi, dünyaya indiklerinde, bir ağaç kovuğuna sığınıp derin ama tatlı bir uykuya daldılar.

Kovuğun kapısına konan kuşlara şöyle nida edildi: "Habiblerim istemedikçe (dilemedikçe), O'nları uykudan uyandırmayın".

İnsan tarif edildiğinde, "Düşünen hayvan"dır deriz. Düşünmek arızıdır. Arızi; geçici, yansıma, sonradan olan, asli olmayan demektir. İnsan için eşyaya sahiptir deriz. Oysa sahip göreceli bir kavramdır ve bu yüzden arızıdır. İnsan bedendir deriz. Beden arızıdır. İnsan hissi varlıktır deriz. His de arızıdır. İnsan idraklidir deriz. İdrak de arızıdır. İnsan yeryüzünde "dabbe" yapan, yani hareket eden, hareket ederken de ses çıkarandır deriz. Hareket de arızıdır. İnsan irade sahibidir deriz. İrade de arızidır. Bir şeyin tarifi, ona sınır çizmek ve şekil vermekle olur. Bu yüzden arızidır insan. Çünkü tarif edilir ve sınırları belli olur. Sınırları belli olan insan, arızidır. Vücud-u mutlak cevherdir. Zahir olan Âlem arızidır. Ve bu arızinin Hakikati, cevherin meydana çıktığı, belirdiği yerdir. Bu yüzden Âlem de arızidır. Cevher ise Hakikattir. Fakat Bâtında, cevher de, Hakk'a ve Hakikate göre arızidır.

Kendi nefsine ulaşan, tanıyan kişi, cevherinin Hakikatine de ulaşmış olur. Fakat yine de Zat için, cevher de bir arızidır.

Öz vardır ve bunun dışında her şey arızidir. Yani Öz dışında her şey Öze muhtaçtır. Öz olmadan hiçbir "şey" varlık bulamaz. Kendi başına, başlı başına bir değer ve Can taşımaz. Can'ı Öz'den alır ve yaşam bulur. İnsan bir arızidır. Öz olmasa insan yoktur, bir hiçtir, hiç var olmamıştır. Bu yüzden tüm "şey"ler,

Öz olan Zat'tan yaratılmıştır ve Zat olandan gayrı, her şey arızidir. Varlığını gösterebilmek, belirmek için Öz'e muhtaçtır. Fizik Âlemdeki insan nefsinden, Misâl Âlemine, oradan ruhlar Âlemine ve Öz'e kadar olan her şey aslında arızidır.

Işık olmasa hiçbir şey gözle görünmez. Gözle görebilmek için ışığa ihtiyaç vardır. Işık bir Öz ise, görünen her şey arızidır. Görünen her şeyin görünür olması için ışık yani Öz var olmak zorundadır. Işığın vurduğu her yer aydınlanır ve göz görür. Işık İlahî nurdur. Öz'den çıkan ve tüm Âlemlere nüfuz eden, yayılan, renk ve ışık veren İlahî nur, "şey"lerin görünmesini sağlar. Her bir Âlem tek tek vücuda gelir ve belirir. Belirenin gölgesinde yeni bir Âlem Zahirleşir. Zahirleşen Âlemin gölgesinde, yeni bir Âlem daha Zahirleşir. Her biri diğerinin Zahiri, bir sonraki için de Bâtındır. Ve hepsi de arızidır. Yani aslında yoktur. Nur ile vücuda gelmiş, görünür olmuşlardır. Oysa Öz'den gayrı hiçbir şey yoktur. *"Allah vardı, ve başka hiçbir şey yoktu"* sözünde olduğu gibi.

Şekil ve sınır yoktur. Şekil ve sınır kabul eden, arızidir. Kabul edildiği anda, zihinde bir şekil çizilmiş olur ve bu arızidir. Sadece bir hayâldir. Kendi nefsiyle bütün olmayan her şey arızidir. Kendi nefsine bütün olan, Rabb'inin nefsine de bütün olur ve kendi nefsini bilen Rabb nefsini de bilmiş olur. Yani arızîliği ortadan kalkmış olur. Kendi içinde, nefsi, asıl olan nefs ile bağlantıya geçmiş demektir. Kendi nefsini bilen, Rabb'inin nefsini de bildiği vakit yine arızidir. Çünkü bu da hakikat değildir. Hakikat Öz'ün nefsini bilmektir. İşte o vakit Hakikatin Hakikatine ulaşmış olur ki bu İnsan-ı Kâmil mertebesidir.

Ve Âdem'e tüm BİL'inenler ile Var olanlar ve Varlıkların isimleri öğretildi.

Ölüm bilgisi hariç.

Üç Erdem huzurunda iken sonsuzluktaydı.

Dünyada öleceği bilgisini bildiren Cebrail'e sordu "Ölmek mi? Ölmek ne demektir?"

Dünyada, İnsan, ölümü tadanlardan oldu.

Futuhat-ı Mekkiye'de cisim tarifi şöyle yapılmıştır: *"Cisim, eb'ad-ı selaseyi kabul eden bir cevher-i mütehayyizdir"*. Açıklaması; Cevherin, Özün, üç boyutlu görünür hâline cisim denir.

Daha da açarsak; Selase Arapça "üç" anlamına gelir. Eb'ad ise Arapça uzaklık anlamındadır. Bilimsel çevreler bu üç uzaklığı, en-boy-yükseklik, yani bizim kâinatımız, üç boyutlu sistem olarak tasvir ederler. Oysa daha Bâtıni manada şöyledir: Üzerinde nokta işareti olan ve iki yay uzunluğunu anlatmakta ifade eden Ğayn işareti ile gösterilir. Nokta, bilinemeyen

Mutlak O'dur. Birinci yay uzaklığı Zat yani Allah, ikinci yay uzaklığı ise Hakk'tır. İşte bu üçlü uzaklığı kabul eden ve cevherinden yansıyana cisim denir.

Miraç olayında, "iki yay uzaklığı belki de daha yakîn" meselesi bundandır. Yani ayn mesafesidir. İki yay mesafesince yaklaşmak ve meleklerin bile ulaşamadığı yere bir bedenli olarak ulaşan son Peygamberin "miraç" örneğidir.

Kur'an'da *"kâbe kavseyni"(Necm/9)* yani, "iki yay mesafesi kadar yakın, belki daha da yakîn"; fiziki Âlemi, Misâl Âlemi, İlahî isimler Âlemi, İlahî suretler Âlemi geçilip, Rabb'in Rabb'ine ulaşma yani Hakk ile karşılaşma, Allah'a yakîn olma durumu, iki yay mesafesi belki de daha yakîn olarak anlatılmıştır. Cisim ise, yani görünen tüm varlıklar, erkek ve kadın olarak insanoğlu da dâhil, hepsi üç uzaklığı **"kabul eden"**, cevherinin yansımasıdır manasındadır.

Cümledeki **"kabul" eden** manası bir hayâldir, asıl değildir. Yani bir şekil ve şemalı olmadığı için, kabul etmek ama keyfiyete göre bir kabuldür bu ve bu yüzden hayâldir. Keyfi kabulleniş, onun nefsi ile bütünleşmediği için, yani Hakikatine erişmediği için, gölgedir, yani yoktur. Kabul, cevherin Hadd-i Zati'sidir. Yani Hakikatin sınırlarının belirlenmesidir. Çünkü "Tarif, bir şeyin haddini, satıhını, sınırını çizmek demektir". O hâlde kabul etmek, cüzzi bir gerçekliktir. Cüzzi gerçekliğinin olması için de bir yer işgal ediyor olması gerekir ki, yer işgal etmek de neye göre belirlenir? Bir belirlenme, çizgi, sınır yoktur, bu yüzden gerçek değildir. Yani yine hayâldir, gerçek değildir. Keyfi işgaldir bu. Örneğin, bir ağaç diyelim, yer işgal ediyordur toprak üzerinde. Yani bir yer kaplıyordur, eni boyu, yüksekliği, ağırlığı, rengi, kokusu vardır, ama neye göre yer kaplıyordur?

YÜKSEK HARFLER

Aslında bir ağaç yoktur. Ağaç olarak görünür, çünkü sınırları çizilmiştir. O gerçek değildir. Çünkü ağaç, kendi nefsine hakikatine ulaşmamıştır. Ulaşsa idi zaten görünürde ağaç olarak görünmez, kendi hakikatinde görünürdü. Anlayışa uygun olması için ağaç olarak görünmektedir. Çünkü gören göz ardındaki beynimiz buna "program"lıdır. Onu ağaç olarak görmeye programlanmıştır. Ağacın hakikatinde bir hudut ve şekil yoktur. Bunu gören gözlerimiz ile algılayamadığımız için, sanal bir çizime ihtiyaç duyarız. Bu yüzden beyinsel programlarımızda, ağaç olarak çizilen teknik çizime ihtiyaç duyarız. Ve her bir bakışımız aslında İlâhî bir teknik çizimdir. "Ölçü ve denge" içinde yaratılmış bir Âlem içindeyiz. Bu yüzden her şey, her cisim, düzgün, "şekil" ve "sureti" ile İlâhî teknik çizime dâhildir ve İlâhî teknik çizim de bizim beyinlerimizde kodlanmıştır. Biz aslında şekli şemalı olmayan bir enerjisel formu, şekli varmış gibi gören varlıklarız.

Var olan ve yok olan, izafî yaradılışta ki buna "iki zamanda" denilmiştir Futuhat-ı Mekkiye eserinde, Cisim, baki olmayan şeydir. İki zamanda baki olmayan şey cisimdir. Ne fanidir ne bakidir. Cisim kendi hakikati ile karşılaşmadığı için de, gerçek değil hayâldir. Hayâl olan, gerçek olmayan, iki zamanda baki kalmaz. Cevher ise zamanlarda baki kalır.

Ancak, kendi nefsine Arif olan, Hakikatine ulaşmış olduğundan, iki zamanda da baki olan cevhere de ulaşmış olur. İki zamanda baki olmayan beşer iken, iki zamanda baki olan Arif olmuştur. Çünkü nefsini bilmiş, Rabb'ini bilmiş ve Rabbin Rabbi'ni bilmiştir. Kendi hakikatine ulaşmıştır.

ARİF İÇİN DİN YOKTUR

Ve onlar yaradılıştan şüphe duyarlar. / **Kur'an-ı Kerim, Kaf Suresi, 15. Ayet**

Burada onlar dediği beşerlerdir. Yani kendi hakikatine ulaşmayan, iki zamanda da baki olmayan anlamındaki insan tarifidir.

Beşer, Nefsi ile Sever, Nefsin gözünden görür, Nefs ile yaşar. Arif, Hakk ile Sever, Hakk'ın gözünden görür, Hakk ile Yaşar.

Ölmeden önce ölme / Nefse Arif olma

O" olmasaydı, "Ben" ortalığı kaplardı. Hüviyet ["o" olmak] olmasaydı enniyet ["ben" olmak] zuhur ederdi. / **Hilyetü'l-Ebdâl, Muhyiddin Arabi**

Var oluş ve yok oluş sürekli bir "ölüm" hadisesidir. Nefs ölümü tadar cümlesinin manası budur. Yok oluşta yani Bâtında ölür, Zahirde var olur. Zahirde ölür, yok oluşta yani Bâtınında var olur. Bu sürekli bir ölümdür. "Ben yakînım" açılımı budur. Yakın olma, ölüm kadar yakınım anlamındadır. Sürekli iki zamanda da "ölümler" yaşayan nefs, kendi hakikatine ulaşınca, ölmeden ölür ve bir daha da "ölmez". Onun için iki zaman yoktur tek zaman vardır. Ve iki zaman An zamana dönüşmüştür. İki zamanın birliği olan An zamanda baki kalır.

Zahirde/Bâtını, Bâtında/Zahiri tanımak yolculuktur. İkisi de hasretliktir. İkisi de O'nun ismidir. İnsana şah damarından daha yakîn nedir? O daima kalptedir. Bu yüzden şah damarından yakîndır. Ancak O nasıl tecelli eder, bizim anlayacağımız şekilde nasıl "yakîndır"? "Yakîn" olma durumu nasıl tecelli bulur? İşte bunu çok iyi düşünmek gerek. Bu konuyu iyi anlayabilmek için "zan üzerine" olma meselesini biraz açmamız gerekir.

"Ben kulumun zannı üzereyim. Nasıl düşünürse öyleyim, beni nasıl zanneder ise öyleyim." Çünkü "Her şeyi kuşatan benim, Bâtınım Zahirim, Önceyim, Sonrayım, İçim Dışım". Bir ateist bile "Tanrı yok" derken önce Tanrı'yı kabul edip sonra yok diyebiliyor. Yani inançsız kişi de hem kabullenme "zannı"-nı, hem de "yaratan yok" zannını kabul ediyor.

Anlayış ve idrak farklılıkları, Hakikat birliğini bozmaz. Dost ilmi arttırır, karşıtı ise ödevi arttırır, çok eski bir öğretidir. Hakikatte bir olan görünürde ayrıdır, eski bir öğretidir. Dost kimdir? Âdem. Karşıt kimdir? İblis. Böyle isimlendirilmiş ve İlahî kitaplarda, sembolleştirilerek aktarılmıştır. Fakat ödevi arttıran, dost olmayana "karşıt" demeyi uygun gördük.

Karşıtın vaatleri boştur. Ama cazibesi hoştur. Kırk kat bohça içinden ulaşır, çeviriverir nefsleri, allak bullak eder. Her seferinde, Yaradan'ın gözyaşlarının aktığını görmez misin? Bilmeyenler, kördürler iki cihanda işte böyle, kuru bedenlerine hapsolanlar.

Dost ilmimizi, dost olmayan ödevimizi, temkinimizi arttırır. Hakikatte, dost da, dost olmayan da birdir. Lakin "Arif, gülü dikeninden ayırt etmeyi de bilir".

Hakikatte "Bir" olan, görünürde "ayrı" ise, makbul olan "temkinli" olmaktır. İşte bu temkinli olma hâli "kendini bilme" hâlidir. Ve hayatlar boyu yapılacak bir çaba, cehit gerektiren bir çalışmadır.

Karşıt, eğer kötü olsaydı, yok edilenlerden olurdu, belli süre tanınanlardan değil. Tüm velilerin ve nebilerin şeytan ile konuşmaları vardır. Beşeri, "insan" yapan, Kâmil yapan, karşıtıdır, zıttıdır. Karşıt olmadan yükseliş yolunda tekâmül edilemez. Karşıtı olmasaydı "Âdem de, Arif makamlı Âdem" olamazdı.

Erdem sahibi insan, yarı İlahî isim, (Mansur'laşan, zafere ulaşan, kendi hakikatine, kendi nefsine Arif olan, nefsini bilen ve Rabb'ini bilen), yarı insandır. Ne İlahî isim, ne insandır, ikisi de değildir ancak, ikisinden de üstündür. Çünkü o, en yakîn olan Hakk'a ulaşmıştır.

Karşıtların makamında da karşıtların evliyaları var. Onları Rahmani'den ayırt edilmesi zordur.

Karşıt olarak bilinen İblis, Âdem'den çok önce var olan ve Allah'a biat etmiş olandır. Ancak, tekâmül ve erdem sahibi olma, Arif-Âlim özelliği yoktur. Ariflik insana verilmiş bir makamdır. İblis, İnsan'ın Arifliğini kıskanmış ve kibirlenmiştir, kovulanlardan olmuştur. Elbette bu sembolik anlatımı ile böyledir.

Hakk, kavramını çok iyi idrak etmedikçe Rabb manasını anlayamayız. **Hakk, tüm İlahî isim ve suretlerin bütünlüğü, Rabb ise çokluk Âleminin, fiziki Âleminin terbiye edici sistemidir.**

Hakk, insan kalbinde idrak edilmemişse, İlahîlik hakkında düşünceler, empoze edilen düşünce kalıplarından ileri gitmeyecektir.

Kendi gerçekliği ve hakikatine, içindeki O'na, ancak empozelerden ve tüm kimliklerden arınma ile ulaşılabilir. İşte bu yüzden Hakk, kişinin zannı üzerinedir. Her şeyi kuşatmıştır O, nereye baksan O'nun yüzüdür. Her şeyi içten ve dıştan kuşatan, evvel ve ezel olan bir kürenin içindeyken, O var ya da O yok diyemeyiz. O nerede diyemeyiz. Çünkü O der ki "Her yerdeyim, her şeyi kuşatanım, geçmiş ve geleceğim, Zaman Benim, Mekân Benim. Sen nasıl düşünürsen, nasıl hayâl edersen, nasıl tarif edersen BEN öyleyim. Sen beni nasıl "zan"nedersen ben senin zannın üzerineyim".

İlahî parçayı, emaneti taşıyan ruh bedendeyken maddenin çekim alanına kapılır. Uyur da uyur. Ağaç kovuğunda uyuyan ve "habiblerim dilemedikçe uyandırmayınız" emri üzerine, kendi uyanana kadar beklenilen bir "unutma" meselesidir. Herkes tek tek, birey olarak, kendisi dileyecektir. Herkes kendi nefsinin gölge-karanlığında ışığı aramaktadır. Kişi, o an gördüğünü, gerçek zannedebilir. Biri için gerçek olan, diğeri için aldatmaca olabilir. Birinin keşfi onu yükseltirken, diğerini çamurun dibine batırabilir. Herkes kendi yolunun taşlarını bizatihi kendisi ayıklayacak.

Manada bir belirti üzerineyken,
Ruhumu, ilim ile bedene gömdüm.
Yine bir zaman olacak ki,
İlim ile onu, o mezardan çıkaracağım.

İnsanın nefsi, Hakk'ın nefsinin görünür hâlidir. Tek nefs vardır. Hakk'ın Nefs'idir. Hakikattir, Bâtındadır yani içtedir. Fiziki Âlemde yayılan ve beliren insan nefsi ise, aşağıların aşağısı olarak nitelendirilen, madde Âlemlerini tanımak ve bilgilenmek amaçlı Hakk'ın gözüdür. Ayn'ıdır yani. Oysa fizik Âlemde yayılan insan nefsi, asli hizmetinden uzaklaşmış, masivanın, yani maddenin cazibesine kapılmış ve nefsaniyet olarak arızileşmiştir.

ARİF İÇİN DİN YOKTUR

Arif kişi, Hakk'ın nefsini kendi nefsi yoluyla tanır. / **Fusûsu'l Hikem, Muhyiddin Arabi**

Hakikatte Hakk'ın nefsi, fizik Âlemlerde beşer nefsi olarak arızileşir. Hacı Bektaş Veli buna, Makalat eserinde "Çamur'un cazibesi" demektedir. Uyumanın gerçek manası budur. Bu cazibenin büyüsüne kapılıp uyumadır. İşte "Habibim dilemedikçe uyandırmayın" sembolik sözü üzerine, insan dilemedikçe, istemedikçe uyumaya devam eder. "Adımı anarsanız, ben de sizi anarım" demek; kendi nefsine Arif olmak, nefsi bildiğin anda, Rabb de seni bilecektir manasındadır. Her şey karşılıklıdır.

İnsan Mavera'ya aittir, yani öteler ötesine. En yüceye aittir ve nihai bir varlıktır, bütünün içerisinde anlam kazanır. Tüm kâinatın yaradılışın, eşrefi mahlûkudur, kutbudur. İnsana biçilen en yüksek makamdır.

Yüceler yücesinden alıp, aşağıların aşağısına indirmek, onun şerefini bozmaz. Hakikatte Hakk'a ayn'dır. Yani Hakikatte, Âlem nasıl ki Hakk gözü ise, insan da Hakk gözüdür, onunla yürür, onunla konuşur, onunla görür, onunla "dabbe" yapar. Ayetlerde, insan "dabbe" yapan varlıktır denmiştir. Dabbe kıyamet alametidir. Sur ise kıyamet için üflenecek boru, yani boynuz. Boynuzun sivri ucu İlahî Nokta'dan çıkar, geniş yeri ise insan gönlüne uzanır. O sura zaten her daim üflenmektedir. Varlık ile Yokluk arasında gel-git olan insan, dabbe çıkardığı vakit varlıkta var olur (doğum, Kesret Âlemi) yoklukta (Âdem'de Hakk'da) ölü sayılır, Yokluk'ta var olur, ancak Varlık'ta yok olduğu vakit ise kıyam etmiş olur. İnsan Dabbe-Kıyam arasında gelgittedir.

YÜKSEK HARFLER

Hayat, İlahîyyet Hazretidir. Hayat kutsaldır. İlah, rızık irade etmeye yöneldiğinde, tüm kâinat onun gıdasıdır. **/ Lokman Fassı, Fusûsu'l Hikem, Muhyiddin Arabi**

Bir baba/anne, nasıl ki evladını kokusundan tanır. Çünkü koku bir hafızadır. Çok mühimdir. Ayetlerde "rüzgârın kokusu" ve "Yusuf'un kokusu" yaygın olarak kullanılmıştır. Koku, burundaki "kutsal" parçayı harekete geçirir. İşte Arif nefsini kokladığında, Rabb de kaybolmuş yavrusuna, özüne, gerçeğine, parçasına kavuşmuş olur.

Yaratan ve yaratılan diye bir ayırım yoktur. Bu ayırımı insanlar uydurdular. Ben ona kulluk ederim, o da bana. **/ Futuhat-ı Mekkiye, Muhyiddin Arabi**

Yani kim kendisinin Rabb'den bir parça olduğunu anlarsa (tanırsa) aynı zamanda, kendisinin Rabb olduğunu da anlar (tanır). Çünkü o Rabb'den başka bir varlık değildir. Her şeyi kuşatan O ise, O'ndan gayrı bir varlık yoktur.

İnsan hem rahmani hem nefsanidir. Verilen bir rahmani nefes, bin nefsani nefese yeğdir. Kıldan ince kılıçtan keskin bir yolda, üzerinde ateşten gömlek ile kuşanmış insan, sağa baksa melekî nur, sola baksa nefsin gölgesi. O'nun boyası ile boyanan insan ne dilediğini bilir, hedefini de.

Ayn-Bayn. Elif/Ba. Görünen/görünmeyen. Zahir/Bâtın. Varlık/Yokluk. Sonsuza gider. Zevk-i hâl'ler. Anlatılamaz, tarifi imkânsız, şekilsiz. Sadece ses, rezonans, titreşim, renk, armoni, nefes.

"O yokluğunda var, varlığında yok olandır. Her O'nun yokluğunda "var olunca" hasretle yandığın, Varlığında yok olduğunda huzuruna erdiğin.

Hepsinin AN' zamanda gerçekleşen ne yaman çelişki. Her seferinde yeniden "yenile"nen muazzam bir "ölçü-denge". Camlardan "yansıyana" gözler alışık. Maksat gözün kamaşmadan nur'a bakabilmesi. Arif, nur'a gönül gözü ile bakar, gözleri de kamaşmaz. Sonra mı? Bakmak mı o da nedir onun için? Çünkü 'parlayan' olmuştur, nur olmuştur.

İlahî emanet

Biz emaneti, göklere, yere ve dağlara teklif ettik de onlar bunu yüklenmekten çekindiler, (sorumluluğundan) korktular. Onu insan yüklendi. Doğrusu o çok zalim, çok cahildir. **/ Kur'an-ı Kerim, Ahzab Suresi, 72. Ayet**

Dağlara taşlara teklif edilen, ancak kabul edilmeyen İlahî emanet birçok Arif, veli tarafından irdelenmiş bir konudur.

Dağ yücelik yükseklik kudrettir, taş ise serttir sağlamdır. Onlar yüklenmedi, korktu. Çünkü şuursuzdur. İnsan yüklendi çünkü cahildir. Yüklenen nedir? Emanet nedir?

Kün emrinde top yekûn yaratımda, onlara sadece var olma canlılığı verilmiştir. Ancak sadece insana ruhundan "üflenmiş"tir.

Emanet "yüklenen, nakledilen ruh" olarak bilinir. Ve ikinci olarak da yüklenen ve zerk edilen esmalardır. Çünkü her canlıda, her taş ve toprakta, her bitki ve hayvanda, Esmaların bir kısmını görebilirsiniz, ancak tümünü bir arada gördüğünüz tek varlık insandır. Çünkü ayette der ki, tüm isimleri öğretti hatta meleklerin bile bilmediği tüm isimleri. Bizim şu an beşer olarak da bilemediğimiz tüm isimlerin toplamı Âdem'e zerk edilmiş yüklenmiş, yani emanet edilmiştir. Bize bildirdiği kadarını biliyoruz, fakat Yokluk Âdem ise tüm İlahî isim ve sıfatları bilmektedir.

ARİF İÇİN DİN YOKTUR

Arabi'nin Sevgi Anlayışı

Bugüne kadar benimle aynı evde oturan

Can dostu görmezden gelmişim

Dinimin olmadığı ve şu anda

Onun dinine tabiyim.

ve artık kalbim bütün suretleri kabul eder oldu.

Ceylanların otlağına,

Rahiplerin manastırına,

Putların tapınağına,

Hacıların Kâbe'sine

Tevrat'ın kutsal levhalarına,

Mukaddes Kur'an sayfalarına, döndü kalbim

Aşk dininin yolundan gidiyorum şimdi ben!

ARİF İÇİN DİN YOKTUR

Ne tarafa yönelirse Aşk Kervanları

Aşk'tır benim dinim ve imanım.

Ben Aşk dinini uyguluyorum

Dinimdir, imanımdır inanıyorum AŞK'a.

Dârü'l-Kütübi'l-İlmiyye, Muhyiddin Arabi

Sevgi, (hubb) Hakk'ın Âlemi yaratmasına sebep olan ilkedir. İşte bu ilke Aşktır. İbn-i Arabi, İlahî Mahabbetin, Aşkın sembolüdür. İbn-i Arabi'de İlahî Nur, Işk, Mahabbet'tir, Aşk'tır. Hubb yani Sevgi, Mahabbet yani Aşk, İlahî hareketin ilkesidir. Âlemde meydana gelen her olay, her oluşum, Aşk ile yaratılır. Mahabbetin itici kuvvetinin eseridir diye bahseder İbn-i Arabi.

Sadece beşer için, ayrım söz konusudur. Beşer, zanları ile yorum yapar. Kötü, iyi, güzel, çirkin, fena, felaket, korku, öfke, kin, haset, sevinç, coşku kelimeleri onun için ikilemdir. Oysa Arifin, kalbindeki aşk ile her hareketinin sebebi Hubb'tur. Yani tüm olanlar, Hakk'ın sevgisi ve aşkıdır, aşkındandır diye yorumlar.

Mahabbet olmasaydı, kâinatta can da olmayacaktı, canlılık da, hayat da. Her İlahî suretin ve ismin açığa çıkmasını tetikleyen ilke, mahabbet yani aşktır.

İbn-i Arabi'de, İlahî Hareket, sükûnetten canlılığa, yokluktan varlığa, Bâtından, Zahire doğru harekettir. İşte bu hareketin tek ilkesi, mahabbettir, aşktır.

İlahî Emir "aşk"tır. Kün emrini veren Allah, yaratılışta, aşk ile hareket sağlamış ve yaratımın hamuruna sevgi tohumları ekmiştir. Hakk'ın eseri, sevgi tohumları ile yoğrulmuş, aşk ilkesi ile canlandırılmış, şekil almış, nur ile aydınlanmıştır. İbn-i Arabi *"Hakk'ın Nefesi, Mahabbet'tir"* der. Mahabbet olmasaydı, her şey teklik ve birlik içinde var oluşuna devam ederdi. Ancak mahabbet yani aşk, dinamiğin ve hareketin ilkesi olduğu için, bir kutuplaşma yaratacaktı. Bu yüzden İbn-i Arabi'nin, Bâtından, Zahire doğru, içten dışa bir "Rahmani Nefes" dediği, aşkın hareketliliği, kutupları yarattı. Mahabbetin, aşkın hareketliliği, Tek'in kutuplaşmasına, çeşitlenip, çokluğa bölünmesine sebep oldu. Rahmani nefes olarak teklikten çokluğa doğru esen bir nur olarak belirdi.

Ne Baki kaldı Aşk, Ne Fani oldu. Varlığı ile nefes alan Yokluğu ile zayıflayan, kuru bedenlere Hayat verdi.

Teklikten çokluğa, karanlıktan aydınlığa, Bâtından Zahire, içten dışa doğru esen "Aşkın Rahmani Nefesi"dir. Teklik ve Birlik, kendi içindeki çeşitliliği, dışarı yansıttı. İçten dışarı doğru Rahman nefesi, aşk ile hareket eder ve "kör karanlıktan" nefes ile aydınlanır, Âlemler, varlıklar oluşur. İşte var oluşun temeli olan mahabbet, yani aşk, İbn-i Arabi'de, yaratılışın kaynağıdır.

Her insanın, Hakk gönlünde İlahî bir sureti vardır. İşte bu her insanın hakikatidir. Varlık inişte, o suretten yansır, miracında yani çıkışında ise, yine o, İlahî sureti ile karşılaşır. O suret, o insanın Rabb'idir. O suret-i hakikate, bakışları şaşmadan, yön değiştirmeden, yalan konuşmadan, gözler kamaşmadan bakmak, kanatsız, kolsuz, elsiz ayaksız AŞK'a ulaşmak anlamındadır. İşte insanın, "ermesi, ulaşması ve miracı budur." Rabb'ini bildiği vakit, Rabb'i de yani İlahî aynadaki İlahî suret de yansımasından haberdar olur. Ve hakikati ile karşılaşan insanın, içindeki yolculuğu tekrar dünyaya doğru olur. O dünyaya yol alır, lâkin kendi dünyasını inşa eder. Tek dünya yoktur onun yaşadığı, tüm dünyalar onun gönlündedir o vakit. İşte o an Aşk Divanı, Hakk makamında, kendi huzurundadır. Ne muazzam bir hâl, zevk-i hâldir o. Dur durak yoktur, bitiş, son yoktur, başlangıç ne kelimedir ki Arifin lügatında, güzelliklere sonsuzca doyulur mu? Doymaz elbet Arif, aşk içinde, aşk ile var olmaya devam eder.

Rabb'ine ulaşmaya an zaman kala, en son mertebede karşıt ile karşılaşır insan. Verdiği ikrardan dönmeyen, Allah aşkı ile yanıp tutuşan karşıt "Hakk karşısında ben" dediği için kovulmuştur aşk makamından. İnsanın gönlünde, yansıdığı İlahî sıfat bir yandadır ve karşıt bir yandadır. Karşılaşır, konuşur orada. İnsanın gönlündeki iki sultan tevhid olur, birlenir. Hiç kimse **"Şeytanını yenmeden Arif olamaz"**. İşte o vakit, velinin gönlündeki iki sultandan biri olan karşıt secde eder, yükseliş yolundaki kâmil insana. İlahî emir yerine gelmiş olur. Çünkü İlahî sıfat da Hakk gönlündeki "birliği" kabul etmiş olur.

İşte insan, orada hakikati görür. Tertemiz ettiği, kâinatları ve dünyaları içine alacak genişlikteki yüreğini, Hakk doldurur. Tüm gönlünü, yüreğini aşkın ateşi ile başka hiçbir şeye, eşyaya, batıla, gölgeye, hayâle, zanna, yer kalmayacak şekilde. Tüm dinleri selamlar ve kendi dini olan aşk dinine tabi olur. İşte o zaman Arif olur aşkın sahibi. Küfür sahibi "Ben" demesi ile Bütünlük olan Hakk ağzından konuşan Arif "Biz" der, gönlünde taşıdığı tüm İlahî isimlere, sıfatlara ayna olaraktan. İşte o vakit, Hakk'tan yansıdığı nur ile bedene bürünür. Halbuki Arif beden değildir, ölümü tadan. Hakk konuşur, batıl susar. Hakk gelir, batıl yıkılır. Arifin görevi Hakk'ın muhteşemliğini, zerrenin zerrenin zerresini, çok ötelerini hissedip aktarmak, örnek olmaktır. Verdiği ikrarı, sözü "Evet Rabbimizsin" sözünü yerine getirmiştir insan ve Arif olmuştur. Diri olmuştur, Can veren dirilten olmuştur.

Aşktaysan, Hakk huzurundasın.
Hakikat Hakk'tır, Âlem ise gölgesi.
Ölümü tadan bedende olmak değildir maksat,
Hakk'tan yansıdığınla, bedende görünebilmektir marifet.

Arif, aşk olmuştur, aşk makamında bir ölümsüzdür, seyr alan. Bu manevî yücelik ve makama erişmiş olan kimseye Arif yani "gerçeği bilen" denilmekte ve bunun bilgisine haklı olarak hakiki bir zevk hâli gözüyle bakılmaktadır. Kalbin, neşe ve sevinciyle birleşen iman, işte bu imandır. Hakk ile kulu ile arasındaki hicab yani perde budur. Aşkı gönlünde bütünleyen Arifte, şekil ve şüphe bırakmaz. Hakk, ziyaret ettiği Arifteki, tüm gönlü, kalbi doldurur, herhangi bir şey gelip yer bulamaz.

Ey AŞK!
Bir vakit, Gel!, Gönlüme gir Gizlice!
Kimseler ne görsün, ne de duysun.
Çağırdım sesimi duyan olmadı.
Ak-ü pak eylerem şimdi evimi.
Geldi ve tertemiz bir pınar buldu.
Beşeriyette bir kayıb iken,
Aşk'a düşersin
Gönlündeki IŞK ile tanır seni
O vakit, her katmanı, gül kokuları sarar
Mest eder her ismi.
Tüm zerrelerin sevinç çığlıkları,
Bir avaz ile duyulagelir kalplerde.

İbn-i Arabi'de aşk tanımı şöyledir. "Ya doğru olursun ok gibi yabana atılan, ya da eğri olursun yay gibi, elde tutulan."

ARİF İÇİN DİN YOKTUR

Daha iyisi de en uzağa verimli topraklara doğru yol almak, tohum ekmektir aşk ile. Yay da sen, ok da sen, toprak da sen, tohum da sen. Çünkü her biri bir aşk, her biri aşkın membaı olmuştur.

Arif, bir kere yaşamıştı o sevgiyi, hiçbir şey bu yangını söndürebilir miydi? Hangi ölçülebilir en değerli olan, sevginin yerini tutabilirdi? İlahî olan Zaman'da bir AN geçti, binlerce dünya yılına eş değer olan, ama yine hâlâ o sıcaklık, o AŞK hiç bitmedi. Çünkü Sevgi Hakk'ın gönlündeki surette idi. Ve bir daha hiçbir yerde olmadı. Hiçbir şey artık mutlu kılamadı. Hangi dokunuş seni mutlu edebilir ki, bir kez gördün artık o sevgiyi Hakk makamında.

Tüm ifadeler, manalar, ölçülür değerler, Sevginin pırıltısında sönük kalır.

"Cennet ve cehennem ayrı yerlerde değildir. Aynı anda aynı yerdedir. Derin bir sevdada olmak, aynı anda tüm ruhun ve bedenin, cehennemin tutsaklığında, alevden bir kora dönüşmüşken, Aşk Makamında, çok kadim bir kaybolmuşluğun Cennetini bulursun."

Karanlığın derin sularından süzülerek Geldik!
Gerçek sevgiyi getirdik.
Rahmanın nefesi ile geldik.
Köşelerde saklanmış Batıl'a haber verin!
Dar Mansur'dayız, Zaferde!
İnsanlığın kendini hatırladığı yerdeyiz.
Hayy! ile hayat bulacak ve yeniden doğacağız.

Sevginin sözcükleri yoktur, hiç konuşmaz, o sadece bakar. İşte oradan sonsuzluğa uzanan bir yolculuk başlar. Hiç bitmeyecek bir serüven. Yıldızlar kadar uzak mesafede bile bulur Sevgi kendine ulaşmak isteyenleri, yeter ki o gözlerdeki pırıltıyı, aşkı görsün ve fark etsin. Gönüllerde yanan Nar-ı Aşk'ı hissetsin.

"O dokunuşları hissediyor musun, sevginin sel gibi aktığı anları. Bedeninden bir an çıkıp da ulaştığın, sonsuzluğa değdiğin, kendi benliğin ile BİR olduğun, perdeleri yırtarcasına soluksuzca yol aldığın ve tekrar geri geldiğin anları. Bir an O ve geri dönüşü olmayan. Uyan ve Fark et!"

İnsan arınma yolundadır. Arınma an be an gerçekleştikçe, an be an Aşkın ışığına, kaynağına ulaşılır. Aşka kavuşursa insan, işte o zaman ölümsüzleşir, işte o zaman ebedi olur. Sevgi sarıp sarmalar, şifa olur tüm yaratılanlara, pınar olur akar tüm kâinata. Yaratıcı Hakikatin parçası, Aslına ulaşır. Aşk kadar ebediyim diyenlerin yolunda yol olur, aşk yoluna giren aşıklar, sevgiden aşka, aşktan sevgiye yol bulup akanlar, yol olanlar. İşte onlar Ariflerdir.

Aşk dönüştürür, başkalaştırır insanı. Artık o, ne bir saniye önceki kişidir ne de sonraki An'ların insanı. Çünkü her daim aşk tohumları yeşerir gönlünde. Her seferinde başka bir renkte, başka bir notada.

Beden kadehi nefsten arınmadan, sevgi tılsımları ile dolamaz. Kâinatta iki "şey" aynı anda yer kaplayamaz. Eğer nefs ile doluysan nefs olursun. Sevgi için yer açmalı, onun akışına izin vermeli, onun ile bağlantı kuracak köprüleri oluşturmalı.

(Mutlak) Sevginin dokunuşu vardır, Yoktan-Varlık'ta. Varlıkların yarattığı Âlemlerde ve onun oğullarında.

Sevginin zamanı yoktur, zamansızdır. Sevginin mekânı yoktur. Mekânsızdır. Onu sahiplenmek ne mümkündür. Elinde tutanı kor ateşle yakar, kalbinde barındıranı boğar, gönlünde tutanda açığa çıkar ve titreşimleri ile dönüşür, tüm arzı ve canları besler.

Sevgi, Hiçlikten Varlığa seyirde yaratıcıdır, Mutlak nezdinde. Aşk, uyanışın anahtarıdır varlıklar nezdinde.

Sevgide asla bir yaptırım, şüphe yoktur, koşul yoktur, amaç yoktur, beklenti yoktur, hiçbir değer, sevginin mükemmelliği karşısında değerli değildir. Ölçülebilir tüm değerler, sevginin karşısında anlamını yitirir.

Sevginin bedendeki titreşim görüntüsü AŞK'tır. O titreşimdeki AŞK'ı tanımak ve uyanmak da SEVGİ'dir.

Âdem aşktır, Hakk ise sevgi. Tüm seyr, aşktan sevgiye, sevgiden aşkadır. Ne vakit aşk, makamına varır, işte o vakit hubb yani sevgi açığa çıkar.

Gönlünde kaç kişileri değil, kaç dünyaları misafir etmek. İki cihanda sevdiğim "O" diyebilmek.

Aşk devam etmektir, suskunlaşmaktır, Erdem sahibi olmaktır, saygı duymaktır, her şeyi Yaradandan ötürü sevmektir. Ve aşk, arz Âlemlerinde, hissedilen şiddetli hubb'dur, sevgidir. Çünkü sevgi inemez, ancak aşk olarak hissedilir. Bu bile derin bir acıdır, yakıcıdır.

Arif'in gözlerine bakarsın da anlayamazsın ne hâlde olduğunu. Oysa o içinde AŞK'ın fırtınalarına kapılmış, sebepsizce sürükleniyordur. Diyar diyar geziyordur, çölden daha sıcak kumlarda yürüyordur, kutuplardan daha soğuk sularda yüzüyordur. Ama sen Arifi yerinde sabit durur zannedersin.

Arifin tek amacı aşkın sahibine kavuşmaktır. Aslî bedenine, ruhî boyutlarına, İlahî suretine, hakikatine. Ona ulaştıracak olan her etkene aşk duyulur. Her biri basamaktır oysa.

Sevgi daimdir, AŞK ölümsüz.

ARABİ'NİN SEVGİ ANLAYIŞI

Sevgi Hiçliktedir, AŞK Varlıkta
Sevgi Yaratıcıdır, AŞK dönüştürücü.
Sevgi Tüm Zamanların Sahibi,
AŞK O zamanlarda bir AN.
Sevgi Tüm Yaşamların Amacı,
AŞK O amaçlarda bir belirti.

Sevginin her dokunuşunda sadece sevgi vardır, ötesi yoktur. Ötesini sorgulayan, zanlarına göre yorumlayanlar nefs sahibi olanlardır. Sevgi ile atan yürekler karşılaştığında sevgi patlaması olur ve tüm kâinat şahitlik yapar. Her zerre sevinçten oynar. O oynamalar titreşimleri hızlandırır ve daha müteal yani aşkın olanı çeker.

Sevgi dilenmez, sevgi daima akar. Sevgi dilencileri yoktur, sevgiyi açığa çıkaranlar mevcuttur.

Onun sevgisi çağlayan gibi akar da damla damla yürekle serpilir, biz aşk ile onu dönüştürür buharlaştırır yine sahibine iletiriz. Kâinatın en büyük döngüsüdür sevgi.

Aşk içinde olanlar hem arıdır hem dönüştürücü. Dokunuşlarının şiddeti sarsıcıdır, mesafelerinse hiç mi hiç önemi olmadan. Her sarsıntıdan sonra, açığa çıkan yeni, geri dönüşü olmayan mistik bir yolculuğun uyanık hâlidir. Uyanan artık uykuya dalmaz.!

Bedenin yakıtı aşktır. Aşk yeniler, dönüştürür, arındırır. Var oluşun yakıtıdır, hiç bitmeyecek sonsuzlukta döngünün sebebi olan sevgi.

Ve O'nun sevgisinin kudreti, Ariflerin gönüllerindeki aşk ateşi ile diner, dönüşür ve yayılır sessizlikte.

Sevginin karşısında hangi mesafe vardır aşılamayacak? Sevgide olanlar için kelimelerin önemi yitmiştir. Sadece gönüldür yönlendiren. Sevgi; yaşamın yıkımından koruduğu tek bir kubbedir, ondan daha başka din yoktur.

Nereye gitsem benimle olan "dostu" seviyorum. O hep benimle, yanımda taşıdığım. En büyük sevincimi bile buruk bir hüzne çeviren. Neyse ki biliyorum! Gökyüzüne her baktığımda, o koca evrende, sadece bir ben olmadığı. Ve "benden" birinin oralarda bir yerlerde çok mutlu olduğu.

Sevgi; sonsuz inancının ilk devinimidir, ilk ve son akan nehirdir, güneşin nar ateşinden daha da acıdır. Sevgi bir kapıdır. Aşk makamına açılan "sır kapısıdır". Arif, seyr yolculuğunda, bundan başka kapı bulamaz.

Arif aşktır, aşıktır. Aşıkların, aşk yoluna girenlerin, aşka ulaşmak için çabalayan liyakatlilerin, aşka kavuşanların ve kevser suyundan içenlerin, beden kadehini "Mansur şarabı" ile dolduranların ulaşacakları mertebe Mansur'dur. Hakikatine ulaşan Mansurların, Ariflerin yaşamında ölüm, ölümünde yaşam vardır.

İbn-i Arabi düşüncesinde, Hz. Musa, uyanmış ancak uyandığının farkında olmayan, uyanışın merhalelerini geçen kişidir. Oysa birlikte yürüdüğü, sevginin tamlandığı isim olan "Hızır", tam bir uyanıklık hâli yaşayan, farkındalığın doruk noktasında olan insan hâlinin temsilcisidir . Ne yaptığını bilen, hatırlayan, uyanmış, Arif kişi. İnsanlığın ulaşacağı en üstün mertebelerden birinin sembolüdür Hızır. Zaman ve mekân kavramı yoktur. Hiçbir yere ait olmayandır.

Arif unutmaz, ancak beşer unutur. Akıl ve vicdanı birleştiren ve sevgiyi ruhunda, gönlünde ve aklında bir eden Arif unutmaz. Arif, kudretle yoğrulmuş ve ruh verilmiş kâmil insandır. İşte Arif önce kendini sever. Çünkü kendini sevmeyen, kendine

ARABİ'NİN SEVGİ ANLAYIŞI

zalim olan kişi, hiçbir şeyle barışık değildir. Hatırlamak için kendini bilmeli insan. Kendini bilmesi için de hubb'a, sevgiye aşka yönelmelidir. İşte o zaman, hiçbir itikada bağlı olmayan, tek itikadının aşk olduğu, Rabb'ini bilenlerden olan Arif olur. Bu elbet "kolay" değildir. Ancak her zorluk, kolaylıkla beraberdir.

İbn-i Arabi, dünyanın terki, masivadan vazgeçiş, kendi bedeninde ölme ve "arınma" olarak aktarmaktadır. Tüm bunları Futuhat-ı Mekkiye'sinde bahsettiği "mutekad" ile anlatmaktadır. Mutekad olma hâli, yani her şeyin terk edilmesi, vazgeçme, Araf Ehli'nin özelliğidir.

"Arınma" ve "terk" bir korku yaratır. "Acaba"lar, karar aşamasını zorlaştırır. Ancak tepetaklak olunca her şey sona erecek gibi olunur. Alışkanlıkların terki çok zordur. İşte burada güven ve teslimiyet çok önemli. Koşulsuz iman ve koşulsuz sevgi. Bunun açılımı yine bir inanç sistemi ile kayıtlanmamak, "mutekad" olmaktır. Arif yüreği, "cesaret" ve Arifin aklı "sabır" ile yoğrulmalı ve yol alınmalıdır.

İnsan "yalnız" olduğunu idrak edemeden, başkası için kendini feda edemez. Fizik Âlemde kayıp olan kişi, önce kendini bilecek ve görecektir. Özgür iradeyi korumalı, kendini tanımalı, bilmeli, dostlar için feda etmeyi ikinci aşamaya bırakmalıdır. Dostlar denilen ise, kendi yansıması olan insanlardır.

"Kendini tamamlamayan, sevgiye teslim olmayan, en hafif rüzgârda sürüklenen, rüzgârla rüzgâr olan yapraklara döner. Hem rüzgârda salınacaksın, hem yaprak olduğunu bileceksin."

Sevginin amacı uyuyanları uyandırmaktır. Yüce Ruhun, insan üzerindeki eli gibidir. İnsan isimlere, formlara ve maddesel dünyaya bağlanır ve onların zihnin bir yanılsaması olduğunu, zihinde oluştuğunu unutur ve hata yapar.

Bizim olan her şey önce düşüncelerimizde kurulur, düşüncelerimizde oluşur. Eğer bir kimse kötü düşünceyle konuşur ya da davranırsa onu tıpkı tekerleğin kağnı çeken bir öküzü izlemesi gibi, acı izler.

İbn-i Arabi, *"Nedensellikler, zerreler, en küçük şeyler, madde, fiziksellikler hepsi gerçekte zihinde oluşan, zihnin oluşturduğu şeylerdir."* der. Arifler, o muazzam Gaybdaki kaynaklarından, bizim arzımıza ışımaları, tahayyüllerimizin ötesinde bir sevginin açığa çıkmış hâlidir.

"Hakk'ın erdemi ve bilgisinin yeryüzüne inebilmesi için, vicdan ışığının alabildiğine yanan evrimleşmiş gönüllere ve akıllara ihtiyaç vardır. Çünkü nur ve erdem, insan gönüllerinden, arz Âlemlerine akacaktır."

Ve insan da kayıptır, Zahir dünyada. Onun hâli, gönlündeki AŞK ile anlaşılır.

Muhyiddin İbn-i Arabi, **"benim dinim Aşk'tır"** der. ***"Ben Aşk dininin müntesibiyim, Aşk bineği hangi yöne götürürse benim dinim, imanım orada."***

Çünkü yaratılmış olan, madde evreninde varlık gösteren ve O'nda yok olan bedenli ancak aşk duyar, hüzün duyar, hasret çeker, çünkü an zamanda da olsa ayrı kalmış, kopmuştur, Zahiri bir kopuş ve ayrılıktır ama bir an olsun yitirmiştir ve aşk içinde kalır. Fakat yine an zamanda Bâtında, yok oluşta Hakk'ta var olduğu zaman ise, sevgiliye kavuşmuştur. Bu yüzden sevgiliden gelen yine sevgiliyedir. Her şey Aşk ile yoğrulur, aşk ile varlık olur.

ARABİ'NİN SEVGİ ANLAYIŞI

Honazın derdi kendinle, Almışız bir dert başa, baş gitmiş yar'a, sığmaz olmuş cihane.

İnsan beşeridir, ne çabuk ele verir aslında. Zahirde var olduğunda, ayrı düştüğünü, aşk ile dile getirir. Söylediği sözcüklere ve yargılarına bakın, sürekli kendi karakterini ifade eder gizliden. Kendi gönlünde olanı açığa vurur. Oysa Bâtında O'nda yok olduğunda, sevgiye kavuşur. Sevgi ise tüm ayrıntıları dümdüz eden keskin bakıştır. Çokluk Âleminde aşk, Birlik Âleminde sevgi vardır.

Sevginin tek zerresi bedenlere inseydi, tüm görünen Âlem Yokluğa geçerdi. Sevgi gönülde bir sultandır. Ona ulaşacak kudrette olanlar ancak ölümsüzlerdir.

İşte nefsini bilen Arif, gözü açılmış ve Zahirde gördüğü Rabb'in peşine düşmüş ve aşk insanı olmuştur. Bâtın gözü açılmış ve Zahirdekinin arızı yani geçici olduğunu fark etmiş, bu faniliğin baki olan Hakikatine ulaşma, Hakk'a erme gayesine ve gayretine girmiştir. Görülen tüm güzellik Allah aşkının zuhur etmiş görüntüsüdür. Eksiklikler, acılar ve kayıplar, her olan bitenin aslında İlahî bir ismin yansıması olduğunu bilir. "O gördüğün güzellik benim AŞK'ımdır" der Tanrı! İnsanlara seslenir. Ama insanlar duymazlar bunu, işiten Arif olmuştur.

Hakikat, Gerçeklik, bedenle değil, ölümsüz parça olan ruhun göz erdemiyle yakalanır. O yakînlık ya da uzaklık Kur'an'da şöyle ifade edilmiş; "iki yay uzaklığı" belki daha kısa. "Belki" denmesinin sebebi göreceli olmasıdır. Nereden bakıldığına bağlı, iki yay uzaklığı belki daha yakîn. Yakîn. Uzak olmayan yakînlıklar, yakîn olmayan uzaklıklar. Çünkü sensin, yani Arif Hakikate ulaşma yolunda nefsini tanıdığı anda Rabb'inin aslında yine kendisi olduğunu bilir. Arif artık "zan"lardan kurtulmuştur. Aşk içinde olan "zan" ile beraber değildir. Şahadet Âlemi, zan Âlemi, fizik Âlemi aynı manadadır. "Ben kulumun zannı üzerineyim" yani "fizik Âlemde, herkes neye inanıyorsa, hangi fikir ve düşüncede ise Rabb'i de öyledir". Fizik Âlemde hiç kimse "zan" dışında, Rabb'in hakikatine ulaşamaz. Ulaştığı an Arif olmuştur. Tüm zanlarından kurtulduğu an Arifler makamındadır. O kendi nefsinin zanlarından kurtulup, kendi nefsinin hakikatine ermiş ve Rabb'in idrakine varmıştır. Ancak her şey burada noktalanmaz. Kâinatta bir son ya da nokta yoktur. Son ve baş sadece O'dur, Mutlaktır. O'nun dışında hiçbir yaratılmış son ve baş değildir.

İşte o vakit, Arif, idrakine varır ki, "Aşk hasretiyle döner tüm kâinat, gezegenler, yıldızlar daima harlıdır bitmez tükenmez enerjileri ile. Ruh ile madde aşk ile hayat bulur Âlemlerde. O hasret olmazsa CAN nasıl olurdu?"

Ama çok azımız bunu fark edebilir. Çünkü onu uyandırmanın tek yolu vardır. Yaşamın durduğu andır o. Aklın derinliklerinde kalbinin sesinde saklıdır o. An zamanda gerçekleşen, var oluş ve yok oluştaki sırda gizlidir. Bunu yapabilen Arif olmuştur.

Sevgi gizlidir bizden, aşikâr olan değildir. Çünkü sevgi, bir kelime değildir, görülebilir bir madde de değildir ki hiçbir göz sevgiyi göremez. Sevgi ispat edilemez. Sevginin gölgesinde var olan, fizik Âlemidir. Sevginin nuru ile aydınlanmıyor, dolaylı olarak aydınlanıyoruz. Bakış açımız, güneşin pencereye yansımış hâli gibidir. Hakikat ışığına doğrudan bakan sadece Ariflerdir. Beşer, Hakikat Sevgi'sinin Nuru olan Güneşin, camlara yansımış hâlini gerçek zanneder.

ARABİ'NİN SEVGİ ANLAYIŞI

Hatırlayabilir misin sevgi zamanlarını.
Ama hatırlayamaz insan.
Ona ait olmayan her şeye dokundu.
Ve Kayboldular!
Kalan tek şey gönüllere bırakılan küçük bir sevgiydi.
Bedeninde taşıdığın ruhu,
Sana güzelliği verenleri hatırlayabilir misin?
Ya Sevda tarlalarında ahdi yapanları.
Ve Ey Unutan sen.
Zulüm gökte değil, sendedir.
Tarifteysen yalandasın.
Çünkü Mana'nın şekli yoktur.
O, Heyula gibi her surette meydana vurur kendini.
Ve dedi ki
"BEN o Mana'yım ki, ona ne bir isim ne de bir şüphe düşer"
Sırdır nokta Âlem-i Vücudun içinde, Ayn-ı An'da, Âlem-i Vücud o sırrı-ı noktanın içinde.
Fizik Âlemi, bir Zan Âlemidir, Arızidir, Hakk'ikat sadece "Hikmet-i Kalbiyye"dir...

O'nun insan üzerindeki daimi eli sevgidir. Oysa insan isimlere, formlara ve maddesel dünyaya bağlanır. Tüm var oluşun, zihnin bir yanılsaması olduğunu, zihinde oluştuğunu unutur ve hata yapar!

O el daima sevgidir.

Aşk içindesin. Lâkin, ÖZ'ündeki AŞK'ı idrak edemezsen, seni yakacak olan odur. Aşk ve İdrak içinde olanlar Allah dostlarıdır ve onlar hiçbir şeyden korkmazlar!

İstisnasız herkes O'nun Aşkı ile var olmuştur. Ancak, Aşk ile idrak içinde olanlar O'nun dostlarıdır. Ve O'nunla dost olan, hiçbir şeyden korkmaz. Bilirler mi ki "seven de O, sevilen de O". İlahî aşk, tüm kâinatın vücuda gelmesine sebep "tetikleyici"dir. Aşk olmasa, biz de olmaz idik.

Aşk, gözlerinde bir kere parladı mı yalnız kalırsın. Korkulur o güçten. İşte bu yüzden aşkı tek başına yaşarsın. Sevilmek zor iştir. Sevilmenin hazmına ve yüceliğine erişebilseydik, dünyayı çoktan cennete çevirmiştik. Bu yüzden aşkı bedende yaşamak mühimdir.

Bedenden vazgeçmek, Bedeni yok etmek, Bedeni terk etmek, melekler Âlemine göçmek değildir amaç.

Bizden istenen, "Bedende ölmek ve Bedende görünmek"-tir. Bu bedeni yok etmek, terk etmek değildir. Mana ve idrak ile bunu yapmak başka, fiziki olarak terk etmek başka. Beden içinde, manaya ermek, idrake varmak, aşk ile dolmak esastır.

Büyük bir okyanusta yol alırken, gemiye ihtiyacımız vardır, gemiyi terk edip denize atlar isek, boğuluruz.

Beden aşk ile yoğruldu, içine sevgi ile İlahî kudret üfürüldü. Beden bu yükü, bu emaneti taşımak için söz verdi. Dağlara taşlara emanet teklif edildi de, kabul etmediler. Tek insan kabul etti bu kutsal emaneti. Elbette ki beden kutsaldır, beden aşktır, beden kıymetlidir. Beden içinde, terbiye esastır, edeb esastır, yolculuk esastır, makamlarda seyr esastır, zevk-i hâller esastır, aşk ile idrak esastır. Veliler, Pirler, Nebiler, Bâtın yolculuklarında, seyr hâlinde içe vardılar, "Allah" ilminde eridiler, Fena oldular, lâkin yine geri bedenlerine dönüp, dünya insanlarına hizmete devam ettiler. *"Uçmak kolay da, Konmakta asıl mesele."* Açıktan gizliye yolculuk ne kadar meşakkatli ise, tekrar gizliden açığa yolculuk da bir o kadar meşakkatlidir.

ARABİ'NİN SEVGİ ANLAYIŞI

İnsan kendini bilmeden hiçbir şeyi bilemez. Bilmek hatırlamaktır. Bilmek bilgilerin zihne akması değildir. İçten dışa doğru bir açılma, hatırlamadır. Kontak kurmadır. Kendini bilmeden asla bir yere varılmaz. Kendini bilmek de kendini sevmekle başlar. Kendimizi sevemiyoruz bu yüzden tüm isyanlar, şikâyetler, öfke ve kin. Önce insan kendini sevmeli, kendine sarılmalı ondan sonra zaten peşi sıra her şey gelişecektir. İşte o an emanetin hakiki sevgi olduğu hatırlanacaktır.

Gerdan Ben'den, Kılıç Sen'den olmuşsa, ne hoştur ölmek.
Öldür beni bedenimde, fena olayım!
O beden mezarında, Hayy! yeniden dirileyim.
Gözün, gözümdür gayrı, doya doya bakınayım.
Bedenim sahabendir, seyr olup, gezip dolaşayım.
Ruhum Senin parçandır,
Kavuşmayı bekler hasretle,
De ki, hemen yanında olayım.

… ARİF İÇİN DİN YOKTUR

Fasslar

*"Ezelî olan İnsan, Hadis, Zuhur ve Neş'eti bakımından Ebedî ve Daimi'dir." / **Fusûsu'l Hikem, Muhyiddin Arabi***

İbn-i Arabi, isimleri açıklarken orijinal metinlerinde **"Fass"** kelimesini kullanmıştır. Fass, bir kelimenin, özüdür, özetidir, ana fikridir, bir sıfatın temsilidir. İbn-i Arabi bunu şu şekilde açıklar: Bir yüzük ne kadar değerli ise, üzerindeki taşı onu değerli kılandır. İşte o değerli taş Fass'tır ve o taşın üzerinde yüzüğün ismi yazar.

Hakk, her bir Nebi, Arif, Veli ismine bir anlam yüklemiş, her birine ayrı ayrı kudret bahşetmiştir. Hepsi ayrı ayrı bir yeteneğe, güce sahiptir. Her isim bir mana taşır ve o mananın cevherini, zihne, düşünceye, bedene aktarır. O beden, bedenlenmeden önce, ismin etkisine tabi olur. Bu nebiler ve Arifler için olduğu gibi her insan için de böyledir.

Herkes kendi ismini, bedenlenmeden önce seçer ve bazı kanallarla gönderir; hislenme ya da rüya gibi. Çok nadiren de, ilerki zamanlarda ve olgunluğuna geldiğinde, kendi ismini değiştirebilir. Ve her insan, isminin tüm özelliklerini hayatı boyunca yaşar.

Şimdi o isimlerin manalarını ve Ariflere yüklediği karakteristik özeliklerine ve hayat plânlarını nasıl etkilediğine bir göz atalım.

Âdem kelimesindeki İlahî anlam

*"Âdem olmasaydı, Uluhiyet Mertebesinin bütün olduğu, esma ve sıfatlar Zahir olmazlardı." / **Fusûsu'l Hikem, Muhyiddin Arabi***

İbn-i Arabi Âdem Fassı bölümünde, Âdem isminin anlamına işaret eder. Âdem ve İblis sembolik ifadeleri üzerinde durur.

Secde hâli, cem hâlidir. İbn-i Arabi cem, bütünlük ve birliğin idrakine varma, tevhid olma makamıdır der. İblis, Âdem'deki bütünlüğü ve birliğin varlığını bilemedi ve kendisinde bu anlayışın bulunmadığını anlayamadı. Secde et kelimesi, bu birliğe ve bütünlüğe biat et ve katıl manasını taşır. Oysa İblis, kendi başına var olan bir teklik anlayışı içine girdi. Bu "kibir" olarak ortaya çıktı. Ve çemberin dışında kaldı. Sembolik ifade ile kendisine uyanları da bu çemberin dışına almak için kendisine zaman verilenlerden oldu. Reddedilerek aşağıların aşağısına atılmak, bu tevhid çemberinin dışına çıkmadır. Bu yüzden İbn-i Arabi, Âdem Fassında şöyle der "Birlik dışında kaldığı için, Gören ve İşiten ile devamlı müşahede altındadır". Kendisine yönelenleri, duyan ve işitenleri, çemberin içine dâhil ederek birliğine aldı. İnsanlık tarihi boyunca, tek tek o çemberin içine dâhil olarak insanlığa ışık tutan Arifler, veliler olmuştur.

Âdem, tüm İlahî isimlerin açığa çıkarak toplandığı bir mevkinin adıdır. İlahî isimler Hakk'ta kendi özellikleri ile bulunurlar. Âdem'de ise açığa çıkmış, zuhur etmiş, işaret bulmuş hâldedirler. Kısaca, İlahî isimler, Rabb eğitim sistemi işareti ile Âdem mevcudatında bulunurlar. Âdem, Hakk'a bir aynadır. Hakk'ın İlahî isimlerinin bir bir ortaya çıkışı ve eğitim sistemi olarak işaret bulması Âdem aynasında gerçekleşir. Kısaca Hakk, kendini Âdem'de görür.

Âdem, Hakk'ın kendi isimlerini, suret olarak çizdiği ilk yer olan İlahî aynadır. Ve o aynadan, yansıyanlar, fizik plânlar da nesneler olarak görünürler. Âdem bir levhadır. Ve her insanın, her nesnenin, her objenin, her canlının, her maddenin, Âdem aynasında hakikati bulunur.

Âdemin eşi olarak belirtilen zevcesi Âdemin aynasıdır. Fizik plânın tümü bir aynadır. Âdeme aynadır. İşte Âdem Hakk'ın aynasıdır, Fizik Âlem de Âdemin aynasıdır yani eşidir. Her şey, Âdem ve eşi arasında yansımalar ile varlık kazanır.

Âdem bir ceset olarak yaratıldı. Can taşımıyordu. İçine Kutsal parça olan Tanrısal Ruh üfürüldü. O vakit canlandı, hayat buldu. Âdemin şekli ve bedeni tüm kâinattır. Ancak Âdem yokluktur. Âdem görünmeyendir, Bâtında yani gizlide olandır.

Yasak meyve ile cennetten kovuluşta sembolik olarak ifade edilen elma kâinat bilgisidir. Reddedilme sembolü, gölge

Âlemin oluşmasının anlatılmasıdır. Aşağıların aşağısına atılan insanoğlu, oluşumların yer aldığı "fizik Âlem" üzerindeki her türlü nesne "gölge" olarak sembolleşmiştir. Gölge olmasının amacı, reddedilmesidir. Ezoterik bilgilerde, Tanrı'dan iniş ile anlatılan budur. Âdem Hakikatinden, fizik plânlarına iniştir. Ve yine sıçrama ile fizik plânlarından, asli olan Hakikat Âlemine çıkış gerçekleşecektir.

Âdem sembolü, sırlanmış bir isimdir. Ve her insanın tek tek bedeninde ve gönlünde bu sır bir nokta gibi yerleşmiştir. Her insan bu gerçekliğe ve kendi hakikatine vakıf olabilecek kudrette yaratılmıştır. Çünkü Âdem insan prototipinde bu hakikat vardır. Ve çocuk, babanın sırrıdır. Bu sır da tüm oğullar olarak bizler yani insanlarda mevcuttur.

Şit kelimesindeki Nefes İlahî anlamı

"Şit, Âdemin, Bâtınen ve Zahiren sırrıdır. Zahiren Âdemden çıkmıştır, Bâtınen Âdeme dönmüştür." / ***Fusûsu'l Hikem, Muhyiddin Arabi***

İbn-i Arabi, Şit Fassında, Habil'in ölümü ile üzülen Âdem'in, erdemli bir evlat dilemesi üzerine doğan Şit'in, kelime manası itibarıyla "Hibetullah" yani, bir armağan anlamına geldiğini vurgular. Âdem'den, Âdem'e bir armağandır. "Çocuk babanın sırrıdır" anlamını taşır. Âdem'in Ariflik makamı, Şit ismi ile işaret edilmiştir. Sembolik olarak aktarılan, Âdem ve eşinin her yıl tek bir doğumla, bir erkek, bir kız çocukları olmasıydı.

FASSLAR

Dualite kavramının aktarıldığı insan ırkının oluşmasındaki ana gaye budur. Dişi ve eril olarak. Dişinin içinde eril enerjisi, erilin içinde de dişi enerjisi bulunur. Enerjilerin birbirleri içerisinde bulunmaları kâfi miktarlardadır. Dişi enerjisi ağır basar ise kadın, eril enerjisi ağır basar ise erkek meydana gelir. Fakat bir vakit tek bir doğumda sadece tek bir varlık dünyaya gelir. Ve ondan sonra da çocukları olmaz. Ona Şit ismi verilir. Rahmanın nefesinden olan bu varlığın hikmeti nefse hükmetmektir. Şit, ilk marifet sahibi ve kemâle eren bedenlidir. Çünkü bünyesinde, dişi ve eril prensipler eşit miktarda bulunmaktadır. Bütünlüktür ve ilk Ariftir. Şit anlamı, Allah'ın armağanıdır.

Şit Fassının ana amacı, "Dile"menin anlamı üzerinedir. Âdemin dileği, "erdemli bir evlat" idi. Ve bu dilediği, Hakk aynasındaki Âdem Hakikatinden yansımıştır. Bu bölümde, İbn-i Arabi, her insanın dileğinin, kendi Hakikatinden yansıdığını özellikle vurgulamıştır.

İbn-i Arabi, Rahmanın iki eli olduğunu vurgular, biri veren eldir, diğeri alan eldir. Her dilediği ve her gerçekleşen durum, kendisindendir ve kendisi haricinde hiçbir şey gerçekleşmez. Kısaca, Hakk Aynasındaki Hakikatinin dışında hiçbir şey insana verilmez ve alınmaz. Hakk Aynasındaki Hakikati, her insanın nefsidir. Ve oradaki ilmi ve hayat plânı kadar olan kısmı ya da parçası ile sorumludur. Bu parçanın ve hayat plânının dışına çıkılmaz. İhtiyacı kadar olan Rahman tarafından verilen eldir, alınan eldir. Tüm olup bitenin sorumluluğu Allah'a yüklense de aslında bu işlerin dışındadır. Her insan, kendi Hakikatinin ona bahşettiği hayat plânı ile haşır neşirdir. Bunun dışına çıkamaz. Bu yüzden ne bir ceza ne de bir mükâfat vardır. Her şey olması gerektiği gibidir.

Her insanın nefsi, onun hayat plânıdır. Hayat plânı da onun kendi levhası olan Hakikati üzerine yine kendini besleyen İlahî isim ile oluşturulmuştur. Her ne oluyor ise, kendinden kendine olmaktadır. Dilediği her şeyin gerçekleşmemesinin sebebi budur. Çünkü Hakiki Nefs, aynada çizilmiş surettir. İnsanda bulunan cüzi nefs, o aynadaki nefsin bir parçasıdır ve bu parça da maddenin cazibesi altındadır. Her şeyi dileyebilir çünkü kendi hayat plânından yoksundur, hatırlamaz ve bilmez. Bilmediği için de, dilediği her şeyin gerçekleşmesini bekler. Gerçekleşenler için sevinir, gerçekleşmeyenler için ise isyan eder. Kendi nefsine Arif olanlar ise, bu sevinme ve isyan hâlinden uzaktadırlar çünkü Hakikat Nefsine ulaşarak, kendi hayat plânlarına şahid olmuşlardır. Ve kendilerine ne verileceğini ve verilmeyeceğini bilen kişilerdir.

Nuh kelimesindeki Subbuhiyye İlahî anlamı

"Nuh esrarına vakıf olmak isteyen kimseler, ruhen felekî şemse (güneşe) yükselsinler." **/ Fusûsu'l Hikem, Muhyiddin Arabi**

İlk Resuldür ve halkı Hakk'a ilk davet edenidir. İbn-i Arabi Nuh Fassı'nda; Şit ikiz karınlardan sonra doğan iki cinsi bünyesinde birleyen bir Tek'liğin sembolüydü ve bir daha doğum olmadı diye bahseder. Nuh da, çiftleri gemisine almıştır. Rahimden tek doğan Şit ile rahim gibi gemisine çiftleri toplayan ve gemi sembolü ile gemisinden doğan, dünyaya yayılan ve türeyen canlılar karşılaştırmasını yapar.

İdris kelimesindeki Kuddusiyye İlahî anlamı

Yücelik şunlar üzerinedir: Mekânın yüceliği, Mekânetin (Kuvvetin) yüceliği. Mekânın Yüceliği felekî şemsdir ve İdris Makamıdır. Mekâneten yücelik ise Ariflerindir" / **Fusûsu'l Hikem, Muhyiddin Arabi**

"O'nu yüce mekâna yükselttik." / **Kur'an-ı Kerim, Meryem Suresi, 57. Ayet**

"Yüce"lik makamı Hakk İlahî isimlerinden biridir. Ve Yücelik makamı olan yukarıdaki ayette geçen,"mekânen aliyyâ (aliyyen)" sadece İdris peygamber için bahşedilmiştir. Ebedi sukutun ve yakînliğin yeridir. İlerdeki bölümde "yakînlik" bölümü daha da açılacaktır. Hiçbir ölümlünün erişemediği Yücelik yani Aliyya Makamıdır. İdris, Hermes olarak da bilinir. Toplumda ermişlerin ermişi olarak anılır. Bazı kültürlerde, yazılı olmayan bilgilerde İdris ile Hızır aynı kabul edilir.

İdris'in ruhani makamı, Güneş Feleğidir der Fusûsu'l Hikem'de. Güneş, feleklerin en yücesi olduğu için bir kutb'tur. Ve kutb'da sadece ölümsüzler oturur. Doğmazlar ve ölmezler, var oluş ve yok oluş olan iki zamanı aşmışlar ve An'da otururlar. Oradan tüm yaradılışı seyr ederler. Ariflerin makamıdır. Ve istedikleri vakit, ya da herhangi bir ihtiyaç anında, makamlarından ışıyarak, istedikleri bedende ve kâinatın herhangi bir yerinde bedende görünebilirler. Mekânların en yücesi Arş makamıdır.

"Rahman Arş'a oturdu" / **Kur'an-ı Kerim, Taha Suresi, 5. Ayet**

İdris makamı ise, Arş'a en yakîn olan makamdır. Yüce yani Aliyya kelimesi ise en yakîn olma hâlidir. Ve hiçbir yaratılmış, İdris Makamına eriştikten sonra, daha öte bir yakînliğe varamamıştır.

İbrahim kelimesindeki Mühemmiye İlahî anlamı

İbrahim suretinin vücudunda Hakk'ın Zahir oluşunu görmez misin? Hakk kendi nefsiyle İbrahimden haber verdi. İbrahim vücudu, Hakk'ın vücududur." / **Fusûsu'l Hikem, Muhyiddin Arabi**

Her bir İlahî ismin manası İbrahim kelimesinde açığa çıkmıştır. Tüm İlahî isimlerin işaret ettiği makamları ziyaret etmiştir. Bu yüzden de Hakk'ın Zatı İbrahim'de görünür olmuştur. Ve İbrahim'e Halil isminin verilmesi, Hakk'ın Onun suretinin varlığına nüfuz etmiş olmasındandır.

FASSLAR

İshak kelimesindeki Hakkiyye İlahî anlamı

Oğlu İshak'ı kurban etmesi için, İbrahim ilimde imtihana tutulmuştur. Rüyayı tabir etmedi, Rüyayı tasdik etti uyguladı." / **Fusûsu'l Hikem, Muhyiddin Arabi**

Halil İbrahim'in, Tanrı'ya kurban olarak adadığı oğlunun ismidir. Fakat kurban edeceği vakit kılıç kesmez ve kurban gerçekleşmez. İbn-i Arabi özellikle İshak Fassında, kurban İshak'tır der. Son Nebi'nin "ben iki zebihin oğluyum" demesi üzerine, Kur'an'da (Bakara/133) belirtilen sıralamada İbrahim oğullarının İsmail ve İshak demesi, herkesin ilk oğul olan İsmail'in kurban olduğunu düşünmesine yol açmıştır. Oysa ayette İshak için "eb" takısı kullanılmıştır. İshak eb takısı aldığı için, Son Nebi soyu İshak'tan gelmekte ve "ben iki zebihin (kurbanın) oğluyum" demesi, asıl kurbanın İsmail değil, İshak olduğunu göstermiştir diye açıklanır İshak Fassında.

"Bu apaçık bir imtihandır" / **Kur'an-ı Kerim, Saffat Suresi, 106. Ayet**

İbrahim burada rüyasında gördüğünü yerine getirmeye çalışır. Çünkü rüyada oğlunu kurban vermiştir. Oysa orada oğlu değildir kurban verilecek olan, hiç sahip olmadığı ve en değer verdiği şeyin kurbanıydı. İşte insan, sahip olduğu ve olmadığı her şeyini bir erdem uğruna kurban vermedikçe, asli ruhuna kavuşamayacaktır. Bu onun bir imtihanıdır. Bu imtihan verilmedikçe, insan Arif olamaz.

İnsan, hayâl gücünde, varlığı olmayan bir şeyi vehimle yaratır. Arif, Hakikatinde, Hakikat bilgisi ile ortaya çıkan şeyi yaratır. İşte burada, Halil İbrahim rüyasında oğlunu kurban ediyordur aslen orada kurban ettiği kendi nefsidir. Nefsini öldürür ve yine bedeninde bir Arif olarak dirilir.

İsmail kelimesindeki Aliyye İlahî anlamı

*"Sen, O'nunla O'na nazar edersen, O kendi nefsini bilir. O kendi nefsini, kendi nefsiyle bildiği vakit, zeval olmaz." / **Fusûsu'l Hikem, Muhyiddin Arabi***

Her bir İlahî isim insanda zuhur eder. Rububiyette bir sır vardır bu sır "Sen"dir. Kâinatta iki varlık yoktur, Tek O vardır. O vakit "Sen" sırrı insandadır. O olmasa Sen sırrı olmazdı, Sen olmasan O varlık bulamazdı. Ve Rabb Plânları, sevgili denilen "Sen"den razıdır. Sevgilinin her yaptığı şey sevgiliyedir. İnsan ne yaparsa, kendinde açığa çıkan Rabb'e yapar. İnsan sevgilidir, Rabb da sevgilidir. Ve Büyük Sevgili Rabb, razıdır, insan sevgiliden.

Razı olunan nebilerden biri de İsmail'dir. Razı olunmak nasıl olur: "Sen" yani fena makamına ermiş olan kişidir, "Sen" sırrı. Hakikatinde erimiş kişidir "Sen". Rabb'ine, Rabb gözü ile baktığın vakit, Rabbin de kendi nefsine bakar yani "sen" sırrına. İşte o anda, "sen" sırrı ortadan kalkar. Bakan ve Bakılan olarak iki ayrı şey olmaktan çıkar ve ikilik ortadan kalkar.

"Sen" sırrı, henüz uyanmamış, kendi nefsini tanıyamamış kişinin sırrıdır. "Sen" fenaya erdiğinde, Rabb'ini tanıdığında "Sen" sıfatından kurtulur. Rabb kendi nefsini tanımış olur. İkilik ortadan kalkar. Bu Rabb'in sevgiliden razı olması anlamını taşır.

İşte ezoterizmdeki, en mühim sırlardan biri "Rabb senden razı oldu"nun manası budur. İsmail ismi de bu sırrı taşır. İsmail, razı olunmuş kişidir.

Ya'kub kelimesindeki Ruhiyye İlahî anlamı

*"Ya'kub ilmi, dinin bir inkiyad ilmi olduğudur. Hakka inkiyad (teslimiyet) hâlidir." / **Fusûsu'l Hikem, Muhyiddin Arabi***

Dinin iki türü vardır, ilki Allah katında Hakk'ın seçtiği Nebiye aktardığı ve nebinin de ümmetine aktardığı dindir. İkincisi, halkın bildiği dindir ki bu geçerli sayılmıştır.

Allah katında olan ilk anlamdaki din, halk arasında olan dinden yücedir. Lâkin geçerli olan halk arasında olan dindir. İlk manadaki Allah katındaki din tamamen teslimiyettir, yakîn olma hâlidir, Ariflerin ve nebilerin, mutekad olduğu iman üstü bir inanç ile halk arasındaki inanç ve itikadlar ile kayıtlı olmayan bir din anlayışıdır. Kelime olarak "din" seçilmiş olsa da, asıl manası "teslimiyet"tir. Yakup ismi bu teslimiyet manasını taşır. Yakup, "halk arasında geçerli olan itikadların tümünden azade olarak, tamamen Hakk makamına teslim olan kişi" anlamına gelir.

Yusuf kelimesindeki Nuriyye İlahî anlamı

*"Yusuf kelimesindeki Nur manası, ilm-i ta'bir'dir. Ve kim bilme ve tabir etme melekesinde ise, o bilgiyi, Yusuf Mertebesinden ve Ruhaniyetinden alır." / **Fusûsu'l Hikem, Muhyiddin Arabi***

Yusuf isminin manası Nur hikmeti anlamına gelir. Eşyanın hakikatini bilme yeteneğidir.

Hud kelimesindeki Ahadiyet İlahî anlamı

*"Her İlahî isim bir Rabb'dır. Hud kelime manası, kulun, eşya ile münasebeti, Rabb Plânının imtihanıdır." / **Fusûsu'l Hikem, Muhyiddin Arabi***

Bu Fass'ta İbn-i Arabi, Hakk'a her yöneliş bir itikattır der. Hakk ile Kul arasında, ölçü olmamalıdır. Sayı ile ölçü ile yapılan her şey sevgili ile seven arasında ayrılık yaratır. Hakk'a yönelişin, tamamen bir teslimiyet ile olması gerektiği ile ilgili bir Fasstır.

FASSLAR

Salih kelimesindeki Fütuhiyye İlahî anlamı

*"Âlem hadistir. Her hadisin bir olma sebebi vardır." / **Fusûsu'l Hikem, Muhyiddin Arabi***

Hayır ve şer olarak görülen her olayın, insanın yaratıldığı İlahî ismin, kendisini terbiye edici Rabb Plânı olduğunu anlatan bir Fasstır. Hayır olarak gördükleri, tabiatına ve isteklerine uygun olanlar, şerr ise, tabiatına ve isteklerine aykırı olanlardır. Oysa hakikat, olan her şeyin Rabb Plânının imtihanı olması yönündedir. Kısaca İbn-i Arabi bu Fassta, bir insanın başına şer gelirse nefsinden geldiğini bilmesi gerektiğini "Kendin yaptın, kendin ettin" tabiri ile açıklar.

Şuayb kelimesindeki Kalbiyye İlahî anlamı

*"Arifin Kalbi, İlahîdir ve Hakk'ı sığdırır". / **Fusûsu'l Hikem, Muhyiddin Arabi***

İbn-i Arabi bu Fassında, İlahî isimlerin Hakk'tan başka bir şey olmadığını belirtir. Şuayp, İlahî kalp manasına gelir. Tüm kâinatın İlahî kalbin içine sığacak kadar genişliğinden bahseder.

ARİF İÇİN DİN YOKTUR

Lut kelimesindeki Melkiyye İlahî anlamı

"Lut, hayvanlıktan, insanlığa davettir." / ***Fusûsu'l Hikem, Muhyiddin Arabi***

Lut mana itibarıyla kuvvet anlamına gelir. Ve kuvvete ulaşmanın fenafillah makamından bekabillah makamına ulaşılmasıyla elde edilebileceğini anlatan bir Fasstır. Fenafillah makamında, insan henüz kendi ile uğraşmaktadır. Nefsine yeniktir ve nefsi tanımak üzeredir. Oysa nefsi tanıyıp, Rabb'i bildikten sonra bekabillah makamına erer ki, bu makamda dirilme gerçekleşir. Dirilen kişi, kuvvetlenir, güçlenir, olgunluğa erişir, artık o ölümsüzdür.

Üzeyir kelimesindeki Kaderiyye İlahî anlamı

"Kaderi sadece Allah bilir. Üzeyirin suali kaderden idi ve azarlananlardan oldu." / ***Fusûsu'l Hikem, Muhyiddin Arabi***

Üstünlük nerededir? Elbette ki ilimdedir. İlim kudrettir. Her bir nebiye ilim aktarılmıştır. Ve nebiler de ümmetlerine gerektiği kadarını aktarmıştır. Her nebinin bildiğini bir diğer nebi bilemez. Nebiler arasında birbirlerine üstünlük sağlanmıştır.

"Nebilerin bazısını bazısından üstün kıldık." / ***Kur'an-ı Kerim, İsra Suresi, 55. Ayet***

Ve ümmetlerin de bilgilenme derecelerinde farklılık olduğundan dolayı, ümmetler arasında da birbirlerine üstünlük sağlanmıştır. Yaradılış olarak da yine insanlar arasında da farklı ilimlerden dolayı, farklılıklar oluşmuştur.

"O kiminize kiminizden daha fazla rızık verdi" **/ Kur'an-ı Kerim, Nahl Suresi, 7. Ayet**

Rızık hem yiyecek anlamına gelir, hem de manevî bir tarım hâllerin zevkidir, makamlara ermedir. Her iki yönden de düşünülebilir. Bu farklılıklar, yaradılışın bir sırrıdır ve bu sırrı hiçbir bedenli ve ölümlü bilmemiştir, nebiler bile. Tek bilen amaç sahibidir, zamanın sahibidir, hayatın sahibidir.

Nebiler arasında da şüpheye düşenler olmuştur. Üzeyir Nebisi'nin şüphe hâli, ayette isim olarak belirtilmez lâkin, İbn-i Arabi, soran kişinin Üzeyir olduğunu Fusûsu'l Hikem eserinin Üzeyir Fassında belirtir. Üzeyir Nebisi bir ayette şöyle sorar: *"Ölümden sonra insanlar nasıl dirilirler acaba?"* Bakara/259

Fakat aynı soruyu İbrahim de sorar. "Ölüyü nasıl dirilttiğini bana göster" **/ Kur'an-ı Kerim, Bakara Suresi, 260. Ayet**

Üzeyir, sorduğuyla azarlanmıştır. Çünkü Amaç sahibinden sırrı öğrenmek istemiştir. Lâkin İbrahim bunu farklı sormuş ve buna şahidlik etmek istemiştir.

Burada İbn-i Arabi'nin dikkat çekmek istediği konu şudur. Sözlerimiz, her biri birer kelâmdır ve iyi, teslimiyet dolu sözler insanı ruhî bakımdan yükseltir, kötü, korku, nefret ve şüphe üzerine olan sözler insanı ruhi olarak geriletir. Çünkü her söz sahibine geri dönecektir.

Had bilmek ve edeb sahibi olmak bir erdemdir. Bu nebi de olsa Arif de olsa, beşeriyet de olsa böyledir. Bir nebi bir Arif de olsa, alçakgönüllülük her zaman en baş sırada yer almaktadır. Önce hiç olduğunu kabullenecek ve o hiçlik içinde varlık bulacaktır insan.

İsa kelimesindeki Nebeviyye İlahî anlamı

"Cibril güzel bir delikanlı suretinde, nefes vermesi ile Mai Meryemden Murad oldu." **/ Fusûsu'l Hikem, Muhyiddin Arabi**

Her insan, bir nebi de olsa, bir dişi rahminden doğar. Bunun dışında dünyaya gelmek mümkün değildir. Dünyaya gelmek için, bir erkek dölüne ihtiyaç duymasa bile muhakkak bir dişi rahmine ihtiyaç duyacaktır. Rahim ismi, doğurganlık, üreme ve çoğalmayı ifade eder ve bütünlükten koparak farklılaşma ve bireyselleşmedir. Sen ben olmaktır, Rahmandan kopuştur. Hakk, Kutsal kitapta, bir erkeğe ihtiyaç duymadan da bir kadının doğurabileceği örneğini Meryem suresinde ortaya koymuştur.

Meryem, bir erkek dölüne ihtiyaç duymadan nasıl ki hamile kalıp, çocuğunu karnında büyüterek doğurmuş ise, bir örnek de, kuru hurma ağacını sallaması ve kısır ağaçtan hurmalar dökülmesi de mühim işaretlerden biridir. İşte Rahim ismi, eril enerjiye ve döllenmeye ihtiyaç duymadan tek başına bir varlığı yaratabilme yetkisine ve tasarrufuna semboldür.

"Ben yalnızca Rabbinin elçisiyim; sana tertemiz bir çocuk bağışlamak için geldim" **/ Kur'an-ı Kerim, Meryem Suresi, 19. Ayet**

İsa ismi, İlahî Ruh'u işaret eder. Cansız ceset olan bedeni dirilten İlahî ruhun kendisidir.

"O, Allah'ın, Meryem'e ulaştırdığı kelimesidir ve O'ndan bir ruhtur. **/ Kur'an-ı Kerim, Nisa Suresi, 171. Ayet**

Her şey O'nun kelimeleridir. Ol kelimesinden türeyen ve yayılan Âlemlerdir. Ve her bir İlahî isim, yüksek bir harftir. Ve yüksek harfler, kâinatın satır aralarına inerek kelime olurlar. Ve Hz. İsa da Meryem'e ulaşan bir kelimedir. Beşeriyetten farklı bir tarzda ulaşmıştır. Rahmanın nefesinden üflenme ile ulaşma hâlinin sembolüdür.

Süleyman kelimesindeki Rahmaniyye İlahî anlamı

"Var eden Rahman ve var ettiklerine karşılıksız Rahmet veren Rahimdir. Tüm isimlerin Bütünü ve rahmeti hak eden İnsan, isimlerden öncedir." **/ Fusûsu'l Hikem, Muhyiddin Arabi**

Gücün, kudretin, tasarrufun ve hüküm altına almanın simgesidir. Bu Fassta geçen mana, kul, Hakk'ın nefsidir ve Hakk, nefsine Rahmeti zorunlu kılar. Rahmeti kendi isimlerinedir ve dolayısıyla kullarınadır.

Davud kelimesindeki Vücudiyye İlahî anlamı

*"Davud'a, demiri yumuşatma kudreti verildi. Demiri demire siper yaptı. Senden Sana sığınırım manasıdır. Demiri yumuşatmak güç değildir, önemli olan kalpleri yumuşatmaktır." / **Fusûsu'l Hikem, Muhyiddin Arabi***

Nübüvvet, İlahî olarak verilir, çaba ile ulaşılacak bir makam değildir. Bağışlamak yani bahşetmek, Tanrı'nın nebileri üzerinedir. Bir armağanıdır. Bu Fass'ta, nebilere bahşedilenler anlatılmaktadır.

Yunus kelimesindeki Nefsiyye İlahî anlamı

*"İsmi Zahir ile O'nun vücuduyla Zahir oldu. Yunus'a yönelen kimse, Hakka yönelir." / **Fusûsu'l Hikem, Muhyiddin Arabi***

İnsan, Rahmanın iki eli arasında yaratılmıştır. İlmi ve isimleri ile. Kendi suretinden yaratılmış, kendi ruhundan üfürmüş, kendi nefsiyle nefislendirmiştir. Bu yüzden hiçbir insan, ölerek yok olmaz, hiçbir şeyin ölümle son bulmadığına, her şeyin aslına döndüğüne ilişkin bir Fasstır. Ölüm yok oluş, yitip gitmek, bitmek değildir.

Eyyub kelimesindeki Gaybiyye İlahî anlamı

"Her şeyin aslı mai'dir (sudur)." / **Fusûsu'l Hikem, Muhyiddin Arabi**

Eyyüb hastalandığında, yanında bir su ortaya çıkmış ve onu iyileştirmiştir. Her şeyin aslı sudur. Hayat suda başlamıştır. Ve su Canlılık verendir. Bu Fass'ta anlatılanlar şöyledir: Su hayattır, Arş ise Diri olandır. Arş suyun üzerindedir ve su üzerinde korunmaktadır. Çünkü Diri olanın varlığı ancak Hayat ile korunma altına alınmıştır.

Yahya kelimesindeki Celaliyye İlahî anlamı

"Yahya yaşıyor anlamına gelir. Çocuk babanın sırrıdır. Yahya zaten Diri olandır." / **Fusûsu'l Hikem, Muhyiddin Arabi**

Yahya isminin manası, tüm isimlerin evveli hikmetidir. Yahya ismi, Hayy ismi ile işaret bulmuştur. Çocuk babanın sırrıdır. Babanın sırrı oğuldadır. Tüm nebilerde böyle olmuştur.

Oğlu Sam'da anılmıştır Nuh ve diri kalmıştır. Oğlu Şit ile anılmıştır Âdem ve diri kalmıştır. Lâkin Oğlu Yahya ile anılmamıştır Zekeriya. Babanın sırrı oğlunda ilmi, Yahya için değildi. Yahya daha çocukken kudret verilenlerdendi. Yahya ismi, hiçbir sıfat ile adlandırılmadı. Yahya başlı başına bütünlüğü temsil ediyordu. Kendi taşıdığı İlahî ismi ile bedende görünendi. Bu yüzden Hakk'ın Celali idi. Babası Zekeriya, Meryem Suresi'nde şöyle dua etmişti "Bana ledün katından, bir Veli bahşet". O anda Yahya, babası Zekeriya nebisine bağışlandı ve Hakk kendi Hayy sıfatı ile Yahya'yı adlandırdı.

Zekeriya kelimesindeki Malikiyye İlahî anlamı

Hakk'ın rahmeti her şeyi içine alır. Fakat Hakk'ın gazabı ise sadece Ona yönelmeyenleredir. O'na yönelmeyenlere de rahmet olduğundan dolayı, Rahmetinin Gazabını geçmesi ile ilgili açıklamaların olduğu bir Fasstır.

İlyas kelimesindeki İnasiyye İlahî anlamı

İdris ile İlyas aynı nebilerdir. İdris Mekânen Aliyya yani yüce mekâna yükseltildi. Bu yükseliş bedeni terk ederek ruhi bir yükseliş değil, bilakis, insani bedeni ile yükseliştir. Bedeni bir heyulaya dönüşmüştür. Kristalize olarak beden ruh ile kendini birlemiş ve ruh bedeni, tamamen konsantrasyonu ve tasarrufu altına almıştır. İnasiyye kelimesinde, Nassiye, tamamen insan olmak, hadların safhaların çizilmesi anlamındadır. Fakat başındaki İ harfi her şeyi değiştirmektedir. Yüceliğe erişmişliğin harfi olarak İnasiyye kelimesi İlyas/İdris'e yüklenmiştir. İlyas/İdris önce dünyada bedenlenmiş ve bedeni ile göğe yükseltilmiş, sonra yeniden bir nebi olarak dünyaya indirilmiştir.

İbn-i Arabi, Fusûsu'l eserinde, bu konuyu şöyle açıklar: Beden bir vehimdir yani gölgedir. Lâkin, Hakk katında Hakikat olan suret yani hakiki insanın gölgesi, dünyadaki insan görünümüdür. Gölgeye bir şey olsa, ölse, parçalansa, yok edilse bile Hakikat değişmez ve asli kalır. Bu yüzden, gölgenin, gerçekliği yoktur. Ancak, gölge uzayabilir ve kısalabilir. Kısaldığı zaman Asli olan Hakikate en yakın olduğu andır. Beşeriyetin gölgesi, Hakikatinden oldukça uzaktadır ve gölge uzamıştır çünkü beşeriyet için güneş batmak üzeredir. Güneş batmaya yakın gölgeyi uzatır. Güneş ne vakit tam tepededir, gölge de kısalmış hatta Hakikat ile birlenmiştir.

İlyas/İdris Güneşin merkezinde yani Yüce Mekânda iken, gölgesi de hakikatine en yakın durumdaydı. Gölgenin Hakikat ile birlenmesi, göğe çekilmesi anlamındadır. Ve tekrar dünyaya inmesi gölgenin uzamasıdır. Kutb olan Güneş Yüce Mekânına yükseltilen için, gölgesini uzatması ve Hakikatine yaklaştırması çok zor değildir. Bu yüzden İlyas/İdris, istediği vakit bir heyula gibi, dünyada beden hâlinde görülebilir (gölgesini uzatır) ve yeniden görünmez olarak (gölgesini kısaltır yok hâline getirir) Gayb Âlemine karışabilir.

Lokman kelimesindeki İhsaniyye İlahî anlamı

*"O, kendisi için Rızık İrade edecek ise, tüm Var oluş O'nun gıdasıdır". / **Fusûsu'l Hikem, Muhyiddin Arabi***

Bu Fass'ta anlatılan, rızkın bolluğu, eşitliği tüm var olanlar üzerine olduğudur.

Harun kelimesindeki İmamiyye İlahî anlamı

Hz. Musa'ya, kardeşi Harun'un peygamber kılınması anlatılmaktadır. Harun, Hz. Musa'dan yaşça büyüktür ve nebilik ona bir ihtiyaç doğrultusunda bahşedilmiştir.

Musa kelimesindeki Ulviyye İlahî anlamı

*"Mu (su), Sa (Ağaç)tır. Musa, Su ve Sandık ile anıldı." / **Fusûsu'l Hikem, Muhyiddin Arabi***

İbn-i Arabi, Fusûsu'l eserinde, Hz. Musa Fassını farklı şekilde yorumlar. Ona göre, Hz. Musa'nın ölmesi gerektiği için, onunla birlikte doğan tüm erkek çocukları da katledilmişti. Fakat her bir ölen erkek çocuk, Hz. Musa'nın kudretindendi.

Her biri, Musa'ya bir kudret verdi. Her bir öldürülen erkek çocukta aslında Hz. Musa vardı. O ölen erkek çocukların ruhları toplamı kadar bir kudret ile Hz. Musa doğmuştur.

Hz. Musa'nın annesine vahyedilir ve annesi Hz. Musa'yı bir sepete koyar ve nehre salar. Burada vahyedilmesi, hissî vahyedilmedir. Ve her insanın, hissi vahiy aldığının ve almakta olduğunun ispatı olduğundan bahseder İbn-i Arabi. **Vahiy kelâmı** sadece nebilere gelir. Nebilik mim ile sona ermiştir. Ve Vahiy Kelâmı son bulmuştur.

Ancak **vahiy ilham** her insana gelir. O'nun vahyi ilhamı hiç tükenmedi, istisnasız her yarattığı insana, her zerreye aktı. Vahyi ilhamı, her insana akar, bu bir kudrettir, gönlüne ulaşabilenler için vahiy ilhamın sesi ve Rabb'in avazı her zaman duyulur. Vahiy ilham, ezoterizmde Vicdanın Sesi olarak bilinendir. Ve Hz. Musa'nın annesi de böyle bir vahyi ilham almıştır.

Hz. Musa, Firavunun yanında büyümüştür. Firavunun bir Musa'sı olmuştur. Firavuna ve Hz. Musa'ya eşit kudret verilmiştir. Firavun bunu maddeye yönelik "Ben" şeklinde kullanmış ve insanlığı köle etmiştir. Hz. Musa ise bu kudreti "Sen" şeklinde kullanmış ve insanlığı kölelikten azad etmiştir.

Halid kelimesindeki Samediyye İlahî anlamı

Halid, yaradılışa ait bilginin kendisinde açığa çıkması için, berzahtaki ilmi almak için Hakka yönelmenin simgesidir.

Muhammed kelimesindeki Ferdiyye İlahî anlamı

"Muhammed Hakikati, Taayyün evvelidir."/ **Fusûsu'l Hikem, Muhyiddin Arabi**

Hikmeti Tekliktir. Âdem henüz suyla balçık arasındayken, O bir nebi idi. Mim olarak son nebidir. İsmin özelliği İnsan-ı Kâmil sembolüdür. Tüm İlahî isimlerin bütünleştiği ve ferdi olarak belirdiği semboldür.

Hz. Muhammed'in düşüncesi, *"insanın kendini bilmesi Rabb'ini bilmesinden önce gelir ve Rabb'ini bilmesi, kendini bilmesinin sonucudur."* Böylece O, **"Kendini tanıyan Rabb'ini tanır"** demiştir. Dilersen, bilmeye ve erişmeye güç yetirilemeyeceğini, acz içinde kalabileceğini söyleyebilirsin, çünkü O'nun bilinmesine ilişkin olarak böyle söylemek yerindedir veya dilersen, O'nun bilinebilir olduğunu söylersin. Bunların ilkine göre, eğer kendini (Gaybî hakikatı itibarıyla) bilmediğini biliyorsan, gerçekte Rabb'ini bilmiyorsundur. Ve ikincisine göre de, eğer kendini biliyorsan, o halde, Rabb'ini biliyorsundur.

Ölmeden önce ölünüz, çünkü Ölmedikçe, hiçbiriniz Rabb'inizi göremezsiniz.

Ariflerin Bilgeliği

Arifin hâlleri, aklın idrakinin üstünde olup nazar ve kıyas yoluyla idrak edilemediği gibi, bu mârifetler de ilmen kuşatılabilecek ve lafızlarla ifade edilebilecek şeylerden değildir. /
Futuhat-ı Mekkiye, Muhyiddin Arabi

İbn-i Arabi, Futuhat-ı Mekkiye eserinde, Arif konusuna çok geniş yer vermiştir. Çağlar öncesinden, kendi zamanından seslenerek, bize eserlerinde, "kendi hakikatine ulaşan ve kendini bilen kişinin Arif" olduğunu ve artık bir inanç sistemine bağlanmayacağı bilgisini vermiştir. Kendi çağından, içinde bulunduğumuz çağı gören bir bakış ile tarif etmiştir. İşte onun ünlü ***"Arif için din yoktur"*** sözünü Arapça ve Türkçeye çevrilmiş hâli ile size aktarmayı uygun gördük:

Kendi nefsinden, Rabb nefsine ulaşan, Hakk nefsini idrak eder ve cevherine ulaşır. Cevhere ulaşan kişi, Ariftir. Arif nefsini tanıdığında bir aynaya dönüşür, Rabb'i ile irtibatta iken, Rabb fizik Âlemde, kendi yansımasını Arif vasıtası ile görür. Ve gördüğü karşısında o da kendini tanımış olur. Rabb, fizik Âlemde kendini Arif aynasında gördüğü vakit Rabb eğitim sistemi eğitimi almış ve mezun olmuştur.

Rabb sisteminin eğitiminden geçen Arif, bir itikada yani bir inanca bağlı kalmaz. Tüm inançları kabul eder, herkesi olduğu gibi görür, kendisi ise sadece Hakk yani Cevherinde erir. Tüm isimlerin ve sıfatların bütünlüğü olan cevhere ulaşan Arif, Allah'a iman eder. Buna mutekadin denir. İnançlar ötesi, kalbi bir iman, görmediğine değil, bizzat gördüğüne iman etmek. Arif her zerrede mührünü gördüğü Rabb'i tanıdığı vakit, Rabb'i de kendini fizik Âlemde tanır, karşılıklı ayna olurlar ve bundan sonra Arifin kalbi tüm Âlemleri içine alacak kadar genişler. Cevher yani Hakk, bütün İlahî isim ve sıfatlar, İlahî suretler bütünlüğü ile dolan kalbi, genişler ve başka hiçbir şeye yer kalmaz. İşte o vakit, Allah'a iman etmeye başlar.

Beşer, kendi inancı yani itikadı ile Rabb'ini bilir. Ne vakit nefsine ulaşır ve nefsini tanır, işte o zaman Arif olur. O ana kadar Allah'ı, Hakk'ı, Cevher'i, Rabb'ini sadece zannı üzerine bilir. Hangi inanca tabi ise ve o inancın gerekleri ne ise öyle bilir. Hakk her insana, onun kendi inancı ve empoze bilgileri doğrultusunda yansır. Çünkü başka yolu yoktur.

İlk başta verilen akitte gördüğü Rabb'i değildir. Rabb ona görünmüş ve "Beni tanıyın" demiş, Ruh da "evet" demiştir. Ancak isimler ve sıfatlar, fizik ortamında zuhur ettiği vakit, eğer yansıyan kendini bulamamış ve kaybolmuş ise, Rabb'i de kendini bulamamış ve kayıptır. Terbiye uzun zamanlar alacak ve eğitim sistemi ağır olacaktır. Her fırsatta kendini tanıtmaya çalışan Rabb sistemi, ulaştığı nefs insanını, zan üzerinde bulur ve o zan, insanı uyutmaya devam eder. Ne vakit inançlarının verdiği telkin ve uyumadan uyandığında gerçek nefsini görür, bilir ve tanır, işte o zaman uyanır. Zahirin aslında arızi bir durum olduğunu anlar, asl olana yönelir. Cihetini yani yönünü bulur. Yansıyan ışıklara değil, gerçek nur güneşine yüzünü döner. Ve nereye dönse artık nur güneşi ona parlamaktadır. Nefsine ulaşmanın, Rabb'inin de kendini aynasında görmesinin huzuru ile Arif, Âlemleri titreten bir nefes alış ile Cevherine ulaşır ve Âlemlerin Rabbi olan Allah'a iman eder. İşte yine açıklamaya çalıştığımız mutekadin manası budur.

Arif, eğitim sistemine tabi olduğu kendi Rabb'ine değil, Âlemlerin Rabbi'ne iman edendir. İtikatların sahibi Rabb ve her bir itikadın sahibi Rabb sistemini tanıyınca, o Rabb sistemi de kendini fizik Âlemde tanıyınca artık bir itikada bağlı kalmaya gerek duymaz.

Bu iman bir inanç değil, tamamen teslim olmak, ne yaptığını bilmek, dilemek manalarının açılımıdır. Peki bir insan kendi nefsine nasıl Arif olabilir?

"Beni bulmuş kullarım var, size vesile olup bana ulaştırırlar" / **Kur'an-ı Kerim, Maide Suresi, 35. Ayet**

Burada "Ben" diye konuşan Hakk'tır. Hakk'ı bilmen için, kendi nefsine Arif olman ile mümkün olacaktır. Kendi nefsine Arif olmak, zanlardan kurtulmak demektir. Çünkü zaten şehadet Âlemi denilen fizik Âlem, bir zan Âlemidir. Donmuş hücrelerimiz, kısıtlanmış bilincimiz ile kişisel yorumlarımız ancak zanlarımızı oluşturuyor. İşte bu zanlar bizim nefsi tanımamıza engel. İlk şart önce zanlardan kurtulmaktır.

Kendi zanlarından kurtulan kişi ancak nefsine ulaşır ve tek nefs olarak yaratılan Âdem makamına erenlerden olur. Âdem makamı İnsan-ı Kâmil makamıdır. Kendi eğiticisi olan Rabb de, uyanmış, kendi nefsini bilmiş idrak etmiş, ölmeden önce ölmüş ve kendi bedeninde yeniden diri hâle gelmiş Arifin aynasında kendini tanımış ve ne olduğu idrakine varmıştır. Rabb'in Bâtında, Arifin de Zahirde kendilerini ayna olarak birbirlerini görmeleri sonucunda, Arif artık Arif-i B'illah olur. B sırrı ile Arif olmuştur yani ölümsüzleşmiştir. O her surete giren, her itikadı benimseyen ama hiçbiri ile alakası olmayan, her İlahî isim ve sıfat ile yeniden tecelli ederek, belirerek, işaret bularak, fizik ortamlarda "beden"de görünen İlahî insan hâline gelecektir. Çünkü Arif, İlahî kudretin, yeryüzündeki temsilcisi ve tanıyanıdır. Artık Rabb sistemi, Arif vasıtası ile yeryüzünde yürür, onun eli ile tutar, onun gözü ile görür, kulağı ile işitir. Ve Rabb sistemi her türlü İlahî isim ve sıfatın bütünlüğünden ibaret ise, her bir İlahî isim ve sıfat da, an zamanda, bir isim ile Arifte var olur, bir isim ile yok olacaktır. Arif, an zamanda var olan ve yok olan İlahî isimlerin tecelli ettiği işaret bulduğu, ayn'ı yani gözü olduğu bir İlahî insan hâline dönüşür. Artık o Ariftir, Arifi B'illah'tır.

Arif, her anda yeni bir İlahî isim ile yaratıldığı için, değişkenlik ve farklılık gösterir. Her bir isim ile yeni müşahedesini aktarır, bu yüzden Arifin ne anlatmak istediğine vakıf olunmaz. Arif kendini Arif olarak bilmez, ancak onu dışardan müşahede edenler anlayabilir. Arif herkesi kendi gibi görür ve herkes gibi olur. Çünkü herkes gönlündedir, daha ötesi yoktur. Arif için diğerleri yoktur, her şey bütündür birdir. O bütünden parçaya gider. Beşer ise parçadan bütüne doğru yol alır. Aradaki en büyük fark budur. Beşer sadece kendi inancını temel alır ve herkesi bunun dışında tutar hatta suçlayabilir. Oysa Arif, bir itikada bağlı değildir, bütün inançlara saygılıdır, onlarla beraber yürür ancak hiçbir inanca bağlı değildir. Dünyasal hiçbir çekim Arifi ilgilendirmez. O masiva denilen eşyanın çekim alanından, cazibesinden kendini kurtarmıştır.

Nefsini tanıyan, nefsaniyetin zanlarından kurtulan Arif, kademelerde gezmeye ve makamları tek tek müşahede etmeye başlar. Binlerce Âlemi seyrederken de her bir Âlemi, o Âlemin zaman mekân şartlarına uygun bir göz ile seyretmeye başlamıştır. Arif, sadece fizik Âlemde oturan bir varlık değil, aynı anda tüm Âlemleri müşahede eden, gözetleyen Hakk gözü ile gören, mertebeleri An zamanda kat eden, bir İlâhî kudret hâline dönüşmüştür. İşte buna tasavvufta *Heyula* denmektedir. Heyulanın bir bedeni yoktur, o her bedeni kullanır. Heyulanın bir sureti yoktur çünkü o her surete hâkimdir. Heyulanın bir vücudu yoktur, çünkü o Vahdet-i Vücudun her zerresinde dilediği gibi, kudret ile var olur ve yine kendini başka bir İlâhî isim ile yok eder. Sabit değildir, Hakikate ulaştığı için Hakiki Varlık olmuştur, Cevherini tanıdığı için, sonsuz ve ölümsüzdür.

Arif "hâli" yaşayandır. Arifin yaşadığı hâl başka bir hâldir. Ancak o hâl içinde olanlar idrak edebilir Arifin söylediklerini. Sürekli zihinde ve dilde tekrar değildir bu HÂL başka bir hâldir anlatılamaz, tarifi de yoktur. Ancak yaşanarak bilinir.

Arif, ulaşmak istediği kanaate, idrake, kendi Hakikatine, ancak mevcut bilgiler ışığında değil de, vicdan ve gönül ışığında kendi gerçekliğine yakınlaşır. Gönül ve vicdan ile seyr hâlindedir.

Sadece doğum ve ölüm gerçekliğine, tüm kâinat, her varlık, herkes topluca dâhildir. Bir anadan doğmak ve daha sonrasında, artık cansız bir şekilde ruhu teslim edip ölmek, toprağa karışmak dışında, bir gerçeklik yoktur. Diğer tüm gerçekler, herkes için belirlenmiş "hâller" ötesinden başka bir şey değildir.

Kün! OL! Ve her şey yoktan var oldu. Biz yokluğu bilmeyiz, varlığı da gözümüzle gördüğümüz şeyler zannederiz. Ne varlığı biliriz, ne de hiçliği. OL yaratımdır. Tektir. Bunun dışında her şey çifttir. İki direk arasında, Rahman ve Rahim direkleri arasında, Hakk'ın ve Hakk İlahî isimlerinin yayılmasıdır, tecellileridir, oluşumlarıdır. Ve her daim AN içinde oluşmaktadır. Çift'in anlamını idrak eden nefs hakkında da bilgi sahibi olacaktır. Çünkü Muhyiddin İbn-i Arabi der ki "Rabb'in Nefsini bilmek, Kendi nefsini bilmekle mümkündür." Zat yani Öz, İlahî sıfatlarla, sıfatlar fiillerle, fiiller oluş ve eserlerle örtülüdür. Her biri bir sır, bir perdedir, hep sınırında ancak sırrında oluştadırlar. Oluşların kalkmasıyla, fiillerin oluşumuna şahit olan, gören Arif olur. Buna kısaca İbn-i Arabi şöyle der *"Fiil perdesinin kalkmasıyla sıfatların tecellisine mazhar olan razı olur, teslimiyet gösterir, Arif olur"*. İlahî sıfat perdelerinin açılmasıyla Özün tecellisine, yani her an ayrı bir oluşumda gözükmesine, mazhar olan, yani gören, şahit olan, Birliğe erer ve orada yok olur. Artık ne yaparsa yapsın, ne okursa okusun mutlak "muvahhit" yani "Birleyen, Birleştirici" Arif olmuştur.

Muhyiddin İbn-i Arabi, Ariflik mertebelerini yedi turda toplamıştır.

İlk Tur: Ölümsüz Parça'nın İdraki

Her yere bakan ancak kendi içindekini göremeyen bir kâşif, ancak kendi içinden bakan bir bakış ile fethedecektir 'Hakikat'i.

Bir insanı, cisim olan bedeninde var olan cüzzi ruhun idrakine vardığı anda birinci tura dâhil olur. Vahdet Teklik ve Birliktir. Nefs, Kalp, Ruh, Akıl hepsi aslında Hakk katında birdir, ancak sıfatlar değiştikçe, hepsi birer suret ve isim alır ve o isim ve suretlerle yeryüzünde var olurlar. Arabi, bu var oluşa Nefs-i Natıka ismini verir. *Ve Nesfi Natıka*, hem gizliden, hem de açıktan bedeni kuşatır, bedenin her yerinde ancak hiçbir yerinde değildir. Parçalanması mümkün olmayan bir kudrettir. Bedenin herhangi bir yeri kesilse ya da kopsa dahi, bu kudrette bir eksilme ya da kopma gerçekleşmez. Hatta tüm ceset denilen beden, parçalansa, yansa, kül olsa dahi, bu kudret olduğu gibi kalır ve kendi merkezinde, kendi huzurunda her zaman diri ve ölümsüzdür. Yani Arif, bedenindeki ölümsüz parçayı keşfetmiştir. Bu keşfediş ile nefsini tanıyan Arif, ikinci tura doğru yol almıştır.

İkinci Tur: Bütünsel Nefs'in İdraki

Ve O'nun Sevgi'sinin kudreti, Ariflerin gönüllerindeki Aşk ateşi ile diner, dönüşür ve yayılır sessizlikte.

Birinci turda kendi nefsini idrak eden Arif, ikinci turda külli nefs denilen Âlemin nefsini idrak edecektir. O vakit, görünen Âleme bütünsel bir "bakış" ile bakar, idrak seviyesinde görür.

Gördüğü tek nefstir, yani bütünsel nefs. Buna Muhyiddin İbn-i Arabi *"külli nefs"* demiştir. Bütünsel nefse nazar eden Arif, semaların, yerlerin sadece kalp atışı gibi varoluşuna ve yok oluşuna tanıklık eder. Nur ile aydınlandığına şahit olur. Çünkü tüm zanlarından kurtulmuş olduğu ve hiçbir inanca bağlı kalmadığı için, nazarı yani görüşü daha geniş ve daha İlahîdir. Güneşin dünyayı aydınlattığı gibi, Arif de aydınlanan yere değil, aydınlatanın kalbine, özüne bakar. Ruh, ölümsüz bir parçadır ve Hakk'ın parçasıdır. Ve o parçanın kendisinde var olduğunu idrak eden Arif artık üçüncü tura geçiş yapar.

Üçüncü Tur: İlahî Ruhun İdraki

Mana'da bir belirti üzerineyken, Ruhumu, ilim ile bedene gömdüm. Yine bir zaman olacak ki, ilim ile onu, o mezardan çıkaracağım.

Üçüncü tur, Arif için en mühim noktalardan biridir. Çünkü üçüncü tur, artık kendine ait kutsal parça olan emanet ruhun, büyük ruha, emanet aklın ise büyük akla bağlanması, kendine ait olan ruh ve aklın, İlahî Bütünsel Ruh ve Akılda erimesi, yok olması, yani fenafillah hâlinin oluşmasıdır. Fenaya eren ve orada yok olan Arif, "Hakk'a en yakîn" durumdadır. Bedenin içinde tamamen ölmüştür. Beden tamamen bir cesettir hatta mezarıdır. İşte bu üçüncü turda Arif, beden içinde ölen, bedeni mezar edinen, İlahî Ruh ve Akıl içinde fena olan, yok olan bir hâl içindedir.

ARİFLERİN BİLGELİĞİ

İbn-i Arabi, fena kelimesine tasavvufî olmaktan ziyade, felsefî mahiyette yedi mana verir ve bu açıdan değerlendirme yapar. O'na göre; fena, kulu Allah'a ulaştırır. Allah'ın iradesine teslim oluştur.

Arif, Hakk'ta yok olup, fena hâline ulaşmakla külli anlam düzeyine ulaşmış olur. Bu düzeyde, insani dilde somutlaşan bütün simgeler ve işaretler çözülür. Sembol, ayet ve mecazî hakikat, peygamberler, veliler ve Arifler için gerekli değildir. Hakikati anlayamayacak düzeyde olanlar içindir. Bu yüzden ayetler, özlü sembolik sözler, sadece Hakikati işaret ederler.

Arifler ve nebiler, hakiki manalarını elbette bilmektedirler. Fakat ifadelerinde bunu üstünü kapatarak aktarırlar.

Biz nebiye şiir öğretmedik, hem şiir ona gerekli değildi. / Kur'an-ı Kerim, Yasin Suresi, 29. Ayet

Ayetler şiirsel dili ifade edebilir ancak şiir değildir. Çünkü nebiye sembollerin, kapalı ifadelerin olduğu şiir gerekli değildir açıklaması yapılmıştır. "O bir hatırlatma ve apaçık bir kitaptır" Yasin/69'da belirtilmiştir. Hakikati işaret eden bir hatırlatma kitabıdır.

İbn-i Arabi Futuhat-ı Mekkiye'sinde, *"Arifler söylediğinin fevkindedir"* demiştir. Ariflerin kalbi hissiyatında yaşadığı hâller ve o makamların ilimleri, apaçık ayan beyan hakikatlerdir. Orada ne sembol vardır, ne işaret, ne de bir dil. Orada sadece Hakikat ve müşahedesi vardır. Ancak fena hâlinde Arifler, bunu anlatabilmek için, şiirsel dili seçmişlerdir. İbn-i Arabi *"Bizim ilmimiz işaret ilmidir. Söze dönüşürse gizli kalır"* der Futuhat-ı Mekkiye eserinde.

Dördüncü Tur: Fena Hâli "O var, başka hiçbir şey yok"

Sevgiliden gelen her şey, yine sevgilidir ve sevgiliyedir.

Kendi cüzzi ruhunu ve cüzzi aklını, İlâhî Büyük Ruh ve Akıl içinde eriten, fena eden Arif, bütünselliğin idrakine varır. Emaneti teslim etmiş ve daha büyük olan Bütünsel Ruh ile Akıl ile bedende yeniden dirilecektir. Artık bedeninin şuuruna ve idrakine vardığı için bu hâl, beka hâlidir. Yani İbn-i Arabi bu hâle *"bekabillah"* demiştir. İşte bu tura varan Arif, mevcutta hiçbir şey yoktur Hakk'tan başka diyebilmiştir. İbn-i Arabi ***"la mevcuda illa hu"*** der bu durum için. "Mevcudat yoktur, vücudlar yoktur, Ancak O vardır" anlamındadır. Bâyezîd-i Bistâmî ***"Kendimi her türlü eksikliklerden tenzih ederim, şanım ne yücedir"***, Hallâc-ı Mansûr ***"Ene'l-Hakk: Ben Hakk'ım"*** demiştir. Burada bir parantez açarak, günümüzde "Ben O'yum" diyenlerin olduğunu ancak bunun taklitten öteye gitmediğini belirtmek isterim. Mansur ol, Ene'l Hakk de. Mansur değilsen taklittesin. O Olmak başka, O'ndan Olmak başka. O, O'dur. Âdem Âdemdir. Arz insanı da beşerdir. Eğer taklitteysen bunun yükünü de omuzlaman gerek, şikâyet etmeden, isyansız. Her şeydeki hiçlik değildir, hiçlikteki her şeydir Mansur olmak. Lafzen "O'yum diyenler", ufak bir can havlinde haykırırlar. Oysa kalbi O'yum diyenler dilim dilim doğranırlar da, ne sesi duyulur ne nefesi kesilir. Hayy! cesedinde mi? Kalb-i İlahîyye'nde mi?

Tek vücud cübbesi içinde O'ndan gayrı yoktur, hâli meydana çıkar. İşte burada Muhyiddin Arabi "An'da Mülk kimindir? Kahhar ve Vahid olanındır" Mümin/40 ayetini önemle belirtir. Ve açıklaması şudur An zamanda Mülk sadece Bütün olan Allah'ındır. Allah vardır gayrı yoktur. Mülk yoktur, Allah vardır.

Birinci turda, iç Âlem yani nefs tanınır. İkinci turda afak denilen dış Âlem, yani Zahir nazar edilir, görülür ve idrak edilir. Üçüncü turda, iç ve dış Âlemin, yani Bâtın ve Zahirin bir olduğu idrakine varılır. Dördüncü turda da, iç ve dış Âlemlerin kendi Âlemi olduğu, kendine ait olan ne varsa, bütünselliği içinde eriyerek yok olduğu idrakine varır.

Sahip olduklarından vazgeçmek kolaydır. Hiç sahip olmadığını, bir erdem uğruna terk etmek en büyük azaptır. Cehennemden geçmeden Şems'i görmek ne mümkündür. O azaba atıl. Atıl ki cehennemde kor ateşten yanarken, Şems'in göz parçasında cennetin kadim kaybolmuşluğuna sahip ol ve ondan da vazgeç. Yokluğa eriş, hiçleş.

Beşinci Tur: Zamanın İdraki

AN'da yok oluşla, O'nun her zerresinden yeniden var olmak.

Tüm turların idrakine varan Arif, beşinci turda, zamanın idrakine varır. Artık Arif için, iç zaman ve dış zaman yoktur, iki zaman kalmamıştır. Var oluş dış zaman, yok oluş iç zamandır, artık o iki zamanı teke indirir. Onun için var oluş ve yok oluş zamanları yoktur. Tek bir zaman vardır o da merkez olan, kutup olan AN zamandır. İşte Arif, an zamanda durduğu vakit ölümsüzleşir. Var olan ve yok olan arızi durumdan sıyrılmış, ölüp dirilmeyen, doğup ölmeyen değil de sonsuzluğa eren, ölümsüzlerden olmuştur. Her insanın emanet alarak var oluş ve yok oluş arızi durumunda sonsuz ve kudret İlahî ruh bulunur. Ancak önemli olan o sonsuz ve ölümsüz parçayı tanımaktır. İşte Arif, beşinci turda bu tanımı yapar ve An zamanda, zamanın sahibi ile beraber olur. Artık o zamanlarda bir zaman değil, tüm zamanlarda bir AN olmuştur. Bu makamın diğer adına İbn-i Arabi, ***"Vaktin Oğlu"*** der.

Altıncı Tur: Beka Hâli "Ben var, başka hiçbir şey yok"

Arif, kendi huzurundadır.

Her şeye ayna olan Arif, aynada gördüğünün de kendisi olduğunu idrak ettiği vakit altıncı tura geçer. Artık onun için, diğerleri, kendisi diye bir ayrım söz konusu değildir. O tüm mevcudatı, tek bir bakış olan Hakk bakışı ile görür. Geçmiş, gelecek yoktur An vardır, her şey anda oluştuğu için, An kutbunda, An merkezinde bulunur. Ve tüm eşya ve Âlemler kendinde var olur. Artık o her Âlem ile var olur ve yok olur. Ancak Arif ölümsüzdür, mukarrebundur, yani kutsal ayetlerde belirtilen A'raf ehlidir. A'raf ehli ne cennet ne de cehennem ehlidir. İkisinin ortasında bulunur, yani kutuptur merkezdir ve en yüksek makamdadır.

İşte daha önceki makamlarda, Mevcudat yok ancak Allah var diyen Arif, altıncı turda,

"Mevcudat yok, BEN varım" der.

Arabi bu makama Vaktin Babası demiştir. Sen yoksun, BEN varım. Hiçbir şey yok sadece BEN varım anlamındadır. En yüksek makamdır ki, kutsal ayetlerde "Mekânen Alliyye" olarak belirtilmiştir.

Arif ehli, ne beden, ne ruh, hem beden hem ruh. Ancak her ikisinden de üstündür.

Yedinci Tur: "Mukarrebun" Ölümsüz İnsan

İblis, kendini ortaya koydu, ilim sahibi iken ilmin dışında kaldı. Âdem, kendini ortadan kovdu ilmi ile Hakikatine Arif oldu.

Mevcudat yok BEN varım diyen salihlerden mukarrebun olan yani, İlahî kudretli ölümsüz Arif, tam bir yokluğa erer. İşte burada ne hâl vardır, ne makam, ne cisim, ne ruh vardır. Tüm velilerin "gece" olarak bahsettiği hâldir. Aslında hâl olarak da yorumlamak eksik kalır. Tamamen Yokluk, Hiçlik makamıdır. Buranın tarifi ve marifeti yoktur. Hangi tarif olsa eksiktir. Hiçlik makamında, ne izah vardır ne tarif, mertebe bile denmeyecek bir hâl ötesi hâldir. Burası bütünsel makamdır. Tüm makamların bütünlendiği, birlendiği yerdir. İşte burada Arif Rabb'ini bilir. Ondan sonra da dünya üzerindeki hiçbir inanç ile bir bağlantısı kalmaz. Tüm inanç sistemleri, Rabb terbiye sistemleri Arifin gönlünde yer alır, hiçbiri ile bağlantılı değildir, hepsinin üzerindedir. Çünkü o artık Rabb'ini tanımış, Rabb'i onu tanımıştır. O vakit Hakk'a erer, oradan Allah'a iman eder.

İnançlar üstü bir teslimiyet ve yok oluş ile fena ve beka hâllerini yaşar.

Etrafına baktığında, her gözden görenin O olduğunu, her zerreden bakanın O olduğunu anlar. O her kulak ile duyan, her zerreden bakan, her gözden görendir.

Zamansız ve Mekânsız ancak Mutlak'tır. Bunun dışında her yaratılmış zamana tabidir. Yaratılanlar ile AN arasında her daim bir mesafe vardır. Sadece Arifler hariç. Çünkü Arifler iki zamanın "tek" olduğu 'an'da dururlar. Bu yüzden şöyle denmiştir: Ariflerin yüreği, Miskin'lerin dili, Eren'lerin sıddık'ı, Hak'kın nefesi.

Turlarda, tekâmülde, ruhsal evrimde bir dur durak yoktur. Hiyerarşi sonsuzdur, merhaleler, kat edilecek makamlar, turlar, aşamalar sonsuzdur. Bu yüzden birkaç madde ile yazılanlar aslında çok zorlu, meşakkatli, aşılması çok önemli katmanlardır. Hakk yolu, yürüdükçe açılan, feth olundukça nazar edilen, değişkenliğin yoludur. Çünkü O, her AN ayrı bir şe'ndedir, oluşumdadır, yaratımdadır. İnsan her an yaratılmaktadır, ayrı İlahî isimlerin uğrak yeri, durağıdır. İnsan bedende sabit görünür ancak, her an değişmekte, yeniden yaratılmaktadır. Hakk'ın nefesi her an insan üzerinde bir yenisini "inşa" eder vaziyettedir. Hakk Kat'ında, her bir İlahî yaratım için belirlenen ateş topları olan nur, hedefi için, AN'ı bekler. İnsan her an, bir İlahî isim ile yeniden yaratılmakta, bir diğeri ile yokluğa ermektedir. Arif bir mana adamıdır ve mananın şekli olmaz. Çünkü o, Heyula gibi her surette vurur meydana kendini. Her zerrede, mühür gibidir. Canlıdır ve daima diridir.

Ariflerin Yüreği

İbn-i Arabi der ki, "Tüm kâinatı, Âlemleri toplasan, bütünlesen, bir etsen, Arifin kalbine koysan, yine de Arif bunu fark etmez." Kalbi öyle geniştir ki, tek Hakk sığar da, gayrısını görmez bile.

Kur'an'da destekleyen ayet ise çok çarpıcıdır.

*O size, işitme gücü, gözler ve gönüller verdi. (sem'a vel ebsâre vel ef'ideh) / **Kur'an-ı Kerim, Mülk Suresi, 23. Ayet***

Ayetteki sıralama dikkat çekicidir.

sem'a: İşitme hassası. İşiten.

ebsâre: Gören.

Her göz onu göremez, ama o tüm gözlerden görendir anlamında "Basir" İlahî isimlerdendir.

ef'idete: İdrak yeteneği. Gönül gözü açılmış olan.

Ve ayetin devamında, bunların her biri insandadır, ama her biri için ayrı ayrı hesap verileceği belirtiliyor. Çünkü her biri bir tur, bir realite, bir aşamadır. Rabb'in avazı kulağına dokunduğunda, iç sesini duyarsın, Zahirden derinleşerek içe yönelirsin. İşte o vakit arzdan, semaya kulak kesilirsin. Bu bir aşama, bir turdur. Fizik plândan, derinleşerek semaya yani Bâtına ulaşmak ilk aşamadır.

El basara, yani Hakk'ı, Hakk'ın gözünden gören olmak bir aşamadır. Fenada yok olmak, hiçleşmek manasındadır. Artık bir vücud, çokluk yoktur, birliği ve bütünlüğü algılayan bir "bakış" vardır. Bu da bir aşama, bir turdur.

Fuad yani, gönül gözünün açık olması, idrak yeteneği, en son aşama, en son tur olarak gösterilmiştir. İşte o vakit Arifsindir. Mukarrebun yani ölümsüz insan.

Arifler, dükkânı açmış, ne istersen var içinde. **Pir Sultan Abdal**

Arifin tarifi budur: Arif ne ruhtur, ne beden, hem ruhtur, hem beden, ikisi de değildir, ancak ikisinden de üstündür.

Derya bakidir, Sen "su içmeme" hastalığına yakalanmışsan, ne büyük bedbahtlıktır,

Derya bakidir, Sen su içip de hazm edemezsen, susuzluktan ölürsen, ne büyük kayıb'tır.

Derya bakidir, Sen hâlâ kıyısında dolaşıp Derya'yı arıyorsan? Ne büyük körlüktür.

Derya bakidir, İçtikçe susarsın, susadıkça içersin, İşte, ne Arif kanar suya, ne tükenir debi derya.

Her gözden gören O, her zerreden yine bakan O.

Beşer, parçadan bütüne ulaşır, Arif, bütünden parçaya. Hani diyor ya Arif, "çıktım gökyüzüne seyrettim Âlemi, indim yeryüzüne seyreder Âlem beni". Gökyüzünden bakınca her şey birdir ve asılda hakikattir. Ancak yeryüzüne indiği vakit, tüm

ARİFLERİN YÜREĞİ

İlahî isimler, suretler kısaca tüm Âlemler seyreder insanı. Ancak bilinsin ki, gökyüzüne çıkıp yeryüzünü seyreden de, yeryüzüne inip Âlemler tarafından seyredilen de Hakk'tır. Hakk'ın gözüdür. O her zamanda, AN zamanda, tüm zamanlarda, tüm Âlemlerde o Âlemleri kendi zamanına ve kendi idrakine göre seyreyler.

Sürüler gibidirler, belki daha şaşkın. / **Kur'an-ı Kerim, A'raf Suresi, 179. Ayet**

Şaşkın!. Kâmil insan olmayanın özelliği. Sürüler gibi olması da açıkça belirtilmiştir ayette. Yani birbirlerinden etkilenen, kendi duygu ve düşüncesine hâkim olmayan, "etki" ile yönlendirilen ve hakikatler ile değil "zan"lar ile hareket eden şaşkınlar manasında beşerin tarifidir.

İbn-i Arabi, Futuhat-ı Mekkiye'de, özellikle vurgulamıştır. Her isteyen İnsan-ı Kâmil olamaz. Yani her isteyen Arif olamaz. Hakk, eşit olarak herkese bu hakkı vermiştir, ancak kusur yine insanın kendisindedir. Çünkü şaşkındır. İnsan kendi eliyle verilmiş olan bu yüce istidadı, yani yeteneği yine kendi elleriyle yok etmiştir.

İbn-i Arabi, Futuhat-ı Mekkiye'de, bir mürşide teslim olan, onun ahlakıyla ahlaklanıp, kendi Hakikatine ulaşarak Arif olabileceğini vurgulamıştır.

İnsan-ı kâmil, Arif, bir itikad ile kayıtlı değildir. Ancak mezhepsiz ve itikadsız da sayılmamalıdır. Onun mezhebi ve itikadı "İlahî dilek" ve "nefsül emr"dedir. Açıklaması ise şudur, inancı ve mezhebi mecazî değildir. O Hüdâ mezhebindedir. İnancı Aşk'tır.

ARİF İÇİN DİN YOKTUR

Arif, kendi Hakikatine Arif olunca, dine bağlı kalmaz, ancak din ile beraber yürür.

İki zıttı bir eden Arif için ceza ve bela nimettir. Gökten yağmur gibi, ceza ve bela yağsa, yüzünü bir an için bile yere çevirmeyendir.

İbn-i Arabi, Arifler için iki öneride bulunmuştur: Arif, insanlara akılları ölçüsünde konuşmalıdır.

Arif, hiçbir itikad ile itikadlanmaz ancak yine toplum içinde, bir itikada bağlı olarak görünür. Çünkü bunun aksi olursa öldürülür diye özellikle belirtir İbn-i Arabi. Münafık ve kâfirlikle, zındıklıkla suçlanabileceğinden, kalbini açmaması gerekir. Bu yüzden Arifler, mertebelerdeki hâl ve zevklerini, birkaç cümle ile sembolleştirerek, örterek ve büründürerek aktarmışlardır. O hâl ve zevke müşahede edenlerin anlayabileceği türden ifadelerle sembolleştirerek aktarmışlardır.

Derin bir sevdada olmak,
Aynı anda,
Ruhun ve bedenin,
Cehennemin tutsaklığında,
Alevden bir kora dönüşmüşken,
O'nun gözlerinde, çok kadim bir kaybolmuşluğun Cennetini bulmandır.

Maksat nefs gözüyle değil, Hakk gözüyle görmek. Ama daha da iyisi Hakk'ın gözünden görmek. Nasıl bir hikmet ve kudrettir? Gerçekten idrak edinilseydi, ne dil olurdu laf edecek, ne de beden kalırdı. Zamanı gelince zuhur eden, görünen, sonra AN'da zerrelerce kâinata dağılan, kâinat kalbi ile bir atan bir ölümsüzlük cevherine dönüşürdü.

"Ben'im yeryüzünün tüm kısımlarında tanınan kişi"

O'dur İlahî cevher ile yaratan ve yarattıklarını kuşatan. İnsanoğludur kendini, dar kalıplara sıkıştıran, hüviyet ile adlandıran. Görünenin ardını göremeyen. Kuru bedenine hapseden. Ölümün ve yalnızlığın dünyasında, kim yalnız olmadığını idrak ederse ölümsüzleşecektir.

"Ben'im her istediği şekilde zuhur eden"

Dünya toprağı çekicidir, cazibelidir, kışkırtıcıdır. O çamurda bir kere debelenen, binlerce defa tadını almak ister.

Ama öyleleri ki "O'nlar ne istediğini bilir ne dilediğini de, göklerde arşa dokunur, seyre dalar Âlemleri, bir yandan da arzda dabbe seslerini çınlatır herkesin kulağına." İşte onlar Ariflerdir, hiçbir şeye gereksinim duymazlar. Yaşam onlara akar adeta.

Gönülden Gönüle Nice Yollar Bahş olmuştur. Fethetmesini bilenlere. İki gözüyle görenlere.

O hâl öyle bir hâldir ki. Bir hâli giderir, başka bir hâli getirir. O hâl görünen her zerrede tezahür eder. "Bu dünyada kör olan ahirette de kördür". Bu dünyada Rabb'i göremeyen ahirette de göremeyecektir. O HÂL'leri görmek için göz erdemi gerek.

"Her gözden gören, her zerreden bakan BEN'im." Mana'da bir belirti üzerineyken, Ruhumu, ilim ile bedene gömdüm. Yine bir zaman olacak ki, ilim ile onu o mezardan çıkaracağım.

Zahirde derinleşerek "mana"ya ermek makbuldür. Yoksa tüm Arifleri, tüm velileri, ayetleri sabah akşam okumak kulağa ve göze hitap eder. Kalbi idrak, yataydan başlar ve dikey devam eder. Merhaleler, yatay ile dikey arasında bir yolculuktur. Yatay nedir B kâinatıdır, döşek şeklindedir, fakat altındaki noktadır işin aslı. Orada Elif'in ilk başlangıç noktası olan nokta durmaktadır. Yani Âlemler, fizik Âlemi de dâhil, belli prensiplere dâhildir. B yani yatay plânda da, Hakk daima vardır. Çünkü bir ismi de Zahirdir. Zahir zaten Hakk'tır. Ayrı değildir ki, kopmuş olsun.

Üç kişi geldi, gözleri görünen.
Önceden belirlenen akti,
Yerine getirmek üzere olandı onlar.
Yüklediler O'nu deve sırtına.
"Ne yaptınız? sultanlar sultanı gidiyor"
Dendi arkalarından.
Herkes döndü baktı.
Uçsuz bucaksız çölde,
Ne giden vardı, ne de ayak izi,
Sırra kadem basandı onlar.
Sır olup yittiler.

Kalp

Hakk ancak tüm çizgilerini, resmini, ismini ve hüviyetini imha edene yansır. / **Hilyetü'l-Ebdâl , Muhyiddin Arabi**

Ariflerle ilgili olan kalbin manasını iyi anlamak gerekir. Bahsedeceğimiz kalp, iki göğüs arasında bulunan, kan pompalayan, et parçası değildir. Şöyle bir tanım yapabiliriz; "Yakîn bilirsen, cam-ı cem dedikleri senin kalbindir. Eğer kâinatı görmek arzusunda isen, eşyanın gizlemli bilgisini, o kalp içinde görebilirsin. Baş gözü, kalıp, şekil görür, herkese sır olan şeyi, perdeli olan şeyi ancak kalp gözü görür. Kalp gözünü açabilirsen, bütün eşyayı içi ve dışı ile bir bütün olarak idrak edebilirsin." Burada bahsedilen Arifin kalbidir. Hakikatine ulaşan, nefsini bilen, tanıyan Arifin kalbidir. Çünkü Arif, baktığı her zerrede Rabb'in mührünü görür, eşyanın mahiyetine ulaşır, Bâtındaki amaca ulaşır, neden oluştuğu ve var olduğunun idrakine varmıştır.

Kalp kutsaldır, çünkü orada Hakk'ın rahmeti belirir. Rahmet, İlahî sıfatlardan olduğundan ve İnsan-ı Kâmil de tüm isimlerin bütünlüğü olduğundan, Rahmet de Arifin kalbindedir. Arif Hakk'ın nefsi olduğu için, Hakk kendi nefsine rahmet eder. Hakk'ın kullarına şefkati, O'nun rahmetidir. Hakk Âlemlerden gayrıdır, yani Âlemlerde yer almaz, ancak İlahî isimlerin yansıması ile varlık bulur. Her varlık bir İlahî ismin yansıması ise, Hakk kendi İlahî isimlerine rahmet eder.

Hakk, Arifin kalbine sığdığı vakit, boşluk kalmaz, eşya ile ilgili hiçbir zerre o kalpte yer alamaz. Hakk Âlemlerden gayrı olduğundan, sadece Arifin kalbine sığar, sığdığı vakit, tüm isimleri de türlü türlü tecellilerde bulunur, bu yüzden de gayrısı sığmaz, o kalpte bir daha bir şey yer almaz. Örneğin, yıldızlar gökyüzünde yalnızdırlar ve ışıkları parlar. Binlercesi gökyüzünde bir anda görünür, ancak güneş doğduğu anda hiçbirinin ışığı görünmez olur, çünkü güneş ışığı her yeri kaplamıştır. Güneş ışığı bünyesinde sayısız ışını taşıdığı hâlde, tek bir ışık olarak görünür. Ve var olan tüm ışıklar da güneş ışığı içerisinde erir.

İbn-i Arabi'nin eserlerinde bahsettiği kalp, akıl ve mantık ötesidir. Kalp aklın alamayacağı, akıl yolu ile ulaşılamayacak bir yerdedir. Akıl dünya işleri için gerekli olan önermeler bütünüdür. Akıl sınırlıdır, yanılgıya açıktır. Akıl yolu ile elde edilen tüm bilgiler kısır döngü içerisindedir ve insanı bir yere ulaştırmaz.

Kalp, bir sezgi, derin bir idrak ve algılama işidir. Akıl, dünya ile insanın arasındaki köprüdür. Kalp ise, gizli Âlemleri keşfe çıkılacak ve oradaki hazinelere ulaştıracak bir derinliğe sahiptir. İbn-i Arabi, kalbi bir ayna olarak nitelendirir. Bu yola giren kişi, kalbini bir ayna gibi cilalar ise, o aynada her türlü yansımayı izleyebilir. Kalbini ayna yapamamış, sadece akıl düzeyinde kalanlar ise, gizli dünyalardan habersiz olacaktır.

Arabi'nin bahsettiği kalbin yeri ve makamı, Gayb Âlemi denilen, gizli yani Bâtındadır. Görünen Âlemde sınırlı olan, şekli olan her şey, Gayb Âleminde sınırsız ve sonsuzdur. Bu yüzden kalp sonsuzluktadır ve sonsuzluğu içine alabilecek kadar genişleyebilir.

Dünyada yönelinen her şey, kalbe yönelmeye engeldir. Bu yüzden sufiler, kalbe yönelmek istediklerinde, dünyanın her zevkinden ve eşyanın çekiciliğinden tecrit olurlar. Bir köşeye çekilirler. İçsel manada, dünya etkilerinden arınan kişiler, kalp manasının derinliğine ulaşmaya çalışır. Dünya maddesinin her türlü etkisi, kalp üzerinde bir kirlilik yaratır. Ezoterizmde buna kabuklar, örtü, pas, kirlilik denmektedir. Bunlar gizli Âlemlerin bilgisine erişmede engellerdir. Bu engellerin aşılması için "kendini bilme" çalışmaları yapılır.

Kuran-ı Kerim Kaf Suresi 37. ayetinde "kalbi olanlar" sözü geçer. Birçok surede akıl sahipleri için nice öğütler ve deliller var derken, bu ayette, kalbi olanlar denmiştir. Herkesin et parçasından kalbi vardır ama herkes Rabbani kalbe, İlahî kalbe sahip değildir.

ARİFLERİN YÜREĞİ

Kalp, akıl nurunun bulunduğu yerdir. İnsanlardaki akıl, akıl nurunun parçasıdır. Cüzi yani parça akıl insanı yanıltır. Tam bütünlük kuramaz. Akıl nuru, ateşin devamlı yandığı yerdir. Kalbe yönelen Hakk âşıklarının kalbinde de hiç sönmeyen bir ateş yanmıştır.

İçiniz sıcak ise, en soğuk kutuplarda bile kalsanız, ısıtır teni. Korkmayın yakın içinizdeki Nar-ı Aşkı, o sizi daima ısıtacaktır iki cihanda. İnsan Aşk ateşinden korkmamalı, Tennur ateşini daima harlı tutmalıdır.

Kalbe ulaşmaya çalışan kişi bunun için bir çaba harcayacağı gibi, kalbe ulaştıktan sonra da kalp aynasını iyice parlamasını sağlayan çalışmalar içine girecektir. Bu çalışmaları ileriki bölümlerde detaylı olarak işledik.

Cüzi akıl, sınırlandırır, kaba koyar, ölçer ve tartar, bağdır ve şekillendirir ve şekilde sabit kılar ve kayıt altına alır. Kalp, hâlden hâle geçer. Her hâlden hâle geçişte, şekillenen sabit kalmaz, değişkendir, sınır koymaz, sonsuz bir dönüşümü, her an yaradılış üzerinde izler, kayıt altına almaz.

İlahî oluşlar, asla sınırlandırılmaz. Eğer sufî, kalbine ulaşmış ise, bu İlahî oluşları, her an yaradılışlarını seyreder. İşte bu seyredişlere hâl denir. Hâl gökyüzünde şimşeğin çakması gibi, ışıldar ve kaybolur. Hâller makamların kapısını açması için birer işarettir. Hâl Hakk'tan gelir, makamlar ise insanların çabaları ile ulaşacakları gizlemli anlamda realitelerdir. Makamlarda yani realitelerde yaşanan her şey bir hâldir. Hâller makamlar içinde yaşanır, ancak sabit kalmazlar. Her makamın, realitenin başlangıcı ve bitişi vardır. Her makamın ilmi vardır, her hâlin de işareti bulunur. Hâller işaretlerle, bir makam kapısını aralar ve diğerine yolculuk ettirir.

ARİF İÇİN DİN YOKTUR

Kalp yoluna ulaşmaya çalışan sufînin, makamlarda hâller yaşaması onun tamamen çabasına bağlıdır. Kendini dünyasal etkilerden ne kadar sıyırabilirse, bunu başardığı oranda ilerleme kaydeder. Hiçbir itikad ile kayıtlı kalmadığı sürece de bunu başaracaktır. Akıl ile kayıt altına aldığı her seferde de, cayma yaşayacak ve yine dünyasal etkilere dalacaktır. Bu onu geriletmez, her seferinde yeniden yolculuğa başlanabilir. Hiçbir zaman nihai bir bitiş ya da başlangıç yoktur.

Arif bu Âlemde ne vakit kendi çabası ile tasarruf edecek olsa bu kendi hür seçimi ile değil, ancak İlahî emre ve cebre uymasıyladır. / **Fusûsu'l Hikem, Muhyiddin Arabi**

Zanlar

Kutsal kitapta kalp sahipleri için bir öğüt vardır, ancak akıl sahipleri için değil. Çünkü akıl bağdır, bağlayıcıdır. Kalp ise geniştir ve İlahîdir. Akıl dünyevi ve sadece açık olanı görür, zan üzerine yorum yapar. Beşer aklı "zan"larla doludur, oysa Arifin kalbini Hakk kuşatmıştır.

Fizik Âlemi, akıl ile idrak etmek isteyenler için İlahî kelâmlar, velilerin ve nebilerin özlü sözleri bir ölçü ya da nasihat değildir. Ezberden, okumaktan, içe doğan zevkli hâllerin ötesine gitmez. Akıl yanıltır, şaşırtır. Hatta kimi için gereksiz, kimi için de çok harika gelir. Bu zanlara düşme durumu, onların, her şeyi akıl ile idrak etmesinden kaynaklanmaktadır.

ARİFLERİN YÜREĞİ

"Onlar kördür" iki cihanda da kör olurlar. Buradaki körlük kalbi körlüktür, kalbi kör olan akıl sahipleridir. Ancak kalbi gören, yani gönül gözü açık olanın da aklı ona yardımcıdır.

Herkes kendi inanç sisteminde yarattığı "zan"ların doğrultusunda bir "ilâh" geliştirmiş yani herkesin zihninde yarattığı "Rabb" onun "ilâhı" olmuştur.

İbn-i Arabi'ye göre; "itikad sonunda, yani dinlerin bittiği, kıyamın koptuğu anda, tüm "ilâhlar" da insanların zanları ile birlikte yok olduğunda, ortada ne kalacaktır? Sadece Hakikat. Ancak insan hakikati, bedende iken tanıyamamış, keşfedememişse, yok olan ilâhlarını gerçek zannetmiş ise, işte o zaman başıboş kalacak ve neye uğradığını şaşıracaktır. Şaşkınlıktan, ne yapacağını bilemeyecek hâle gelecektir. İşte asl olan, Hakikati kendi bedeninde iken bulma, tüm ilâhları yani zanları öldürerek, asıl Hakikatini keşfetmektir."

İbn-i Arabi der ki, ***"Belli itikadlar, empozeler, öğretiler çerçevesinde bağlı kalarak yaşayanlar, diğer sistemleri beğenmezler ve sevmezler."*** Ancak günümüzde, aynı itikad, empoze ve öğretiler içerisinde bile ayrımcılık, farklılık ve çeşitliliğin hoş görülmemesinden kaynaklı, insanların birbirlerini sevememesi durumları yaşanmaktadır.

Her bir akıl sahibinin zihnindeki zanna göre bir "ilâh" anlayışı, insanların nefesleri kadardır. Bu yüzden zan üzerine oluşan, gelişen, beslenen "ilâh"lar birbirlerini beğenmezler, sevmezler, birbirlerini tasdiklemez ve onaylamazlar. Bu yüzden dünya üzerinde ne kadar insan var ise, insan sayısı kadar onların "zan"larında oluşan bir "ilâh" vardır. Zan üzerine oluşan "ilâh"lar aslında arızidir yani gölgedir, aslı yoktur, hakikat değildir. Sadece insanların zanları üzerine zihinlerinde şekillenmiştir.

Zanlar üzerine icad edilen bu "ilâh"lar, sürekli ihtilaf yani savaş hâlindedirler.

İnsan zanları üzerine nefes harcar. Her bir nefeste bir zan üretir. Sürekli tekrarlananları belki o an aklı idrak edemeyebilir, ancak bir an gelir ki, o an tekrarlananlardan birinde, nefesindeki zandan arınarak, Hakikati yakalayabilir. Hani derler ya, aydınlanma bir anda gerçekleşti. Bir anda değişiverdi. Bin nefeste uyur, ancak içinden bir nefeste zandan arınmıştır o an ve her şeyi apaçık görür, şahit olur, birden değişiverir. Bilimsel manada, kuantum sıçramadır. İnsanın aydınlanması böyle gerçekleşir. Artık o bir an için de olsa, akli idrakten öteye geçmiş, kalbi idrak ile zevk olmuştur. Bu zevk olma hâlini tekrar yakalayabilmek için bu hâlin peşinden koşar ve benzerini arar. Ve bu kalbi idrakler sık sık tekrarlanmaya başladıktan sonra da gerçek bir uyanış ve kuantum sıçrama gerçekleşir. Artık o eski insan değildir. Bunu binlerce kere yaşamış ancak akli idrak edip zanlar içinde boğulduğu için fark edememiştir.

Ancak bir anlık bir farkındalık, bir anlık bir kalbi gözün açılması ile binlerce kere aldığı nefese eş değer "tek bir nefesi" içine çekmiş ve tüm zerrelerine kadar güneşin ışığı ile dolmuştur.

Arif, hiçbir itikadı, hiçbir inancı, hiçbir görüş, felsefe, bilgi ve empozeyi reddetmez. Onun içine girer ve orada onu kabul eder. Yine ayrı ayrı da olsa, birbirleri ile savaş hâlinde de olsalar, aslında hepsi bütünsel olarak yine aynı plâna bağlıdırlar. Fakat tek sorun, zanlar üzerine oluşmalarıdır. Gerçek değillerdir, arızidirler.

Ariflerin Manevî Seferi

Seyr içindeki seyr, sefer, manevî yolculuktur. Zahirden Bâtına yolculuktur. Fizik plândan, manevîyata yolculuktur. İçselleşmedir. Farkındalıktır. Uyanmadır. Aynadaki suretin sen olduğu değil, aynaya bakanın "sen" olduğu, aslında bir "sen" olmadığı, O'ndan gayrı hiçbir şeyin olmadığının idrakine varma yolculuğudur.

Her bedenlenen insanın, İlahî Zat olan Öz'de bir Hakikati vardır. Hakiki insan oradadır. Fizik plânda "cisim"lenen, aslında Hakikatin gölgeler olarak yansımasıdır. İbn-i Arabi eserlerinde bunu şu şekilde yorumlar "gölgelerin, gölgelerin, gölgesinde". Fizik plânda insan olarak cisimlenen varlık, aslında Hakikatin gölgelerin gölgelerin gölgesinde olan bir yansımadır. İşte o gölge, kendi gölgesini keşfedecek yolculuğu ancak, fizik plândan içe doğru bir akış ile yapabilecektir. Bu yol çetindir, meşakkatlidir, ateşten gömlektir, yarı yolda takat kesintisini asla kabul etmez.

Yolda yalnızdır insan. Bu yüzden denir ki "Muhabbet güzeldir, ancak Aşk yolu, Hakk yolu yalnızlığın yoludur. Yakînlikteki yalnızlıktır. Arifler yakînlikteki yalnızlıktadır. Tüm mevcudiyeti içlerinde bulunduğu, tüm kâinatı kapsayan bir yakîn olma durumunda yalnızlıktadırlar."

İbn-i Arabi bu yolculuğu **"Zatın kendinden Zata, İlahî Dalgalanma"** olarak tanımlamıştır.

İlk Sefer: Öz'den Cisme yolculuğu

O'ndan yolculuğu

Her insanın Öz'de bir hakikati vardır. Hakikatin dünyada beden içinde bir hayat bulması için, çeşitli aşamalardan geçmesi gerekir. İşte bu aşamalara İbn-i Arabi, yolculuk, sefer adı verir. Bâtından Zahire, görünmeyenden görünene, gizliden açığa giden bir yolculuktur.

İlk şekil, Bütünsel Akılda belirlenir. İşte o belirtiye İbn-i Arabi *"İlahî ilim"* ya da *"İlahî ayna"* adını verir. Orada belirli bir zaman kalır, terbiye olur, hayat plânı, şartları belirlenir. Olayların seyri ve nasıl olacağının ilk şekillendiği yer bu İlahî aynadır. Ezoterizmde buna *"hayat plânı"* adı verilir. Hayat plânı belirlendikten sonra, Bütünsel Nefse gelinir ve orada kendine emanet olan nefs verilir ve İlahî parça olan ruh emaneti alınır. İşte bundan sonra yolculuk arşa, kürsüye, göklere, "Ay"a gelir, "Ateş, hava, su ve toprak" kürelerine ulaşır. Toprağa ulaştığında, maden, hayvan, bitki ile yol bulup insana ulaşır, oradan bir "Rahim" vasıtası ile can bulur ve dünyaya doğum yolu ile aktarılmış olur.

Kendi sureti ile yaratıp, tabaka tabaka geçirip, aşağıların aşağısına atılan insanın yolculuğu, Arapça'da "Yedi harfi olan V harfi" ile gösterilir. Kutsal Yedilinin "iniş" sembolüdür. Ve bu tekrarlanan yedi olarak bildirilmiştir.

Önce en güzel şekilde "halk" edilen yani şekillenen, sonra da aşağıların aşağısına "Reddedilen" insanın yolculuğudur.

İbn-i Arabi, insanın bu yolculuğunda, toprağa ve oradan rahim ile doğduktan sonra artık kendini "sadece beden" olarak görmeye başlarsa ve aslını hakikatini unutur ise, hiçbir çaba harcamaz ve sadece o makamda kalır ise, kendi nefsine ve hakikatine Arif olmaz ise, şaşkın, cahil ve sürüden farkı olmayacağını belirtir. Çünkü ayetlerde özellikle belirten "sürüler gibidirler, belki daha şaşkın", ya da "alınlarından sürüklenenler" "yeryüzü onlar için beşiktir" ifadeleri işte kendilerini bedenden ibaret görenler için kullanılan tabirlerdir.

İkinci Sefer: Terbiye ve Görüş Seferi

O'na yolculuğu

Bir rahimden doğarak bedenlenen insanın, kendi nefsine, kendi Hakikatine Arif olması yolculuğudur. Yaşarken, beden içindeyken, bedende derinleşerek Bütünselliğe, Bütün Akla ve Hakikate ulaşmasıdır. Bu da ancak İbn-i Arabi felsefesinde bir "mürşide" tabi olmak ile mümkündür.

İbn-i Arabi, reşid olmak isteyenlerin, dünyanın çekim alanından kurtuluşu, nefsin terbiyesi için bir öğreticinin mühim olduğunu ve bunun bir "velayet" mertebesi olduğunu açıklar. İşte burada "semavi dinler" öğreticidir. Dinlerin asıl amacı, insanın hakikatine ulaşmada, terbiye olmasında bir "öğretici" yol gösterici olduğudur.

İbn-i Arabi, ikinci seferi şöyle yorumlar: **"Hakktan halka, halktan Hakk'a"** yolculuğunun ikinci halkası olan bu mürşide tabi olma hâli, en tehlikeli olandır. İçsel yolculukta, hayret içinde "zevk hâlleri" yaşan insan, dünyasal çekim alanlarına kapılıp, nefsi terbiye edemeden, nefsaniyete düşebilir. Kılıçtan keskin yol ifadesi budur. Hakk yolu çetindir, zordur. Hayret ve Aşk içinde olan yolcu, eğer "birliği" yakalayamaz ise, yani halkayı tamamlayamaz ise, işte o an bu halkanın döngüsünde takılı kalır. İbn-i Arabi'ye göre ise "ayağı kayar". Bedende iken, dünyanın çekim alanında kalmak da, yine bedende iken Hakk güzelliği içinde kaybolmak da tehlikelidir. Bedende iken ölen tekrar o bedende dirilmek zorundadır. Yoksa "halka" tamam olamaz. Sevgi ve Aşk ile o halkayı birlik idraki ile tamamlaması gerekir. Beden içinde ölen ancak tekrar o beden mezarında dirilerek ölümsüzlüğe ulaşması yani Arif olması gerekir. Bunu dünya üzerinde çok az kişi başarabilmiştir. İkinci seferinde "Hakk"ta kaybolan, başarı ile geri dönüşü sağlamalı ve halkayı tamamlamalıdır.

Bedenindeyken nefsini terbiye edebilen, nefsaniyetten kendini kurtaran, dünyanın çekim alanından uyanan, nefsine oradan Bütünselliğe ulaşan, kendini gölgesini keşfeden, hakikatine ulaşan için artık üçüncü sefer başlamıştır. Yok oluştan Var oluşa doğru yolculuk devam edecektir.

Üçüncü Sefer: Dirilme

O'nun yolculuğu

İçsel yolculuğunu tamamlamış olan Arif, Hakk'tan halka dönüş yapar, bedene bürünür, örtünür ve beşeriyet örtüsü ile halk arasına karışır.

Bu yoldan sonra, adil, adaletli, irfan sahibi, istikametini bilen, cihetini yani yönünü bulan, nereye baksa Hakikatini gören, barış ve huzuru daim olan Arif olmuştur. İşte bunu İbn-i Arabi "daimi namaz" içinde olmak olarak yorumlamıştır. Ve şunu önemli açıklar "Daimi Namazı, görünürde halk ile gizlide Hakk ile".

İbn-i Arabi'ye göre bu yüzden Arifleri anlamak zordur. Çünkü "görünüşte ibadeti çok olan kâmil zannedilir" oysa "gerçek kâmil, içsellikte Hakk ile olmak, dışta halk ile olmaktır". Ve devam eder açıklamasına "Kâmil insanı ancak kâmil insan anlar. Arifi tarif etmek zordur. Arifi ancak Arifler anlar".

Arif, görünürde halk ile gizlide Hakk iledir. Bedende görünen, içsel olarak hakikatine Arif olmuş, tekrar bedene bürünerek "bedende" görünmüştür. Bedende görünen Arif Hakk ile beraberdir. Hakk ile beraber olmak, Hakikati ile yani Hakk katındaki asli görüntüsü öncesindeki gerçeklik ile karşılaşmış, ona ulaşmış manasındadır. Hakikate eren Arif için bir inanç sistemi yoktur. O tüm inanç sistemleri ile beraberdir ancak hiçbiri ile ilişkili değildir.

İbn-i Arabi felsefesinde, *"Hakk hükm etti, kendisinden başkasına ibadet edilmesin"* **(Kur'an-ı Kerim, Yusuf Suresi, 40. Ayet)** ayeti önemli bir yol göstericidir. İşte bu yüzden İbn-i Arabi, Arifi sadece "Hakk'a ibadet eden" olarak tanımlar.

Hakk'a ibadet ise, hakikatine ulaşıp, kendi gerçekliği ile karşılaşan anlamındadır.

Kendi hakikati dışındaki her şey, puttur, şekildir, arızidir, saptırıcıdır, sadece maddeye, şekle ve arızi olana yönlendirir.

İbn-i Arabi, her oluşun, meydana gelişin, var oluşun aslında İlahî İrade ile gerçekleştiğini bizlere anlatmak istemiştir. O an hangi İlahî isim ile var oluş gerçekleşmiş ise, biz uykuda olduğumuz ve Hakikati bilmediğimiz için, sadece olana konsantre olduğumuz için, her şeyin bir ceza ve mükâfat olduğu ikileminden kurtulamadığımız için, yanlış yorumlar ve "zan"-lardan kurtulamayız. Çünkü bu zanları oluşturan yine kendi inancımız, empozeler, bilgimiz ve aklımızdır.

Uykudan uyanmak, her oluşun aslında İlahî irade ile oluştuğunun farkına varmaktır. O an hangi İlahî isim etkisi altında isek, meydana gelen olay hangi İlahî isim ile var oluşta ise, bize ters gelebilir, "bela" olarak nitelendirebiliriz, "bir ceza" olarak görebiliriz. Oysa her şey İlahî iradenin kontrolü altında, bir düzen ve ölçü, denge ile meydana gelmektedir.

İşte içselleşerek, Zahirden Bâtına doğru yolculuğumuzu tam edemezsek, her şeyi "zanlar" ile görmeye yorumlamaya devam edecek, yanılgılardan kurtulamayacağız. İbn-i Arabi felsefesinde "cehennemde ebedi kalacak olanlar" olarak tabir edilen budur. Dünya çekim alanından hiç kurtulamayarak, inançların verdiği zanlar ile hareket ederek, zanların oluşturduğu yanılgılar dünyasında uyanamaz ise, olduğu yerde kalacak, döngüyü tamamlayamayacaktır.

Döngüyü tamamlayan için İbn-i Arabi şu tabiri kullanır *"Zat-ı Ayna"* ve *"Zat-ı İnsan"*. İşte Hakikatine ulaşan ve beden içinde uyanan için, bütüne eren için, İlahî isimlere ayna olanlar Ariflerdir.

Kendi zamanında olanlar beşerler, kendi zamanını terk edenler ise Ariflerdir. Yeni Çağ insanı Ariflerin çağıdır. İbn-i Arabi buna yüzyıllar öncesinden işaret etmiştir. Yeni Çağ, uyanış çağı, kova çağı olarak adlandırılan çağ, Ariflerin çağıdır. Kâinat bir kitaptır ve en büyük kitap insandır. Ve o kitapları okuyan Ariflerdir. İnsanın her bir zerresi ayettir ve dokunmuştur İlahî dokunuşla. Her bir okuyuşta hayrete düşer Arif, seyr içindeki seyri hiç bitmez. Çünkü hayret hiç bitmez.

Arif hâller içinde "hâl"dir daima. Seyr içinde seyr hâlindeyken, aslında varılacak hiçbir yer olmadığını idrak ettiği bir hâldir.

Arif söyler, insan anlamaz, çünkü o her an bir oluşumda gördüğünü hayret ile bir avaz ile aktarır. Ve herkes bundan sebeplenir, okur, sevince boğulur. Ancak yol açmaya, yoldaş olmaya yeterli midir? Herkes kendi yolunu kendi açar, o yoldaki taşları tek tek kendi gayreti ile toplar, Arif örnek olur. O hâl, Arife özeldir ve onun artık sırrıdır.

Huzur'unda iken, zamanın neredeyse akmadığı, Mekânın ise sadece bir manadan ibaret olduğu An'da. Kim bilir kaç defa yaşanmıştır bu an, kullarınca, İstenecek şeyler sıralanmıştır bir bir zamanın aktığı anda, Ama unutulur Huzur'da, o zamansızlıkta.

Gölgelerin diyarında kendi gölgeni bul ve yüzünü döneceğin yeri bil! Toprak insanı ne istediğini bilir, ne dilediğini de! Gökyüzü eri Arif, o zaten kendi huzurundadır.

Arif kendi huzurunda iken, tam o an. Dilemesi ne yöndedir? Hiçbir şey dileyememek nasıl bir duygudur? Dil dönmez, akıl işlemez, yürek ise sadece O'na çarparken. İstenecek her şey manasızlaşır. Ne dilenecektir Asla kavuşmaktan başka.

O kime dokunacağını, kimden konuşacağını, kime konuşacağını çok iyi bilir. Kimi uzak diyarların ötelerinden gelir ve bilir, kimi de Rahmanın iki eli arasında olan kalbinin çevrilmesiyle gerçekleşir. Diğerleri peki? Onlar taklittedir. İdrak eden Arif BEN dediğinde, kâinatın her zerresi titrer.

Arifin, "fena" yani yok oluş seyrinde, Hakk'ın Birliği'ni, Kendi Hakikati, kendisi ve Âlemlerde gözlem ve müşahedededir. Kendi bedeninden içeri doğru, içselleşir. Dıştan içe doğru bir yolculuktur bu yok oluş hâli.

Beka seyrinde ise Arif, perdeleri kaldırmış, ulaştığı kendi Hakikati üzerinden, Hakk'ı, İlahî isimlerindeki oluşları ile yaşayandır. Ehlince beka seyri İlahî ahlak üzeri yaşamak ve beka Âlemlerinde de müşahedelerde bulunmak anlamında da kullanılmıştır. Beka hâli içten dışa doğru bir yolculuktur. Tüm zerrelerde İlahî isimlerin varlık bulmasını, oluşlarını izler ve manalaştırır.

Fena seyri ve bekâ seyri ise Ariflerin, "Varlık Seyri"dir. Varlık seyrinden elde ettiği sır, Arifin "şahsını, şahsı tanır" bilgisidir. Hakk'ın varlık bilgisine ulaştığı an, "marifetullah" olarak adlandırılır. Arif, şahsından şahsını tanır. Yani kendi nefsinden, Hakk'ın nefsini tanımış olur.

Müşahede ve yakînlik makamlarında "mahabbet"te seyr etmenin tamamı fena makamlarında seyr etmektir.

Hakk ile varlık bulmanın makamlarında seyr etmek ise beka makamlarında seyr etmektir. Kendi nefsini, Rabb'ini, Hakikatini tanıyan Arif, kendisinin Hakk olduğu sırrına ulaşır ve içten dışa doğru açılım ile fizik plânlardaki tüm oluşların, tüm zerrelerin, Hakk ile nasıl yaratıldığına şahit olur.

Müşahede ettiği varlık seyri bir "tecelli"dir. Kalbi imandır. Arif kutupta yani kendi merkezindedir. Kendi Kutbundan, oluşların hayranlığı ve kalbi zevk-i hâllerinde ise hayrette, seyr hâlindedir.

Biraz daha açmak gerekirse, AN zamandaki kutba oturan Arif, iki zamanı tek etmiştir. İşte An zamanın merkezine oturduğu vakit, kalbine doğan Hakk'ın imanı ile Hayret seyrindedir. Hakikatin verdiği sarhoşluk ile fena hâli içinde yani yok oluştadır. Bâtında kendi hakikati ile Hakk hakikati bir olmuştur. Aynı zamanda, fizik Âlemlerde olan tüm oluşların, her zerrenin İlahî isimler ile yaratılıp, yok edilişine şahitlik yapar ve bunun hayranlığını seyr eder.

Fena ve Beka hâlleri arasındaki seyr, Arife ölümsüzlük vermiştir. Artık o Hakk'a yakîn durumundadır.

ARİF İÇİN DİN YOKTUR

A'raf Ehli

Yüce olmaktan korkma!. Bu sana kibir kazandırmaz. Birlik sırrına vakıf ve Hakk'ın hizmetinde ol daima.

"Araf", "Arif" kelimesinin topluluğudur. Araf ehli demek, Arifler anlamındadır. Kur'an-ı Kerim'de, Araf ehli için, cennet ve cehennem arasında bulunan en yüce makam, şerefelerdir denir.

Daha önce de tanımlarını yaptığımız gibi, iki zamandan bahsetmiştik. Var eden isimler ile Yok eden isimler, Yine Hakk İlahî isimleridir. Bu insanoğlu tarafından, cennet ve cehennem olarak bilinir. Cennet, var eden, güzellikler veren, cehennem ise yok eden, yıkan, cezalandıran anlamındadır. İşte Arifler, Var ile Yok arasında bulunan ölümsüzlerdir.

Hakikatte Sevgi içindeysen, nefs bedenin ölür, Tanrısal parçanın var olduğu ölümsüz ve erdemli bir vücuda sahip olursun. Tüm zamanlarda, bir zaman içinde var olursun.

Mukarrebun olarak bilinen ölümsüzler, Allah'a en yakîn mekândadırlar. Ayetlerde bu "Mekânen Alliyya" olarak geçer. Yani en yüce makam, en yüce mekân, Allah Zat'ına en yakîn olma durumu. İki yay uzaklığı, belki daha yakîn olma durumudur.

Şah damarından yakînım da kullanılan "karibun" kelimesi "yakîn" anlamındadır. Yani İlahî Kudret, her varlığına karib'dir, yani yakîndır. Kişi ile kalbi arasındadır. Ancak kişi bu yakînlığı idrak ettiği vakit Arif olur, yani Hakk ile insan arasında karib iken, Arif ile Hakk arasında mukarrebun, "yakîndan daha yakîn" makamına yükselir.

Artık ölümsüz parça ile karşılaşan, tanıyan Arif, Mekânen Alliyya makamına yücelmiş, Araf Ehli'nden olmuştur.

Yakîn

İbn-i Arabi, "yakîn" durumunu, her türlü şüphe, korku, ıstırap, endişeden uzak bir makam olarak görür. Yakîn olanı ne uyku tutar, ne açlık, ne korku, ne de sıcaklık ve soğukluk. Yakîn mertebesi, tam bir sükûnet hâlidir.

İbn-i Arabi'ye göre, hiçbir yaratılmışlık bu yakînlık mertebesine ulaşamamıştır. Varlık, her an yeni bir oluş üzerine yeniden yaratılan ve her an değişime ve yenilenmeye uğrayan bir yaratılmışlıktır. Bedende bulunduğundan, bedeni ihtiyaçlarını karşılamak durumunda, ayrıca duygusal hezeyan ve duyusal özelliklere de sahiptir. Varlık manası, her an yeniden bir yaratılışa ve değişime uğramaktadır. Ve bu yaratılmışlığın dışına çıkarak, kutb'da olması imkânsızdır.

A'RAF EHLİ

Bahsedilen yakîn mertebeleri, hakiki yakîn manası değildir. Yakîn olmak, derin bir sükûnettir. Diğer üç mertebede, yine de sorgulama, soru, cevap ve hâl yaşanmaktadır. Beden sahibi olan her yaratılmış, yenilenme ve her an şende olan yaratılmışlıktan uzak değildir. Bu yaratılmışlık içinde iken hakiki yakînliği hiçbir vakit elde edemeyecektir. Yakîn mertebelerinde, şahit olma devam etmektedir. Ne vakit şahit olma hâlinden çıkacaktır, hakiki yakînliğe ulaşılacaktır.

İbn-i Arabi Futuhat-ı Mekkiye eserinde şöyle bir örnek verir. *"İnsanlar Kâbe'yi Mekke'de bilirler, emindirler, varlığından şüphe etmezler, lâkin gidip görmezler ise işte bu İlmel Yakîn hâlidir. Sonra bizzat gidip Mekke'de Kâbe'yi ziyaret ederler, duyusal manada hiçbir şüphe duymadığı yeri, gözleri ile görürler, işte bu Ayn-el Yakîn hâlidir. Tam o sırada Hakk, basiret gözünü açar ve gönül gözü ile Kâbe'nin hakikatini müşahede ederler, diğer tüm binalardan farklı bir yapı olduğunu idrak eder ve asıl yapının gönüllerinde olduğunu anlarlar ve bu hâli Hakk gönüllerine şimşek gibi çakarak bir hâl yaşatır, işte bu Hakk-el Yakîn olma hâlidir."*

Hakiki anlamda yakînlik ise, bizzat Hakkta erimek ve her istediği bedende gözükmek, ihtiyaçlar oranında ortaya çıkmak ve yine olmadığı anda Hakk'a varmak anlamındadır. İşte bu bedensel bir ışınlanmaya benzetilebilir. İstediği an, Hakk makamından ışınlanarak, istediği bedende, kişinin ihtiyacına göre görünmek ve yine işi bitince makamına geri dönmek maksadı ile oluşan bir yakînliktir. Bu yakînlik hâli, Hızır ile anlatılmıştır. Hızır bir heyula gibi, istediği bedende görünür, ihtiyaç anında ortaya çıkar, insanın ihtiyacına göre şekillenir ve yine ortadan kaybolur. Sadece insan olarak değil, istediği her şekilde görünür.

Sen buradasındır, Kendi Yaşamının Zamanında, Ben Tüm Yaşamların Zamanında Ve An'da dolaşırım Kâinatı Gelir dururum tam karşında Hep oradayım sanırsın da! Bilemezsin Nedenini!

İbn-i Arabi, "yakîn gelene kadar Arif, emniyette değildir" anlayışını vurgulamıştır. Yakîn gelmeyi ise Kur'an şöyle açıklar: "Yakîn gelene kadar Rabbine ibadet et."(Hicr/99) İşte burada İbn-i Arabi felsefesinde, yakîn gelinceye kadar Rabb'e tabi ol, yani inanç sisteminde ol, din hükmünce yürü anlamındadır.

Yakîn gelmek ise, tamamen Zat'a ermektir. Yukarıda açıklamasını yapmaya çalıştığımız Zat-ı insan, yani cevhere ulaşmış Bütünselliğe erişmiş Kemâl İnsan anlamındadır. İşte yakîn olmak, "mekânen alliyya" olarak nitelendirilir. İşte o makamda göz ne başka yere bakar ne de yolunu şaşırır. Sadece hakikatini görür. Doğruluk giysisini giyinmiştir. İnançların putları ya da ilâhları ile zanları ile değil, Hakikatin Gerçekliği ile hareket eder. İşte orada yalan yoktur, şaşma, şaşırma yoktur, sadece Hakikatin Işığı vardır.

"Yakîn" olma, Nefsine ve Rabb'ine Arif olmadır.

İbn-i Arabi, yakîn olma durumu; ilim ile yakîn olma, ayn ile yakîn olma, Hakk ile yakîn olma olarak ele almıştır.

Hakikate İlim ile Erme

Arifler, O'nu görür gibi bilirler. Ne yaptığımı Bil'iyorum, Ne yapacağımı da... Kayıblık sadece O'ndan bir AN'lık ayrılıp Vücuda gelmektir. Sonra dönüş yine O'na değil mi?

Tüm oluş bitişten haberdar, ilim ile farkına varma, uyanma ve erme hâlidir. "Bil"me hâlidir. Her şeyin farkındadır insan, bilir, neyin ne olduğunu, amacı bilir. Ancak yaşamaz, hissetmez, görmez.

Hakikate Ayn ile Erme

O'nu Kendi gözlerimin içinden Dünyayı seyrederken Bildim.
Hakikati hissederek yaşamaktır. Görmek, müşahede etmektir. Makam ehli vardır, müşahede ehli vardır.

Her makamın zevk hâlini yaşar, kimine de her makamın müşahede izni vardır. Müşahede ehline, her makamı görme ve anlama yetkisi verilmiş. Müşahede ehlinden kimi de müşahede eder, kimi de tercümanlık eder, aktarır. O makamın "zevk-i hâl"ini tadar ancak yaşamaz.

Hakikate Hakk ile Erme

Yaklaş!, Daha yakîn gel!
Tahakkuk etme, idrak etme, Hakk gözünden görme, Hakk'ın yeryüzündeki yürüyen eli, ayağı olma hâlidir. Hakk'ı Hakk ile bilme, tüm Âlemleri Hakk'ın gözünden görme, anlama, bilme ve bizzat yaşama hâlidir. En yüksek makamdır. Buna "Mekânen Alliyya" mertebesi denir. Ölümsüzler, karibun olanlar, mukarribe olma hâli, en yakîn, iki yay uzaklığı belki daha da yakîn olma hâlidir. Ölümsüzdür. İlim ile bilme, ayn ile

görme hâllerinin dışında, yaşar. Tahakkuk ettirir. Tasarruf eder, hükmeder, sahiptir ve sadıktır. Artık hem bedenlidir hem değildir. Bedene bürünür ama aslında şekli ve cismi yoktur. İstediği gibi, var oluş ve yok oluşa katılır, katkıda bulunur. Ezel ve ebedi bilir, neyin ne olduğu amacını bilir ve yaşar. Buna en güzel örnek, cismi bedeni yok fakat tüm cisim ve bedenlerde görünecek kudrete sahip "ölümsüz" olan Hızır'dır.

Ariflerin İmanı

İbn-i Arabi der ki *"Ariflerin imanı, Rabblerin Rabbi'nedir. Rabb'e ulaşan, Rabblerin Rabbi'ne oradan da Allah'a ulaşır, sadece Allah'a ibadet eder".*

İlim ile idrak, müşahede yani görüş ile idrak ve en son Hakk ile idrak sonuçlarında "yakîn" hâline erişen Arif, özellikle belirtilen "iki zaman"dan yani ümid ile korku zanlarından, ikilikten kurtulur ve Bütünlüğe erer. İşte kutsal ayetlerin işaret ettiği "hidayet" budur. Ezoterizmde uyanış, erme hâli budur. Tasavvufta "Hakikate erme" hâli budur. "Hakkani göz, Hakkani kulak, Hakkani lisan" ortaya çıkmıştır.

Tüm aşamaları geçen, İlmi, Ayni ve Hakkel yakîn olma hâllerine ulaşan, Mekânen en üst makama ulaşan, yücelen Arif, "Rahman Nefesi olan" "HU" dediği anda, "O kendisi" belirir. İşte bunu ifade eden tüm "ulaşanlar" katledilmişlerdir.

Hakkel Yakîn makamına ulaşıp tasarruf sahibi olan Arif "Hu" dediği vakit, İlahîliğin nefesini yeryüzüne indirmiş, bizatihi "O kendisi" olarak.

A'RAF EHLİ

Tüm makamları geçen, Hakikate ulaşan, tekrar bedende dirilen Arif, yakîn geldiği anda en yüce makama erişerek yüceleşir ve bir nefeste O kendisi yaratıcılık sıfatı ile işaret bulur, yeryüzünde parlar, tüm nuru yeryüzüne akar. O ancak yakînen yücelen bir Arif nefesinden bunu yaratır. İşte gerçek Âdem makamı, Kâmil insan makamı, Büyük İnsan makamı budur. Arif nefesi, gizlinin sıcak havasının, açığa çıkması, açığın soğuk havasının gizlideki sıcak havasına dönmesidir. Eskilerin "dünya erenlerin yüzü suyu hürmetine döner" anlayışının temelinde bu yatmaktadır. Arifin nefesi, dünyayı besler, O'nun sıcak ve rızıklı, bereketli nefesini dünyaya aktarır, tekrar alır ve Bâtında dönüştürür. Gizlide dönüşen, bereket ile yoğrulan hava yine Arifin nefesi ile gizliden açığa çıkar.

"Hu" Türkçe de **"O kimse"** anlamındadır. İbn-i Arabi felsefesinde ise "Hu" demek "Zat" yani Öz, Cevher demektir. Kutsal ayetlerde "Ben" olarak geçen O kimsedir.

Muhyiddin İbn-i Arabi şu ifadeyi kullanmıştır. *"Hu diyerek Arifler, bunun gerçek anlamını aktarmamışlardır. Çünkü öyle icab etmiştir".*

İbn-i Arabi eserlerinde önemle vurguladığı, işaret ettiği bir konuyu da yeri gelmişken belirtelim. "İlahî Nur, Hakk, insan gönlüne geldiği vakit orada inanç üstü bir iman bulamaz ise, pozitif düşünce ve insani düşünceye rastlar ise, melekî bir surete girer ve ancak o insanı melekut Âlemi denilen "Sidre"ye kadar uçurup orada karar kılar. Yani melekler, misal Âlemi, ahiret denilenden daha öteye erişemez ve döngüsü orada yarım kalır, daha ötelere geçme izni verilmez.".

"İlahî nur, Hakk, insan gönlüne geldiği vakit orada kötülükler, hükümler, yargılar, negatif düşünceler bulur ise, ateş sureti ile görünür, siyah bir kuş ile şekillenir, ancak ve ancak 'Ay' seviyesine kadar uçar ve ebediyen (toplu uyanışın gerçekleşeceği kıyam gününe kadar orada kalır."

İlahî Nur insan kalbine geldiğinde, orada ne bulursa, o inanca, o itikada, o ilâhlara, putlara uygun şekil alır.

İlahî Nur "Hakikatine ulaşmış ve Rabb'ini tanımış, Rabbin Rabbi'ne ulaşmış, İnançlar üstü bir imana ermiş Arifin gönlüne geldiğinde, orada "kendini" bulur." Çünkü Arif, o an Hakikatine ayna olmuş, gönlünü Hakk nuru ile doldurmuştur. İlahî nur, Arif gönlüne geldiğinde orada "kendini" bulduğu vakit, Arifi, cehennem olan Ay seviyesinin altından, melekût Âlemi olan misal Âlemi, ahiret, spatyomdan daha öterlere taşır. İşte "Yakîn" gelme hâli budur. Her insan ancak üç yay mesafesine yaklaşır, ancak Arif, iki yay mesafesinden daha yakîn hâle gelir. Bu yüzden Arifin kalbi geniştir, genişletilmiştir, Âlemleri kâinatları sığdırır, sadece orada "Hakikat" vardır, gayrısı yoktur.

Burada İbn-i Arabi çok önemli bir sırrı da ifşa etmiş olmaktadır: ***"Hakk kendini Halk etti"***. Bu "Öz, Cevher, fizik plânda, kendini yarattı, işaret etti, belirtti, meydana getirdi" anlamındadır.

Çok basit bir örnek verecek olursak, bir insanın kendini görmesi için aynaya ihtiyacı vardır, bir yansımaya. Sesini duymak için, seslendiğinde çarpacak bir cisme ihtiyacı vardır. İşte Cevher de kendini görmek için ayna olacak Ariflere ihtiyaç duyar. Kendi çabası ile hakikatine ulaşmış, kalbini ve gönlünü Hakikat ile doldurmuş ve apaçık bir ayna hâline getirmiş ise, "Hakk o gönle geldiğinde kendini görüyor ise" işte o zaman buna İbn-i Arabi ***"Hakk, Arif gönlünde kendini yarattı"*** anlamını kullanmıştır. Buna İnsan-ı Kâmil denir.

A'RAF EHLİ

Fakat İbn-i Arabi felsefesinde "Hakk bir insanın gönlüne geldiği vakit, orada o insanın inancına göre bir ilâh bulursa, bir zan bulursa, ona göre şekil alır ve daha öteye geçmez." Çünkü Hakk gönle geldiği vakit, bir İlahî isimden birinin yansıması sonucu bir inanca ait bir zan bulacak, bir ilâh bulacaktır. İşte o ilâh diğer bir İlahî isim ile başka bir insanda oluşan zannı beğenmeyecek küçümseyecektir.

Yansıyan yüzlerce binlerce güzellik, aslında tek bir hakikatin farklı ve çeşitli görüntülerinden başkası değildir. İşte beşer, yansıyan her bir çeşidi sever ya da sevmez, inanır ya da inanmaz, güzel görür ya da çirkin görür. Oysa Arif, aynalardaki yansıyan çeşit ve farklara değil, tek ve gerçek olan Hakikate bakar. Ve binlerce çeşitliliğin ilerisindeki gerçekliğe ulaşır. Beşer ise aynalardan yansıyan ikilemler ile "zanlar" oluşturur. Tek bir beyaz ışığı fark eder Arif, oysa beşer, kristalde ayrılmış milyonlarca rengi görür, sever veya sevmez, zanlar içinde, dualite dünyasından kurtulamaz.

İbn-i Arabi özellikle vurgular "Bunu tatmayan bilmez" der. Bu bir İlahî şaraptır, içmeyen bilmez. Bu bir Mansur şarabıdır, Kevser şarabıdır, içmeyen bilmez. Bu bir Hakikat akidesidir tatmayan bilmez. İşte "Ölümü tadıcı" olan insan, "tattığı" vakit artık Arif olmuştur. Ölüm tadılır. Beden içinde ölen, yani Mansur, Kevser Şarabını tadan kişi artık ölümsüzdür. Ölümsüz kişi Hakikatini bilir, Hakikatini Görür ve Hakikat Olur.

"BEN, herkese onun kendi itikatında göründüm. Ancak! Bir tek Arife, kendi Hakikat'imde göründüm."

ARİF İÇİN DİN YOKTUR

Bilgeliğe Uyanış Yolculuğu

"Ariflerin nihayeti Rabbların Rabbı'nadır. Rabb-ül erbaba Arif olanlar da, Allah'a ibadet ederler." / **Futuhat-ı Mekkiye, Muhyiddin Arabi**

Bilgi, bilgi sahibi olmak, bilgelik farklı anlamlar taşır. Bilgi, marifet yolu ile elde edilir. Araştırarak, delilleri takip ederek, düşünerek, soru sorularak elde edilen sonuç bilgidir. Bilgi hakikat değildir, ancak hakikate en yakın olandır. Hiçbir bilgi hakikat olamaz. Çünkü bilgi, her kişinin, zihnindeki zanları ile yorumlanmanın bir sonucudur. Kişinin, kendi hakikatine ulaşma yolunda edindiği her türlü yorum bilgidir, ancak hakikatin kendisi değildir.

Bilgi sahibi olmak, edinilen bilginin inancına varmak ve o bilgiyi benimsemek, hayata geçirmektir. Doğruluğunu hisseden, bunu bir realite olarak kabul eden kişi, o bilgiyi kendi hayatında kullanmaya ve tatbikatların sonucuna varmaya başlar.

O bilgi onu nereye götürür, ona ne kazandırır, tüm bunlar o kişinin hayati tecrübesini oluşturur.

Bilgi sahibi olmak, kesin ve net bilgiler ile donatılmış olmak değildir. Dediğimiz gibi, bilgi göreceli olduğu için, sahip olunan ve kullanılan bilgi de bir süre sonra geçerliliğini yitirebilir. İhtiyaca uygun olarak, her olgunluk döneminde, sahip olunan farklı bilgilere metafizikte, realiteler denir. Değişime açık olan, değişime direnmeyen kişilerin, realite değişimlerinde, bilgileri yorumlaması da değişir. Çünkü idrak ve anlayış da değişmektedir.

Bilgelik ise, bilgiyi marifet yolu ile elde eder, değişime açıktır ve olgunluk zamanlarını geçirir, bilginin ona kazandıracağını ve kaybedeceğini bilir ve emindir. Bilge kişi, hikmet sahibidir. Hikmet de hüküm vermektir. Yani hikmet sahibi olan bilgeler, hüküm yani karar verme yetkisine de sahiptirler.

Bilgelik insana Öz'den gelir. Ruha kodlanmış olan bilgilere sahip olan ve bunları tasarruf altına alan kişidir bilge. Birtakım kararları veren ancak sonuçlarını tam bilemeyenler bilgi sahibi kişilerdir. Bilgeler ise yapıp ettiklerinin sebep ve sonuçlarını, ezelini ve ebedini bilen ve buna hâkim olan kişilerdir.

İbn-i Arabi bunu şu şekilde açıklar: ***"Bilgili olan, bilgi sahibi olan hâkimler Lam harfindendirler. Arif olan hikmet sahipleri, yani bilgeler "Ba" harfindendirler."***

Bilgi sahibi olmak, sadece ne yaptığını bilmek, ancak sonuçlarını kesin bilememektir. Geçmişine ve geleceğine hâkim olamamaktır. Tasarruf sahibi olan sadece bilge olan Ariflerdir.

Hikmeti olmayanın hükmü de geçerli olmaz. Bilgeliğe ulaşmamış olanın hükmü de geçerli olmaz, çünkü sebep sonuç yasasının, ona ne getireceğini bilemez, bilemediği için de hâkim değildir. Gizliyi ve açığı bilmeyen, sadece bilgiyi bilir, bilgi sahibi olur. Arif ise, sebep sonuç yasasına tamamen hâkim, zerre bir hareketin sebeplerine ve sonuçlarını bilen, gizliyi ve açığa hâkim, tasarruf sahibi bilgedir.

Bu yüzden bilgiye ulaşan, bilgi sahipleri, Lam harfindendirler. Lam harfi gibi bir yol üzerine seyr hâlindedirler. Müşahede yani gözlem yaparlar. Onlar için bir durak yoktur, ilelebet seyr hâlinde yolculuklarına devam edeceklerdir. Ta ki hakikatlerine ulaşana kadar. Çünkü onlar noktanın sırrına henüz ulaşmamışlardır.

Arifler ise, Ba harfindendirler, çünkü Arifler noktanın sırrına vakıf olmuşlardır. Ba harfi, gizli ve açığı bir araya getiren bir anlama ve idrake sahiptir. Aşkın makamı olan Hakk makamının harfidir. Ba yatayda, arz Âlemidir, fizik evrendir. Altındaki nokta ise, Allah simgesi olan Elif harfinin noktasıdır. Gizli ve Açık bir arada, ezel ve ebed bir aradadır. Bu yüzden Arifler Ba harfindendirler.

İbn-i Arabi, kendi Hakikatine olan yolculuğunda, hiç kimse, geçirdiği hâlleri tanımlayamaz, bunun için bir teşhis koyamaz der. Çünkü Arif, Hakikat yolculuğunu sadece yaşayandır, ancak bunu anlatamaz.

İtikad sahibi olanlar, yaşadıkları hâllerin de farkında değillerdir, bunları anlatamazlar ancak yaşarlar. İnanç sahipleri, bir bedel için, yaşadıkları tüm hâllerde İlahî düzene ve sisteme güven duyar. Çünkü yaptığı tüm ibadetlerin karşılığını ahirette alacaktır. Bilgiye ulaşmış, ancak bilgiyi, kendi zannı ile yorumlamıştır. Kendi yorumladığı, kendi itikadı ve inancı doğrultusunda, zihninde oluşan, Rabb'i, onu, kendi cennetine alacaktır. Rabb'ine, inancı doğrultusunda güven duyar.

İtikadı daha bilinçli olarak yapanlar, inançlarının dışında, idrak edip, belli anlayışlara ulaşanlar, yani bilgi sahiplerinin, tek amacı ise Rabb'i tanıyarak, kendilerini tanımak ve Hakk'a en yakîn olmaktır. İşte bu Aşk yolculuğunda yaşadığı tüm hâller, makamları görmesini ve zevk hâlini yaşamasına sebep olacaktır.

İnisiyasyon yani uyanma yolunda yapılan bir dizi çalışmalar vardır. İnsan önce kaba seviyeden başlayarak, süptil yani ince seviyeli çalışmalara kadar bir dizi uygulamalardan geçmek zorundadır. Oruç tutmak, zikir, konsantrasyon çalışmaları, parapsişik yeteneklerin ortaya çıkışı vb. Binlerce yıldır, nebilerin, pirlerin, mürşitlerin sözleri, ağızdan ağıza dolaşmış, ezberlenmiş, sürekli tekrar edilmiştir. Ancak hiçbiri gerçek ve layık olduğu değer ile idrak edilemediği için, onların gittiği yoldan bir gidiş de söz konusu olamamıştır. Çünkü belli kaideler, şartlar, tedrici süreç, yükseliş yolunda olanları tedirgin etmiş, türlü sebeplerle cayma ile geri dönüş yaşamalarına sebep olmuştur.

Hakk yolunu seçenler, Hakikatlerine eren Arifler, kendi iradeleri ile bu yolu seçmişler ve yetiştirilmişlerdir. Onların da hocaları ve mürşitleri vardı. Her insan bu yolda yetişerek, dileyerek belli kuralları izleyerek kendi Hakikatine varabilir.

Ancak unutulmaması gereken bir nokta vardır. Kutsal ayetlerde önemle bahsedilen "katımızdan ilim verdiğimiz, katımızdan kudret verdiğimiz, mekânını yücelttiğimiz, Salih kullarımızdan olan" diye bahsedilen erenler, "Hakk'a ulaşmayı" dileyen beşerlerden biraz daha farklıdır. Nasıl farklıdır?

İşte buna İbn-i Arabi şöyle der: ***"Bedende görünenler, Bedende olanlar"***.

Bedende görünme tabiri ile bahsedilen şey, sonsuzluk ile doğanlardır. Onlar kendi kaynaklarından, vazife ile doğanlardır.

Onlar sadece bedende görünürler ve dünya insanına, beşere, "ne" olduğunun canlı örneğini sunmak için dünyada bir beşer kılığında görünürler. İnsan gibi yerler, içerler, nefes alırlar, yaşarlar ve ölürler. Sundukları ve aktardıkları cevher sonsuzluğun ve Hakk'ın bilgileri, kendi sonsuzluklarının bilgeliğidir. İbn-i Arabi böyle bir Arif idi. Âlimlerin Âlimi olarak tanındı ve kendi sonsuz cevherini aktarıp, bizim gibi bedende göründü.

Onların seyr içindeki seyrleri, bir beşerin seyri değildi. Zaten bu vazife ile doğarak, bize nasıl olacağını göstermek içindi.

"Bazılarınızı, bazılarınıza üstün kıldık" sözü ile zaten bu insanlığa aktarılmıştır. Hakikatte herkes eşittir, ancak fizik Âlemlerde, üstünlük, beşeriyet, cahillik, Âlimlik, yükseliş, düşüş gibi ikilemler var olacaktır. Fizik Âlemlerdeki zıtlıklar, Hakikati değiştirmez.

Dünya insanı olan beşerler, toprak insanıdırlar. Oysa Arifler, **"gökyüzü eri"**dir. Gökyüzü eri olan Arif, Rahman nefesindendir. Yaşamları acı ve ıstırap dolu görünse de, onlar kendi içlerinde kendi huzurlarındadırlar. Onların huzuru Hakk huzurudur.

Arifler, kendi hakikatine ulaşarak, uyanmayı dileyenlere örnektirler. Öğrenci hazır olduğunda, öğretici ortaya çıkar. Kutsal ayetlerde "ikiliden ikincisi" der bunun için. Bu ikililerin dünya üzerinde çok örnekleri vardır. Mevlana-Şems, en önemli örneklerdendir. Mahabetin, aşkın en büyük örnekleri olmuşlardır onlar. İkiliden ikincidirler. Lâkin üçüncü daima sırdır. Üçüncü Hakk'tır. "Üçünüz BİR olun, Bir'iniz sır olun!" Aşk üç'te yaşar, ikisi bilir, biri sır olur.

Bu ikiliden ikincisi yani, göz ardı edileni, gölgede kalır. Lâkin gölgede kalan, gizliden yani Bâtından beslenen ve "açıkta" olanı yani ön plânda görüneni, besler daima. Arifler hiçbir vakit tek başlarına değillerdir. Daima Mahabbette "ikili"dirler. Bir öğretici, bir öğrenci mutlaka vardır. Hiç kimse tek başına sırra ulaşamaz. Arif, mürşidi olmadan Hakikatine ulaşamaz.

Ariflerin, dünyada bedenli olarak yaşayan öğreticileri olduğu kadar, bedensiz yoldaşları da vardır. Bedensiz yoldaşları, daha önce ermiş olan, ancak dünyadan göçüp gitmiş, hâlen sonsuzlukta diri kalmaya devam eden ruhlardır. Arifleri eğitmek için, rüyalar, sezgiler, mistik manalar, mizansenler hazırlayarak onlara yol açarlar ve hakikatlerine ulaşmada yardım ederler.

Ariflerin çoğu, kendilerinin Arif olduğunu bilmezler. Anadolu toplumunda "Arif, Arifliğini bilmez" tabiri yaygındır. Ancak kendini bilen Arifler, Arifliğini bilmeyen Arifleri tanır ve onları eğitir. Muhakkak ya gizli olan Bâtınlarında ruhları ile konuşurlar yahut da, dünyada bir mekânda karşılaşırlar. Çünkü ne olduğunu bilmeden konuşan Arifler, genelde tehlike altındadırlar. Bilerek konuşanlar ise, sözlerini sembolleştirerek aktarırlar ve bedenlerini sırlayarak, koruma altına alırlar. Arifliğini bilmeyen, ya da Arifliğini ifşa edenlerin ise başına menfi şeyler gelebilir. *"İncileri domuzlara atmayın"* demiştir Hz. İsa.

Domuz, "çamurun cazibesine kapılmış, masivadan kurtulamamış, hayvani titreşimlere sahip insan yani beşer"in simgesidir. Tüm nebilerin, Ariflerin ve velilerin ortak sezgisi şu idi *"Korkma! Lâkin Güvenme!"* Mevlâna, şöyle demiştir *"Halka, anlayacağı dilden konuşunuz"*. *"Halka daha fazlasını söylemeyeceksin. Susacaksın"*. İbn-i Arabi Futuhat-ı Mekkiye'de **"Arif olduğunu gizle, yoksa seni yok ederler!"** demiştir. Sırrı ifşa eden ve bedenini sırlayıp, korumayan Hallac-ı Mansur da Aşk yolunda katledilmişlerdendir. Her ne pahasına olursa olsun ikrarından, aşkından vazgeçmeyen Dar-ı Mansur'un sembolü olan, Hakk'ın öz dostu, Hallac-ı Mansur, Bâtında baş tacıdır. Bedeninin parçalanması ve yakılması, Aşkın ve Zamanın Sahibi olan Hakk'ın buna müsaade etmesiydi. Yoksa Hakk, "Sevgili"nin, katledilmesine izin verir miydi ki!. Bir nefeste yok ederdi buna kalkışanları.

Elbette, öldürülme olayı, Arifler için bir yok oluş değil, onlar ölümsüzdürler ve sonsuz hayattan gelip yine sonsuzluğa ışımışlardır.

Arifler birer "Honaz"dır. Hakk'tan gelen havaledir onlar. İlahî sistemin eli, ayağı, göklerin eri, yerin yöneticileridir. Dünyada da ete kemiğe bürünüp, insan olarak görünürler, Rahman'ın nefesini dünyaya bırakıp, yine seyr içindeki yolculuklarına devam ederler.

Honaz'ım Uç AŞK göklerinde. O göklerden inmek için yaratılmamışsın. Seni bilen kaç kişidir, önemli değil. Önemli olan odur ki, Sen kaç kişiyi değil, kaç dünyayı kendi gönlünde mihman etmişsin? Senin ruhun, ışığın vasıtasıyla, tebessümünün ışıltısıyla yayılmakta ve âşıkların kalbine konmaktadır. Uç ve Uç!. Rahmetinden indiğin zaman da yere, inmekle yüceliyorsun. Sen yüceler için varlanmışsın. Sen "Honaz"sın ve sana yakışan da budur.

Arifler, masiva denilen dünya cazibesinden uzaklaşmadılar, zaten uzaktılar. Arifler, hakikatlerine ulaşmak için oruç, zikir, konsantrasyon gibi belli kaidelere bağlı kalmadılar, çünkü zaten daimi oruç ve zikir hâlindeydiler. Bunu zorunluluk olarak değil, bilerek ve dileyerek yaptılar. Hakikate ulaşmaktan başka hiçbir düşünceye sahip değillerdi. Bu yüzden daimi oruç, susmak, zikir, farkındalık, inziva gibi şartların yol göstericileri zaten onlardı. Var olanı uygulamadılar, olmayanı var ettiler. Yol açanlardı. Yolları oluşturanlardı. Kaideleri, olması gerekenleri, şartları, kısaca uyanışın, inisiyasyonun temel şartlarını gösteren onlardı. Arifler, dünya beşerine, Hakikate nasıl ulaşacakları yolunu gösteren en önemli örneklerdi.

Dışarıdan gördüğümüz kadarı ile Ariflerin hayatı çileli, zorlu, yokluk içinde geçmiştir. Oysa Arifler, bu çilenin varlığını bilmezler, çünkü onlar Hakk Huzuru ile dopdoludurlar. Oysa dışarıdan bakıldığında, çok çile yaşadıkları düşünülür. Arifler, dünya maddesinin hangi İlahî isim ile yaratıldığını bilirler ve o İlahî ismin hakikatine ulaştıkları için, çile onlar için nimet, rahmettir, dünya insanı için ıstırap ve azaptır.

Susmak, Arif için, Rabb sisteminin bir avaz ile kulağa dokunuşlarını işitmektir. Susmak bir emir değildir Ariflere. Ne olduğunu bildiği vakit, Hakikatine ulaştığı vakit, artık ona "sus" diyen de olmayacaktır. O, Hakk'ın Bakan gözü, Konuşan Ağzı, Tutan Eli, Yürüyen Ayağı, Rahmanın nefesi, İlahî Sistemin bir eri olacaktır. Arifin ruhu, her daim coşkudadır aşk ile. Bedeni buna duraktır. Aklı yönlendirir, ta ki İlahî Bütünsel Akla dahil olana ve o bütünsel akılda eriyene kadar.

Arif coştuğu vakit, yer gök inler, tüm kâinatlar titrer yüceliğinden. Fakat icap gereği, Arifin susması edebindendir. Edebi de Aşktan gelir. Arif, damla damla akarken cevherinden bedenine, oradan arz Âlemlerine ulaşır. Ayakları yere basarken, başı arş'a dokunur. Ayakları insanoğlunun baş seviyesi üzerindedir çoğu kez. Fena'ya dalmıştır, sarhoş olmuş, yok olmuş, erimiştir. Lâkin herkes onu normal beşer zanneder. Çünkü görünürde ayakları yere basar vaziyettedir. Arif bilir ki, dünyanın ıstırabını çekecek olanlar, dünyanın sırrına erişemeyenlerdir. O, sırra vakıf olduğu vakit, ıstırap üstü bir hâl ile zevk hâli yaşar.

Sükût

Tanrı, Derin Sükût'ta ulaşır tüm Âşıklara, dokunur Sevgi ile Hiçlikte. Bir tek Arifler anlar dokunuşları, **Erdem Suskunları***'dır onlar.*

İbn-i Arabi öğretisinde **"Derin Sükût, bir makamdır"**. Susma hâli, iki kısımdadır. Halk arasında da "Avamın duası dil ile Ariflerinki kalp iledir." tabiri vardır.

Susmanın ne olduğunu anlamak için konuşmanın ne olduğunu iyi bilmek gerek. Konuşmak, günlük dilde derdini anlatabilmek, anlaşabilmek ve hâlini aktarabilmek için çok mühim bir iletişim aracıdır. Bunun daha derinine inersek; iki türlü konuşma vardır, dilin konuşması, kalbin konuşması. Dilin başka, kalbin başka konuşması insanda birtakım benlikler, etiketler ve kimlikler yaratır. Ağzı başka konuşan, kalbi başka konuşan beşer insanı, iki iletişim aracını, hiçbir zaman "bir"leyemez. Bu yüzden yalan dünyanın içinde, bir yalandan öteye gidemez. Dilinde güzel şeyler söyler, kalbinde kötülükler düşünür. Dilinde kötü şeyler söyler, lâkin kalbi güzellikler peşindedir. İki dünyasını bir edemediğinden yalanlara ortak olur ve arada kalır. İşte aklın burada devreye girmesi ve iki iletişim aracını dengelemesi gerekir. Çünkü dil, "açık" olana, dünyaya, insanlara kendini anlattığın bir organdır. Kalp ise, "gizli"ye, iç Âlemine ve sana en yakın olan İlahî sisteme bağlı bir iletişim aracıdır. Dil ile kendini anlatman, kabul ettirmen ne kadar zor ise, kalp ile bu daha kolaydır. Bu iki iletişim organını bir araya getirmek ve barıştırmak gerekir. Kalplerde ne varsa o verilir insana.

Uyanma sürecinde, insanın dilini ve kalbini "bir"lemesi ve ikilikten kurtulması gerekir. Konuşan dilin, ağızdan çıkan her sözün gerçeklik payı olacağı düşünülemez, çünkü hiçbir zaman insanın kalbinden konuştuklarını duyamazsınız. İşte nefsin ona fısıldadıklarını, gizlide konuşulanları ancak o kişinin yönetici Rabb sistemi bilir. Ve o kişinin kaderi, hakikatte, kalbinden geçen fısıltılar ile şekillenir. Ağzından söylediğine de kendi inanmaya, kalbini inandırmaya başlar. Akıl burada yetersiz kalacaktır. Artık kişi söylediği yalanlar ile yarattığı bir dünya içine sığarak yaşamaya başlayacaktır.

Ezoterik bilgilerde geçen "kötülüğü bile bilerek yapınız" sözünün manası budur. İnsan ne ise o olmalı, kendini ifade etmelidir ki, aşikâr olan hâl ve hareketlerinden kendini tanımaya başlasın. Bunu yapabilmesi için sükût gereklidir. Sustuğu vakit, dili ile söylediği ve aklını kandırdığı her şey birden duracaktır. O vakit kalbinden geçenleri duyabilir, kendi nefsinin ne olduğu hakkında birtakım bilgilere ulaşabilir. Çünkü dil konuştukça, kalpteki tüm konuşmaları örter. İnsan ya kalbine uyarak konuşur, ya da kalbinin konuşmalarını susturmak için konuşur. Bunun dengelenmesi için sükût şarttır. Doğruyu konuşabilmek, doğru dilekte bulunmak, yanlışı söylememekten, yanlış şeyi dilememekten geçer.

Uyanış yoluna giren için, susmak, hâkimiyettir. Hiçbir şekilde ne dilde, ne kalpte, herhangi bir insan ya da olay için bir yorum yapılmaması gerekir. Bu susmanın birinci hâlidir.

Aydınlanmaya aday olanların ilk yapması gerekenlerden biri susmaktır. Dile ve kalbe hâkimiyeti başarabilir ise birtakım hakikatlerin farkına varabilecektir. Önce konuşanın benlikleri olduğunun farkına varması gerekir. Tüm kimliklerinden sıyrılmadığı sürece Hakk ona görünmeyecektir. Dilini ve kalbini susarak hâkimiyet altına alabilen insan, yaşadığı hâlleri ancak gözlemleyebilir. Ve kendinin ne olduğuna ya da ne olmadığı yoluna, bir nebze girmiştir.

İlk susma, zaruri bir susma hâlidir. Çünkü eğer kendisini tanımak istiyorsa, öncelikle kelime haznesinden, vesvese, kibir, öfke, coşku, kin, nefret, sevinç gibi duygusal hâlleri ifade eden sözcükleri çıkarması gerekir. Daha sonra yavaş yavaş, kalbinden geçirdiği bu duygulara ait tüm düşünceleri de bertaraf etmesi gerekir. Bunları yapabilmesi için de öncelikle onları gözlemesi gerekir. Kendisine ait olmayan tüm bu duygu ve düşünceleri izlemesi gerekir. İşte bu anlarda zaten zaruri olarak susacaktır. Çünkü aklı ve zihni kendini tanımaya yönlenmiştir. Dış dünya ile bir arada, iç içe, fakat kendi iç dünyasında bir dünya içinde olmaya başlayacaktır. Kendi mağarasına dönerek, nefsin karanlığında, gönül ışığını yakabilmesi için, dilin ve kalbin tüm vesveselerinden arınarak, bir seyr hâlinde olacaktır.

Hakikatine ulaşan Arif için susuş dönemi bir zorunluluk değildir. Zorunluluğun ötesinde, bir biliş ve idraktir. Arif susmaya ihtiyaç duymaz, zaten susar. Hayâl ve gölge Âlemi görüp de neyi yorumlayacaktır? Yorumladığı her şey "hakikat" bile olsa, zanlar ve zihni yorumlar ötesine geçemeyen beşerler için bir "yalan"dan öte olmayacaktır. Çünkü Arif en yüksek makamdan seslense bile dünya insanı bunu anlamayacaktır. Bunun için susmaz Arif. Yani anlaşılamayacağı için "boş konuşmayayım" diye bir hâl yaşamaz. O zaten susar. Zaruriyetten, korkudan değildir susması. Hayretten, saygıdan ve şaşkınlıktan susar. Çünkü her an yeni bir oluşumda, yeni bir yaratımda olan Âlemler, AN zamanda değişen, yenilenen sistemleri gözlemledikçe, hayretini gizleyemez. İzledikçe susar, sustukça izler. Hakikat olmayan, gölgeler ve hayâllerden oluşan bir yapıyı izledikçe, her an yeniden oluşan evreni gördükçe susar. Hakk makamında yaşadığı tüm hâlleri de anlatamayacaktır çünkü, Hakk'ı anlatmak için kelimeleri de yeterli olmayacaktır. Arif "kal" insanı değil, "hâl" eridir.

Arif yaşadığını ancak, "atomlar arası boşlukları alınmış bir kâinatı bir zerre hâline getirecek kudrete ve güce sahip" nitelikte "coşku dolu" sözler sarf eder. Sözlerini sembollerle bezer, bedenini de sırlar, örter ve saklar.

Uyanmak için geçecek bir zaman ve varılacak bir mekân da yoktur. Ne varsa şimdide vardır. Seçim insana aittir. Yatayda toprak insanı mı olacaktır? Dikeyde gökyüzü eri mi? Yatayda toprak beşeri olarak kalıp, döşek altında bulunan "nokta"nın sonsuzluğuna erişerek, o noktadan dikeye çıkabilecek midir? Kısaca, uyanabilecek midir? Seçim kişinindir. Şimdidedir. Ya şimdi, ya sonsuza kadar hiç. İşte ya ebedi Hakikat ehli olmayı seçeceklerdir ya da ebedi toprakta yaşamayı.

Arif, mutlak anlamda sükût hâlinde değildir. İbn-i Arabi, ***"Arifler mutlak sükût erleri değildir"*** der. Çeşitli makamlarda farklı hâller yaşadığı için, her makamda yaşadığı hâli aktarır. Ve Ariflerin söyledikleri birbirini tutmayabilir. İbn-i Arabi. Bunun bir geçici hâl olduğunu da önemle belirtir. Tutarsızlık, "delilik ve sarhoşluk"tan değildir, makamların birbirinden farklılık göstermelerindendir. Bu yüzden, tüm Ariflerin, ilk başta suçlandığı nokta "Zahir"liğidir, yani görünen hâli ile yorumlanışıdır. İbn-i Arabi, Hallac-ı Mansur, Mevlana, Hacı Bektaş Veli, Nesimi gibi nice Arifler, ilk söyledikleri hâller ile yorumlanmıştır. Oysa onların her makamda sarf ettikleri coşku dolu sözler, o makamın verdiği bir heyecan, hayretin ifadesidir. Fakat bunu beşer aklı anlamaz. Bu yüzden İbn-i Arabi, Arifin kendi bedenini sırlaması, örtmesi ve korumaya alması gerektiğini vurgular. Bunun olması için, Arifin zaruri olmayan bir susma hâli yaşaması gerekir ki, bu susuş, mutlak bir susuş değildir. Tüm makamları geçerek, yaşadığı hâllerden olgunlaşan, kendi Hakikatine ulaşarak, Hakk Makamında eriyen, kendini "Birleyen" Arif için, artık bizim bildiğimiz bir dünya hayatı yoktur. Kendi gönlünde inşa ettiği hakiki dünya hayatı başlayacaktır. O kendi gönlündeki Hakiki dünyasından, toprak dünyaya seslenecek ve coşku dolu, ilham dolu kelimeler dökülmeye başlayacaktır.

Halvet

Yalnızlıktaki yakînlikte ulaşır sırlar sahiplerine. İşte o vakit, açılır bir bir kapılar sessizlikte.

Bir insanın, beşerin, uyanış yolunda yapması gereken zorunlu hâllerden biri de yalnızlığa çekilmek, halvet olmak, masiva denen dünya maddesini boşamak ve nefsini tanımaktır. Ezoterizmde, inisiyasyon çalışmalarında "yalnızlık" temel şartlardan biridir.

Arif ise yalnız kalmak, inzivaya çekilmek zorunda değildir. Çünkü o, yalnızlığın yalnızlığına yolculuğu kalbinde hisseder.

ARİF İÇİN DİN YOKTUR

Arifin yakîn olma hâli, sanki Tanrı'yı görüyormuşçasına inanç makamına erişmesidir. İnançlar üstü bir teslimiyet makamı olan ve manası mutekad anlamına gelen makamdır bu.

Öğretilen her şey zihinde bir yer işgal eder, bir form oluşturur. Zamanla oluşan bu formlar, insan zihni tarafından beslenir. Beslendikçe büyür ve Hayâl Âleminde canlı birer düşünce formuna dönüşür. Öğretiler ve inanç sistemleri "ceza ve ödül" üzerine kuruludur. Bir eksik, bir fazla hesabı ve sonunda alacağın ödüller zihni karıştırır ve bulandırır. Zihin, hayâl Âlem içinde, hayâl dünyasında bulunan bir "sen için", daha da derin bir hayâl dünyası yaratır. Ve artık o hayâllerin hayâlleri içinde boğulursun.

İşte uyanmanın ilk şartı önce bu ikilemden kurtulmaktır. Daha doğrusu, o hayâller girdabından çıkabilmek, öğretilen her türlü şekilden, düşünceden ve formdan arınmaktır. Bunun için ilk yol olan "derin sükût" hâlini yaşanır, bu evreden sonra da, yalnızlığa çekilir. Kendi iç dünyasına doğru bir yolculuktur bu. Yalnızlığın yalnızlığına doğru yapılan derin ve içsel bir yolculuktur. Gündüzden geceye, aydınlıktan geceye, açıktan gizliye doğru bir hâller yolculuğudur. Yolculuk esnasında kendisine ağırlık yapacak, bir yerde takılıp kalabileceği türden tehlikeleri zihninden atması gerekir.

İnsanların çoğu, akıl ve fikir mertebesinde kaldıkları için Ariflik makamına ulaşamazlar. Çünkü inançları ve öğretileri, onların engelleridir. Arif olmaları için, önce o inanç ve öğretilerden soyutlanacaklar, geri dönüşlerinde ise o inanç ve öğretileri ait oldukları saygınlığına kavuşturacaklardır. Bunu yapabilmeleri için, önce tüm etiketlerden soyunmuş, tam bir çıplaklık ile gönüle teslimiyet şarttır.

Arifin içsel yolculuğu ve yalnızlığın yalnızlığına, dipsiz karanlığa doğru yaptığı yolculukta anlayışına erdiği, idrakine vardığı bilgi şudur "İnsan O'nun sırrı, O insanın sırrıdır". İnsan ile Hakk arasında bir gavs vardır, bu iki yay uzunluğu ve daha da az bir mesafedir. İşte O gavs menziline ulaşan, o menzilin Hakikatine eren kişi Ariftir. Orada, "An'da Mülk Kimindir?" sorusunun cevabı vardır. Ve Arif işte bu sorularının cevabına ulaşmış kişidir. Tüm kâinat aslında bir hayâlden, bir nefesten ibarettir. Arifler bunu gönül gözü ile görebilendir. An'da Mülk Kimindir? Cevabını bulan Ariftir. Derin Sükût hâlinde olan Arif "An'da Mülk sadece ve sadece BEN'im" idrakine erendir. **"An'da Mülk BEN'im"**

Oruç

İblisini dize getirmeyen, vakıf değildir hiçbir bilgiye.

İnsan kendinden ne kadar memnun ise, o kadar uykudadır. Ve uyanması için memnuniyetinin farkına varması gerekir. İnsanın uyanışında geçirilen kademeleri sıralarken, aç kalmanın ve az uykunun ne manaya geldiğine de açalım.

Oruçta amaç, aç kalarak bedene hükmetmeyi öğrenmek, bedenin zihni yönetmesini tersine çevirerek, zihnin ve aklın bedeni yönetmesini amaç edinmektir. Bedensel ve zihinsel tüm "tutku"ların Tek Ele alınması gerekir. Çünkü mide dolu iken ve bedenin tüm istekleri yerine getirilmiş ise, nefs daha fazlasını isteyecek ve beden artık olması gerektiği hâlden çıkarak, hayvani titreşimler taşımaya başlayacaktır. Beden, sadece yemek içmek ve tatmin duygusunun ötesinde, ruhun bir gemisidir. Asli amacı budur. Beden ile zihin bir arada koordineli çalışmalıdırlar. Tüm duygu, düşünce ve tutkulara hâkim olmak için "oruç" önemli bir çalışmadır

Aç kalmak, zaruri bir ihtiyaçtır, uyanış yolunda olan beşerler için. İnsan iki türlü çok yer; ya zihni ne yediğinin farkında değildir çok fazla yer ya da doymak bilmeyen açlığını bastırmak için önüne geleni ağzına atar. Her iki türlü de, zihinsel bir karmaşaya sahiptir. En çok yediğimiz zamanlar da ya zihnimiz bir dert ile meşguldür ya da zihnimiz çok açtır bunu doyurmak için mideyi doldururuz.

Toprak olan, toprak yer. Ve ağzına kadar toprak ile dolmadan da doymaz. Hiç kimse, birtakım İlahî sırlara ermek için de "ben aç kalacağım" demez. Dese bile sadece açlık insanı bir adım bile ileri götürmez. Uyanma yoluna giren beşer, aç kalarak nefsini tanımaya çalışmalıdır.

Ezoterik inisiyasyonlarda, uyanış için gerekli olan şartlardan biri de "aç" kalmaktır. Mide ne kadar boş ise o kadar kendine hâkimdir. Mide ne kadar dolu ise, hayâller peşindedir. Açlığın da bir sınırı vardır. Çok aç kalmak da birtakım hayâllere ve gereksiz düşlere yol açar. Bu yüzden günde bir öğün, uyanış yoluna giren için yeterlidir. Tokluk, insana gafleti ve ataleti de beraberinde getirir. Tok insan uykuya da düşkünleşir. Uyuyan insana en büyük örnek, uyku ve yiyeceğe düşkünlüktür. Kendini henüz kontrol altına alamayan kişi, doymak bilmez beynini doyurmak için midesine yüklenir. Yüklendikçe de, paçasından aşağı doğru çekilir ve dünya denen madde çamuruna daha da fazla batar.

Ancak Arifler için bu biraz farklıdır. Arif hiçbir vakit aç kalmak zorunda hissetmez kendini. O zaten gizli ile haşır neşir hâlinde iken, bedenin açlığını hissetmez bile. Bâtının hazinelerinden doya doya beslendiği için, bedeni her zaman diri ve dinçtir. Onun öğünü "zaman", yiyeceği ise "hâl"dir. O hâller içinde midesini değil, ruhunu doyurur. Doymuş bir ruh da, ister istemez, yiyeceklerden kendini geri çeker. Kısaca Arif, zaten daimi oruçta ve açlıktadır. Bunu bir gereklilik olarak görmez.

Uyanıklık ve zikir

Nefsini Bil'diğinde, gönlünde çıkar açığa bir Nur. O vakit tanır seni Hakikatin.

Gözün uyanık olduğu kadar zihnin de uyanık olması gerekir. İşte bu iki uyanıklık ile kalp de uyanık kalır ve gönüle ulaşmak için çareler aranır. Beşerin uyanışında, az uykunun önemi büyüktür ve zaruridir. Mide boş ise, elbette uyanık kalmak daha kolaylaşır. Eğer açlığı kontrol edebilirse, uyanış yolunda olan beşer, uyanık kalmayı da başarabilir. Gece uykusuzluğu, manevî yolculuğu daha da derinleştirmek için gereklidir.

Oruç, uyanıklık, zikir aslında hepsinin bütün hâlde yapılması gerekir. İnsanlardan uzak, karanlık ve sessiz bir ortama "yalnızlığa" çekilen kişi, kendi yalnızlığına da çekilmelidir. Yalnızlığın yalnızlığında, oruç hâlinde iken, derin bir sükûta dalarak, uyanık hâlde, kendisi için en uygun olan "kelime"yi zikreder. Zikir hâli şuursuz bir tekrar değildir. Burada amaç, hem dil ile hem kalben, "kelime" ile bütünleşerek, bir rezonans oluşturmaktır.

İnsanın kendisi bir yüksek harftir, dünyada bir harf üzerine bulunur. Kendi yapısına en uygun harfin, kelimenin tekrarlanması, onda birtakım ruhi mekanizmaları tetikleyecek ve astralindeki daha önceden gelen karmik tortuları da kıracaktır. Kelime, öğrenciye ruhi bir hissediş ya da rüyalar kanalı ile gelebilir, öğretmeni tarafından bizzat özenle seçilerek de verilebilir. En önemli olan "beni bulan kullarım var, bana ulaştıracak vesileleri arayın" sözü üzerine, öğrencinin vecd ve trans hâllerini, bir öğretmen gözetiminde yapmasıdır. Öğretmen, ne vakit öğrencisinin artık kendi hâlinde devam edebileceğini anlar, o zaman öğrenciyi kendi yoluna terk eder.

Vecd ya da trans, denilen bu hâl, kişinin ruhsal plânlarla, kendi yüksek benliği ile İbn-i Arabi'nin önemle bahsettiği, Hakk gönlündeki Asli Sureti ile iletişime geçmesini sağlayacaktır. Vecd hâli uyku ile uyanıklık arasında oluşan tamamen "şuurlu" bir hâldir. Hâl içinde bir AN, An içinde bir hâl yaşatan, oldukça yüksek seviyeli bir durumdur.

Vecd hâlinde iken, nefes alışverişlerinin kontrol edilmesi de önemlidir. Bedende bulunan birtakım enerji merkezlerinin, ruhi enerjilere açılması için, vecd hâli, bir bakıma tehlikelidir de. Negatif enerjilerin uzak tutulması için, kişinin kendini korumaya alması gerekir.

Seyr yolculuğunda, karşılaşacağı, "kayıp ruhlar", nefsaniyetine yenik düşmüş birtakım negatif enerjilerle de karşılaşabilir. Zaten kişiye, öğretmeni tarafından bunların gerekliliği anlatılmıştır. Ne yapması gerektiğini bilir. Özel koruma duaları, kendini ışıklı bir çembere alması gibi zihni birtakım konsantrasyonlar da yararlıdır.

Arif için uyanık kalmak bir zaruret değil, doğal bir hâldir. Çünkü Arif bilir ki, yücelik hiçbir vakit uyumaz. O daima, Âlemleri, yönetme ve gözetme altındadır. Her An ilgisi ve Rahmeti devamlı olarak işler, emirleri An'da her zerreye ulaşır. Daima diri olan her An Görür ve İşitir. Arif için uyanıklığın manası bundan ibarettir.

Suretten sirete

Her insan, istisnasız yakın irtibattadır. Âlemlerin Rabbi, her yaratılanla irtibattadır. İşte bu irtibatını bir perde arkasından gerçekleştirir. Buna berzah denmektedir. Yaratılmış varlığın çizdiği varlık alanı olan bir kavis vardır, bir de Rabb sisteminin bir kavisi vardır. İki kavis arasında bulunan berzah denilen perde arasında akan, tüm yaratılmışları besleyen Kevser ırmağı bulunur. Kutsal ayetlerde, yıldızların yerine yemin edilen yer bu iki kavisin sınırıdır. Kevser insana verilen en büyük nimetlerden biridir. Bir akıştır, Rahmandan Rahime akan nasiptir, rahmettir. Son peygambere verilen kevserin manası budur. Çünkü miracı gerçekleştiren ve yatağı henüz soğumadan geri dönen tek peygamber, Hz. Muhammed'dir. Öte Âlem ile fizik Âlem arasında akan bir ırmaktır Kevser ve her iki Âlemi de besler. Hakk'ın, kendi gönlünde Bir eylediği, görünürde beliren kendi isimlerine rahmetidir Kevser. Hakk insanlara rahmet etmez, Hakk her bir isminin belirdiği ve her bir ismi ile yaratılan insanlara rahmet eyler.

Hakk kendi Özünde, Yok'luğunda Birleyip Tek'lediği tüm İlahî isim ve sıfatlarını, var oluşta çokluk olarak açığa çıkarır ve yaratılışı varlıklar üzerinde gerçekleştirir. Tüm var olanlar, İlahî isimlerin var edenleri ile var olur çokluk olarak Âlemlere yayılır, yok edenleri ile yok olur aslına döner Birlenir. Tüm yaratılanlar şuursuzca buna hizmet hâlindedirler. Bir tek Arifler, şuurlu katkı sağlayanlardır. Arifler her bir ismin kendinde açığa çıkan "hâl"i şuurlu olarak gören ve bilendir. Ve tüm İlahî isimlerin ve sıfatların çokluğunu gören, Hakikatte bunların Birliğine erişen, idrak eden tek kâmildir. Değişiklik içinde değişmeyen, aynı kalanı idrak eden tek kâmil yine Ariflerdir. Değişiklik içinde değişmeyen ise tek olan Hakktır. Arifler, Hakk'a ulaşmışlardır. Ulaştıkları için Ariflik Makamındadırlar, ulaşamayan beşer, her an yaratılıştadır.

Ulaşma ve erme yolculuğu, suretten sirete olan yolculuktur. Maksat, yaşarken, bedenli hâldeyken Suretin Hakikatine erişmektir. Arif, ulaşılacak ve erişilecek bir şey olmadığını bilendir. Çünkü Arif, An'da zamanın kutbuna, merkezine oturmuş ve yaradılışı seyr hâlindedir. Fakat diğer insanlar için yaratılış her an devam eder. İşte suretin hakikatine ulaşması için birtakım yolları takip etmesi ve bu yollar içinde derinleşerek, her bir yolun ayrı ayrı hakikatine ulaşması gerekir.

İbn-i Arabi bu yolları **şeriat, tarikat, marifet ve hakikat** olarak tarif etmiştir.

Tek Kapı vardır, tüm kapıların O'na açıldığı. Lâkin hâl ehli için kapılar çoktur. Her bir kapı, içinde bulunduğu yolun sonu, diğer yolun başlangıcıdır. Kapı hem son hem başlangıçtır. Bir kapı yoktur, binlerce kapı vardır. Tasavvufta kapı olarak nitelendirilen mana, ezoterizmde realitelerdir. Her bir realitenin bir gerçekliği vardır. O realitenin gerçekliğine erişildiğinde, diğer realitenin kapısı açılır. Ve realiteler her insan için farklılık gösterir. Bu yüzden birinin realitesinde ulaştığı gerçeklik, diğer insan için bir anlam ifade etmeyebilir. Çünkü her insan bu realitelerde bir "hâl" yaşar. Yolculuğa çıkan yolcu, "hâl"ler yaşadığı için, ulaştığı gerçeklik de, hakikate en yakîn gerçeklik fakat hakikatin kendisi olmadığı için, her insanın kendi özüne göre değişkenlik gösterir. Her bir insan Hakikatte birdir, yaradılışta çeşitlilik ve farklılık gösterir. Ve an zamanda değişen yaratılışlara tabidir. Bu yüzden bir insanın yaşadığı "hâl" diğer insan için bir mana ifade etmeyebilir. Her insan da yaşadığı "hâllerin" tarifini yapamaz. Tarifini yaptığı şey, aslen onun yaşadığı şey değil, sadece adlandırdığı şeydir. Yaşadığı hâli anlatamadığı için, anlatsa da bir başkası için bir mana teşkil etmediği için, ulaştığı tüm gerçeklikler insana özgü bir "sır" olarak kalır. Gerçekler insan nefesleri kadardır. İnsan her nefesinde bir hâl yaşar ve bir gerçekliğe ulaşır. Lâkin binlerce gerçeklik bir Hakikat etmez. Hakikate en yakîndır, ancak kendisi değildir. Hakikate ulaşsa dahi, binlerce hakikat de bir Hakikatin Hakikati yapmaz, en yakındır, lâkin aralarında daima görünmeyen sınır, perde vardır.

Tüm yaratılanlar arasında, perdeler mevcuttur. Perde, yaşamı korumak için çok önemlidir. Kuantum evreninde de, bilim adamlarınca keşfedildiği gibi hiçbir atom altı partikülü birbirleri ile çarpışmaz ve birbirlerine değmez. Aralarında daima görünmeyen bir boşluk, bir perde mevcuttur. Kâinatta hiçbir zerre, diğer bir zerre ile birleşmez ve birbirine dokunmaz. Hiçbir insan birbirine dokunamaz, aralarında daima bir boşluk vardır. Bu boşluk, Yaradılış Sevgisi ile doludur. Bu sevgi, yaşamı koruyan bir dokudur ve bir ağ gibi tüm zerreler arasındadır. Tek bir zerre, diğer bir zerre ile birleşse idi, kâinat yok olurdu. Yakîn olması, iç içe girdiği anlamına gelmez. Yakîn olmak, en yakîn duruma geçmek, iç içe olmak, bütünleşmek anlamında değildir. Teklik ve Bütünlük, Hakikattedir, hâllerde ve idraklerdedir. Zerreler arasındaki birbirine dokunuşlarda değildir. Yukarıda bahsettiğimiz gibi, Âlemlerin Rabbi insana en yakîn durumdadır, hem içten, hem dıştan kuşatmıştır. Ancak bu kuşatma ve yakîn olma durumu, iç içe geçme anlamında değildir. Her zaman bir sınır, bir perde olan Sevgi Dokusu, varlıklar arasında yaşamı koruyacaktır.

Herkes hâl kapısından bizzat kendi geçer, nefsi geride, aşkı önde olarak. Lâkin bir vakit olacak ki, herkes Birlik kapısından hep beraber geçecektir. Bizden istenen, nefs, öfkeyi, kini, kibri yenmek ve yok etmek değildi. Aşkı, Sevgiyi, Yüceliği "önde" tutmaktı gaye.

Aklını, hırsından, Aşkını nefsinden, Erdemini Kibirden, Ruhu bedeninden "önde" tutabilenler geçecek Birlik kapısından.

Yollar

Şeriat başlangıç yoludur. Derinleşilecek olan yerin belirlenmesidir. Alanın sınırları oluşturulur şeriat kapısında. İnanç gerektirir. İbn-i Arabi *"Herkes kendi ilminde derinleşecektir"* demiştir. Neyi biliyor isen onun terki gerekir. Terk etmek için önce tanımak gerekir.

Şeriat kurallardan oluşur ve oluşturulmuş bir bütüne dâhil olmayı gerektirir. Önce öğretilenleri tek tek tanımak, kendi ilminin felsefesine ulaşmak ve daha sonra da tüm bildiklerini terk etmektir. İşte en son aşamalardan sonra şeriatın hakikatinde Hakikate ulaşmak ile şeriat realitesinin terki başlar. İkinci kapı olan tarikata geçilecektir.

Şeraitin şeriatında hakikate ulaşır. Şeriatın tarikatında hakikate ulaşır. Şeriatın marifetinde hakikate ulaşır. Şeriatın hakikatinde, hakikate ulaşır.

Tarikat yol demektir. Tarik'ten türeyen Arapça bir sözcüktür. Tövbe kapısıdır. İlk olarak Tarikatın Şeriatında tövbe ile başlanır. Bundan sonra iç hesaplaşma dönemidir. Kendiyle, karmasıyla yüzleşecektir. Kendini karmasından, geçmiş yüklerinden zikir ile dua ile arındırır. En son aşamada Tarikatın hakikatinde hakikate, erimek, pişmek, olgunlaşmak ile ulaşılır. Tarikatın şeriatında hakikate ulaşır. Tarikatın tarikatında, tarikatın marifetinde ve tarikatın hakikatinde hakikate ulaşır.

Marifet, bir Bâtın ilmidir. Şeriat ve tarikatte alan üzerinde çalışma yapılır. Zahir yani görünen evren, dünya hayatı, fizik plânda olan bitenin gözlenmesi ve alan içinde olmak, kendi ilminde derinleşmek amacı taşır ancak marifet, derin düşünmenin, tefekkür etmenin kapısıdır. Marifet kapısına gelen artık dünya hayatından vazgeçmiş, eşyanın cazibesinden kendini kurtarmıştır. Marifet bir edep yoludur. Kendinden geçmek ve Aşka ulaşma yoludur. Marifetin hakikatinde hakikate ulaşan Aşk yoluna girmiş, kolsuz ve kanatsızdır.

Marifetin şeriatında hakikate ulaşır. Marifetin tarikatında, marifetin marifetinde, marifetin hakikatinde hakikate ulaşır.

Hakikat kapısı, Hakk kapısıdır. Hakikat aşamalarını bir bir geçen yolcu, hakikatin hakikatine erdiği vakit Hakk'a ermiştir. Artık o, ne dünya insanıdır, ne beşerdir. O bir Ariftir. İnsan-ı kâmil makamıdır. Tüm Âlemleri Hakk gözünden nazar eder. Eşyanın gizlisini bilir. Maddenin mahiyetini, iç yüzünü, amacını anlar.

Hakikatin şeriatında, hakikatin tarikatında, hakikatin marifetinde hakikate ulaşır. Hakikat hakikatinde derinleşerek Hakk'a ulaşır.

Yukarıda saydığımız tüm yollar bir "hâl" ilmidir. Her birinde yaşanan hâller bir ilimdir, bilgidir. Lâkin Hakikate ulaşıldığında, o yolun, o kapının, o realitenin gerçekliğidir. Ancak hiçbir zaman Tek olanın Hakikati değildir. Tek olanın Hakikatine hiçbir yaratılmış ulaşamaz.

Ariflerin, Hakikatin Hakikatine ulaşana kadar konuşmazlar. Bu onları koruma altına almak, hem kendine hem de çevreye zarar vermek adına yapılan bir tedbirdir.

Arif, hiçbir vakit kimseyi, inancından ve itikadından dolayı ayıplamaz, hor görmez, dışlamaz ve dedikodusunu yapmaz. O herkese karşı hoşgörülüdür. Mevlana'nın sözünde olduğu gibi *"Gel, ne olursan ol yine gel"*. Nasreddin Hoca ustadın dediği gibi *"Sen de haklısın, sen de haklısın, herkes haklı"*. Hacı Bektaş Veli *"Yetmiş iki milleti ayıplamamak ve Bir görmek"* der.

Varlık, her yönden kuşatılmış ve O'na yönelmiştir. Arif bunu şuurundadır. İşte Kendini bilen ve Rabb'ini bilen manası budur. Şuursuzca var oluşa katılan varlıkların şuurlu hâli Ariflik makamı, yani İnsan-ı Kâmil mertebesidir.

BİLGELİĞE UYANIŞ YOLCULUĞU

Arifler, en ince perdeden bilirler Hakk'ı. İki yay mesafesindeki tek sınır Arif ile Hakk arasındaki perdedir. Perdesiz bilme hâli tek Hakk'ın kendisine aittir. Bunun dışında olan her şey onu en ince bir perdeden, perdeler ardına kadar olan bir hiyerarşi ile izler.

İbn-i Arabi Kitabu'l Fena Fi'l Müşahede (Derindeki Fena Hâlinin Müşahedesi Kitabı) eserinde şöyle bahseder: *"Tüm Varlıklar, O'na yönelmişlerdir tüm yönlerden, çünkü O her şeyi kuşatmıştır. O bilinemese de. En derin Aşk ile arzulanan daima O'dur. Ulaşılamasa bile. Her dilde konuşan yine O'dur. Sözle anlatılamasa bile. Perdeler kalkıp göz gördüğü ile birleşince, insan hayrete düşer. O kendini değişik suretlerde gösterir. Kendisine "zan"ları ile tuzak kuranlara kurulmuş bir tuzaktır bu değişik suretler. İşte orada iman eden kazanır, inkâr eden kaybeder."*

O perde kalktığı vakit, tüm sınırların sınırsızlığına vardığında, gördüğün şey karşısında hayrete düşecek, inkâr mı edeceksin, yoksa iman mı?

Herkes kendi inancı ve itikadı ile zihninde oluşturduğu bir Rabb anlayışı ile Rabb'ini bilir. Lâkin bu biliş Hakikatin Hakikati değil, sadece gerçekliktir. Fakat gerçeklikler Hakikat değil, Hakikate en yakîn olandır.

İtikatlar ve inanç sistemleri insanları bir yere kadar götürür. Ve daha ilerisi için, bunların terki gereklidir. Terk edilmediği zaman, insanların zihinlerinde ilâhlar, insan sayısı kadar da ilâhlar oluşacaktır. Bu yüzden perdeler kalktığında gördüğü şey karşısında insan hayrete düşecektir. Çünkü arınmadan, kendi öğretileri ile öğrendiği ve şekillendirdiği zihni zanları ile oluşturduğu Rabb'i ile karşısında apaçık gördüğü Rabb'i aynı

ARİF İÇİN DİN YOKTUR

mı olacaktır, farklı mı olacaktır? Gördüğüne iman edip, zihnindeki zanlarla dolu ilâhı inkâr edecektir? Yoksa gördüğünü inkâr edip, zihnindeki zanlarla oluşturduğu Rabb'e mi iman edecektir? İşte İbn-i Arabi diyor ki, orada insan ya kazanacaktır ya da kaybedecektir.

Arifi Nasıl Biliriz?

"Öğrenci hazır olduğunda, öğretici zuhur eder" ya da öğrenci hazır olduğunda, öğretici tam yanı başında olacaktır, hangi mesafeleri aşıp geldiğinin hiçbir önemi yoktur. Şems'in Mevlâna'ya gelişi gibi.

Ona yaklaşmaya vesile arayın/isteyin/dileyin. **/ Kur'an-ı Kerim, Maide Suresi, 35. Ayet**

Vesileler burada "beni bulmuş kullarım var onları bulun" manasını taşır. Ancak, "beni bulmuş kullarım" ile kimler olduğunu anlamak biraz güçtür. Hakk'ı bulmak kadar, bulanları bulmak da oldukça zordur. Sahtesini hakikatinden ayırmak ise belli kıstaslar gerektirir.

Öğretici olarak neyi hayâl ettiğimiz önemlidir. Bir insan, görünmeyen bir varlık, iç ses olabilir. Mürşit ya da kâmil, illaki bir insan olacak değildir. Görünmeyen rehberler de, insanın Hakk'ı bulmasında yardımcıdırlar. Doğa hangi dilde konuşur bu öğrenci hazır olduğunda belli olacaktır. Bir ağaçtan seslendi Âlemlerin Rabbi "Ben Allah'ım" diye Hz. Musa'ya.

Dileyene tüm kapılar açılacaktır. Burada dilemek çok farklı bir mana içerir. O hazır olma hâlinde iken, hazır hâlde olduğunuzu anlamazsınız, vakti geldiğinde de geldiği ile ilgilenmezsiniz, zaten olayın içindesinizdir. Akıp geçersiniz sanki. Ve o "hâl" içindeyken de bir önceki hâlinizi, hep bu hâliniz diye düşünürsünüz. Bir kıyas yapamazsınız. Çünkü ancak o "vakti zamanı gelme" hâlinde, bedeninizde ölmüş, hiçleşmişsinizdir. Bu çok farklı bir durumdur. Bu aşamaları hissettirmeden geçersiniz her seferinde "ben şimdi şu hâldeyim, bu hâldeyim" şeklinde değil.

Öğrenci, kendini yetiştiren ruhani zatları bilir ve tanır, ama bunları dillendirmek ya da ifşa etmek gerçekten mümkün değildir. Halk bunu anlamaz, ancak Hakk'a yönelen insanlar bilir ve hâlden anlayabilir.

GAVS'ın ER'leri. Rahmani nefes ile yol alır, dümeni Aşk'tır. Tennuru daima harlıdır. Bazıları O'nu göremez. Varsın görmesinler. O daimi Oradadır.

Sonuç olarak nasıl ki hiç bilmediğiniz bir ülkeye gideceksiniz, o ülkenin dilini bilen, yerini yurdunu bilen bir rehbere, danışmana ihtiyacınız olur. Ya da çok mühim bir davanız var ve dilekçe hazırlayacaksınız, size bu işlerden anlayan sizi yönlendirecek bir avukata ihtiyaç duyarsınız. Derinleşecek ve olgunlaşacak kişinin de aynı şekilde bir mürşide ihtiyacı vardır.

Öğrenci kâmil mürşidini nasıl tanır? Öncelikle o kişiyi gördüğünde dahi kalbinin, gönlünün güzelliğini fark eder. Çünkü insanın aynası yani görüntüsü çok önemlidir. Kâmil insanı, yaratıcısı öyle bir resmetmiştir ki, hiçbir noksanlık işlemez.

ARİFİ NASIL BİLİRİZ?

Bakışları net ve keskindir. Hiçbir ayrıntıya takılmadan, yayından fırlamıştır ve ruha kadar bir ok gibi saplanır.

Tevazu insanıdır, yalındır. Hakikat insanıdır, beşer görünür, lâkin içinde dünyaları barındırır. Bunu gözlerinden anlarsınız. Çünkü gözlerinden Hakikati görürsünüz. Arifler, dünyada yaşayan değil, kendi gönlünde dünyasını inşa etmiş vücuda sahip ruhlardır. Onları tanırsınız, yüzler içinden, binler içinden, milyonlar içinden tek bir bakış ile bilirsiniz. Çünkü sözlerinde ikilik yoktur. Sadece Teklik ve Birlik vardır. Bir mürşidin sözlerinde kesinlikle bölücülük, ayrımcılık, ikilik, sen-ben kavgası, ben-ben-ben, ben doğruyum diğerleri yanlış onlara gitmeyin türünden laflar yer bulamaz. Mürşitler duruşları, hayat tarzları, sözleri ile hem toplumda yer alırlar, hem toplumdan içsel manada soyutlanmışlardır.

Beşeriyet parça ile meşguldür, Arifler ise bütünden bakarlar. Başları daima kalabalıktır, lâkin o kalabalığın içinde, yalnızlığın yalnızlığını yaşarlar. Yalnızlığın en derin hâlindedirler. Eğer biri, yaşadıklarını tarif edebiliyor ve kayıt altına alabiliyorsa, o yalandadır. Arif anlatamaz, sadece yaşayandır. Ve yaşayanlara yardımdadır. Ben kâmilim diye ortalıkta dolanmaz, gizlidirler.

Kâmil insan sadece Hakk'ın isimlerinin insanlardaki ortaya çıkışını izler ve ona uygun cümleler kurar. Gerektiği kadar konuşur. Verdiği bilgilerin dışına çıkıp, ikilik yaratıcı tek laf demez. Ezel ve Ebede sahip kuşatıcı tek Hakktır, bunun dışında hiçbir bedenli, ne gelecek ne geçmiş hakkında konuşabilir. Kâmilin tek gayesi, insanın uyanışı üzerinedir.

Herkesin bir kapasitesi vardır, bunun dışına çıktığınız zaman, kapasitesi daha düşük olan bunu ya duymaz ya da duyar kaldıramaz. Hazmedemez ve onu yakar; vakitsiz açan bir çiçeğin solması, vakitsiz yağan yağmurun ekinleri mahvetmesi gibi. Çiçek güzeldir, yağmur da rahmettir, ama vakitsiz ise, felaket getirir. Bu yüzden Arifler, sembollerle örtülü şekilde bilgiyi verirler. Ariflerin sözlerine bakmak, okumak, tekrarlamak, eksik olur. O sözlerin yarattığı rezonans çok daha etkilidir. Bu yüzden Hakikati sembol ile aktarırlar. Açık olarak ifade edilen her bilgi insan için tehlike yaratabilir. Her bilgi bir rezonans etkisi ile insandaki birtakım kabuklara nüfuz eder. Ve o kişi için çok gerekli bazı kabukları erken kırabilir. O kabuklar onun için hayati kabuklarsa kırıldığı anda, yumurtadan erken çıkan ya da erken doğan bir bebek kadar güçsüz kalır.

Öğrencinin "gölgeler diyarındaki savaşında," Hakikat yolunun ışığı ve rehberi, öğretmeni mürşididir. Bilgi hazineleri derindir, bir yere bakarak okumazlar, onlar karşısındakinin ihtiyacına göre konuşurlar.

Kısaca mürşitler susup konuşmasalar dahi sessizlikteki sesleri, ruhlarımızı okşayan tınılar oluşturur. Onlar "Erdem Sükûnetinin Er"leridir. Gölge Âlemde yok olmuş, Tanrı Hakikatinde var olmuşlardır. Hakikatlerini daima hatırlayanlardır.

Arifler, birliği müşahede ettikleri için topluma da her zaman için birlik tavsiyesinde bulunmaktadırlar. Hiç kimseyi ayırmazlar. Kimseyi hor görmezler. Mevlâna'nın "ne olursan ol gel" çağrısında olduğu gibi. Farklılıkların, Hakk'ın isimlerinin bir tecellisi olduğunu bilirler ve o farklılıklar içinde bütünü görürler.

Arifler, kader sırrına ulaşmışlardır. Kaderin, insanın kendi elinde olduğunu bilirler. Ve Hakk aynasında yani ayan-ı sabite denilen Levh-i Mahfuzda ne çizilmiş ise ve dünyaya nasıl

ARİFİ NASIL BİLİRİZ?

yansımış ise, ondan daha fazlasına sahip ya da daha azıyla yetinilmeyeceğini bilirler. Zamanı geldikçe, hayat plânlarının şekil alacağına şahit olurlar. Hayat plânlarında ne var ise, o açığa çıkacaktır. Ne yaşayacakları, ihtiyaçları doğrultusunda olduğunu bilirler.

Bilse de bilmese de, yanacak olanlar yine kendi çizdikleri hayat plânlarının yansıması olacaktır. Ne eksiği ne fazlasıyla. Fakat beşeriyet, bu bilgiden yoksun olduğu için, isteklerinin gerçekleşmemesi onu üzüntüye boğar. Tüm hayatı acı ve üzüntü içinde geçer. Yaşadığı her şeyden Yaratıcısını sorumlu tutar, kimi zaman boyun eğer kimi zaman da isyan eder. Oysa henüz doğmadan önce, dünyaya yansımadan önce, bir hayat plânı oluşturmuş ve ona göre fizik dünyada insan olarak doğumu gerçekleşmiştir. Her şeyi planlayan, kendi üst şuurudur, kendi hakikatidir. Fakat yansıyan görüntü, gölge varlık olduğu için hakikati bilemez. Unutur. Unuttuğu için, doğmadan önce gerçekleştirdiği kendi hayat plânındaki anlaşmaları bilemez. Bilemediği için de tüm hayatı şikâyet etmekle ya da isteklerinin gerçekleşmesini dilemekle geçer.

Arif tüm bunların dışındadır, hayatı sadece müşahede eden, yaradılışları gözleyen konumuna gelmiştir.

Hiç Kimseye Ait Değil, Asl'ına Zat. Hiçbir Bir Mekâna Ait Değil, O'nun Nefesinde bir Kelâm, Hiçbir Sureti Olmadan, Sadece O'nun İsm'ine İfşa Sadece Hiç. AN'da yok oluşla, O'nun her zerresinden yeniden var olmak.

ARİF İÇİN DİN YOKTUR

İbn-i Arabi'nin Din Anlayışı

*Feiza kanel Arifu Arifen hakikaten felem yetekayyed bimutekadin. / Bir irfan sahibi hakikaten Arif olduğu zaman, bir itikad ile kayıtlanmaz. / **Futuhat-ı Mekkiye, Muhyiddin Arabi***

İbn-i Arabi, *"Kâmil olan Arif, Hakk'ı hususi bir itikad üzere kayıtlandırmamasını, kendi nefsinde her bir itikad üzere Hakk'ı tanımaya çalışmasını ister. Hakk, sadece belirli bir kayıtla sınırlandırılmaktan yücedir."* der.

Dini eğitim sisteminde, sembollerle, üstü kapalı olarak bilgiler anlatılır. Dinin bir görünür bir de görünmeyen Bâtıni yönü vardır. Ezoterik tarafını anlamak için, kâmil bir mürşide ihtiyaç vardır. Çünkü ancak onların kalpleri mühürlü ve paslı değildir. Arifin gördüğü görünmeyen açık yüzüdür, halkın gördüğü Zahir yani kapalı yönüdür. Din bir yoldur ama zamanı gelince terk edilecek bir yoldur. Dini eğitim sistemi Altın Çağ'da yerini açık bilgilerle eğitime bırakacaktır.

ARİF İÇİN DİN YOKTUR

Arif için din bir yol olmaktan çıkmıştır. Çünkü Hakk, hiçbir inanç sistemi ile kayıt altına alınmamalıdır. Alınırsa, bu şekilciliğe girer. Hakk tüm şekillerden uzaktır. Akıl yolu ve zihin yöntemleri ile kavranılamaz.

Din her şeyden önce insan içindir. İnsan var ise, din vardır. Tabiatın, hayvanların, dünyanın dine ve kutsal kitaplara ihtiyacı yoktur. İnsanların ihtiyacı vardır. İnsana nefs verilmiştir. Nefs sahibi olduğu için, dünya maddesini sahiplenme içgüdüsü yerleşiktir. Tamahkâr ve doymak bilmez bir hazımsızlık, çağlar boyunca, savaşlara, göçlere, yerleşik düzenin değişmesine, tatminkârsızlığa sebep olmuştur. Binlerce yıldır dünya üzerinde sadece üç yüzyıl savaş olmadığını bilmek ne acıdır. İnsan içyapısı itibarıyla savaşmaya, yok etmeye, ele geçirmeye, alamadığı değerleri de kirletmeye meyilli bir yapıya sahiptir. İşte tüm bunların kontrolünün sağlanması için sistemleşmiş kuralların gelmesi ve insanların buna boyun eğmesi gerekir. Boyun eğmeyi de birtakım vaatler karşılığında yapacaktır. Korkutulma ve sonucunda gelecek ödüller ile belli kurallara uyması beklenmiştir. İşte burada Hakk, insanlara kendi katında olan birtakım hakikatleri sembolleştirerek, gönderdiği nebiler vasıtası ile vahiy yolu ile iletmiştir.

İnsan, kendisi için gelen nebiler, kitaplar ve bilgileri de hiçe sayacak kadar ileri bir nefsaniyete ve tamahkârlığa sahiptir. Uyabildiği kuralları da vaat karşılığı yerine getirmiştir. Getirmeyenler ise, inkâr ederek, hazımsızlıklarına devam etmişlerdir. Vaatlerin çekiciliğini ortaya koymak için, korkutucu birtakım bilgilerin gelmesi kaçınılmazdır. Korkutularak bir eğitim sistemi uygulanmış ve sonucunda vaatler de gelmiştir. Uymayanlar dünyada cezalandırılmış, hatta öldükten sonra da cezalandırılacağı yine korkuyla aktarılmıştır. Semboller birinci anlamında hakikatmiş gibi gösterilerek insanlara bildirilmiştir. Oysa tüm İlahî bilgiler, hakikati işaret eden birtakım üstü kapalı sembollerdi. Ve semboller de köprülerdi. Fakat bunun dışına çıkılarak, sembolde ne varsa ona inanılmış ve korku ile ümit arasında bir seçim yapılması yine insana bırakılmıştır. İnsanlar korku ve ümit arasında bir Dualite içine sürüklenmişlerdir.

İbn-i Arabi, dini üç unsur ile ifade eder: Boyun eğme yani itaatkârlık, karşılık yani vaatler, adet yani sayı ile kurallara uyma. Hakka boyun eğen, Hakk buna karşılık vaatleri yerine getiren ve adetçe sürekli tekrarlandığı bir durum oluşmaktadır. Oysa İbn-i Arabi, Hakk Makamındaki hakikatin bu anlayıştan çok daha uzak olduğunu anlatmaya çalışmıştır.

İbn-i Arabi herkesin yaptığından sorumlu olması ilkesini benimsemiştir. İnsan hangi hâli tercih etmiş ise İlahî irade de bu yönde kendisine tecelli edecektir. İnsanın hangi hâli tercih edeceğinin manası ise şudur: Ya itaat edecek ya da isyan edecektir. Fakat bunun içinde korku ve ümit yoktur. İtaati korku ile değil, saygı ile olmalıdır. İsyanı ise yasalara değil, kendi nefsine olmalıdır. Savaşacağı şey başkaları değil, kendi nefsi olmalıdır. İbn-i Arabi, kendi zamanından, Yeni Çağ insanın tarifini yapmıştır; eserlerinde gizlenen ve asla anlaşılamayan gizli bilgi de budur. Arabi, tüm tariflerini, Yeni Çağ insanına uygun yapmıştır. Zamanından, Yeni Çağ zamanındaki insanın nasıl olacağını anlatmıştır.

Farklı dinlerin birbirine olan düşmanlıklarını ele almıştır. Ve aynı din içinde bile benzer nefrete dayalı hâller yaşanmaktadır. İbn-i Arabi, aynı itikad içinde olanların bile birbirlerine saygı duymadıklarını dile getirmiştir. Dinlerin aslında insanları itaatkârlığa yönlendirmediği daha çok içsel bir nefret uyandırdığını vurgulamıştır. Aynı inanca sahip insanlar bile içlerinde nefret duymaktadırlar. Birbirlerini çelen ve yükselmelerini engelleyen, küçümseyen ve aşağılayan birtakım zümrelerin de ortaya çıkması kaçınılmaz olmuştur. İbn-i Arabi, bu görüşlerini tüm dinler için ifade etmiştir.

Arif İçin Din Yoktur

"Varlığı anladın mı ki yokluktan bahsedersin" Ne Tenzih et, Ne teşbihte ol, İkisini de kullan, ortada KUTB'ta ol.

O'nun misli yoktur diyerek kendini tenzih etti. Duyan ve Gören O'dur diyerek kendini teşbih etti. Belirsizliğini ve gizliliğini ortaya koyarak "bilinmek" istedi.

Bilinmek isteyen kim? Bilmek isteyen kim? İki varlık mı vardır ayrı ayrı? "İki varlık" idrakinde isen, teşbih etmiş olursun. "Mutlak var, gayrısı yok" idrakinde isen tenzihtesin.

Bilinmek isteyen "O" ve bilmek isteyen insan. İkisi birbirinin ayn'ı ve gayrı. İnsan ne O'dur ne de O değildir. Hakikatte O'dur, gölge Âlemde O değildir. Bu beşeri anlayışı ile idrak ötesi bir kavramdır. Bu idrake ancak Arifler erişebilir. O'nu tenzih eden bir idrak üzerinde sabitlenirsen kayıtlayan olursun. Mukayyid memurları gibi, sadece sabitleyen ve kayıt tutan bir memur gibi kalırsın.

O'nu teşbih eden bir idrak üzerinde sabitlenirsen sınırlamış olursun. Muhaddid memurları gibi, tayin eden ve sınırlar çizen olarak kalırsın.

İnsan burada iki mana arasında idrake varıp da bir yol izler ise, doğru yolda olur. İbn-i Arabi, *"Sürekli tenzih hâlinde isen, teşbihe dikkat et"* der. Ve yine *"Sürekli teşbih hâlinde isen, tenzihe dikkat et"*.

Kısaca İbn-i Arabi'nin burada anlatmak istediği; *"Sen hem O'sun, hem O değilsin"*dir. O'nun misli yoktur, yani sadece O vardır gayrisi yoktur üzerinde idrake ulaşılırsa, O olduğumuz Hakikati ortaya çıkar.

Duyan ve Gören O'dur anlayışı üzerine idrake varman icap ederse, bir gözetleyen var ise O'ndan ayrı varlıkların da olması icap eder. O değilsin Hakikatine ulaşılır. Fakat O değilsin ve O'sun iki hakikati, Hakikatin Hakikati değildir. Çünkü O'nu tanımladığın anda sınırları çizmiş olursun ve O'nu sınırlandırırsın. O değilim dediğin zaman da O'ndan ayrısın anlayışı ortaya çıkar ki bu da bir gerçeklik değildir.

İki hakikat arasında kalan insan ne O'dur, ne O değildir, hem O'dur, hem O değildir. O'nunla iken O'sun, imanı aşk ile O'ndan gayrı, O değilsin inkârı hasret ile. Aşkta huzurla mahv, inkârda hasretle nar. Ne cehennemde hasretini çek, ne cennetinde mahva er. Arifler, bu iki yönün tam ortasında yer alan inkârı ve imanı tamamlamış kâmillerdir. İbn-i Arabi Fusûsu'l Hikem eserinde şöyle der:

"O beni över, ben de O'nu. O bana ibadet eder, ben de O'na. Hâl'de O'nu ispat eder, A'yanda ise inkâr ederim. O beni bilince, ben O'nu inkâr ederim. Ben O'nu bilince O'na şehadet ederim. Ben deni (aşağıların aşağısında) *olduğum hâlde O'na yardım ederim. İşte o Hakk beni var kılıp, bana kendini bildirince, Ben de O'nu var kıldım."*

Varlığım, O'nun varlığının ispatı üzerinedir. O var ise varım, O yok ise yokum. Ben var isem O da vardır, yok isem yoktur. Hâl yolculuğunda gizliye seyr'de iken O'nu ispat ederim. A'yan olup Zahirde belirdiğim zaman O'na şahitlik ederim. Ben deni (aşağıların aşağısında) olduğum hâlde O'na yardım ederim. Fizik dünyada eli ayağı olur, gören gözü, duyan kulağı olurum. Ben O'na muhtaç, nefesinden dirilirim, yaşamımın kaynağıdır. Gizliden açığa çıktığı vakit, kendini Var kıldı "Ben" olarak. Açıktan gizliye yok kıldığı vakit yine Hakk olarak vücuda geldi.

Zıtlıklar ile var olan bir evrendeyiz. Âlem denilen insan varlığı, zıtlıklardan ibaret bir farktır. Hakk ise tüm zıtlıkların bir araya gelerek Bütünlüğü oluşturduğu vahdettir yani Tek'lik.

Uyanış zor değildir. Zor olan sizi paçanızdan kavrayıp daha da dibe batırmaya çabalayan diğer yarınız olan zıddınızdır. Sizde herhangi bir meleke geliştiği vakit, anında tam bir karşıtı da ortaya çıkar. Ve siz "o zıt ile birlikte ya yükseleceksiniz ya da daha da dibe batacaksınız" sınavı içine girersiniz.

Başlangıçtan beri var olanlar ve sonradan ortaya çıkanlar diye bir kavram yoktur aslında. Her şey var oluşunda zıddı ile ortaya çıkar. Zaman geçer diğeri belirir diye bir kavram, ancak bizim zihnimizin anlayışına uygun olması içindir.

Âdem'in İblis'i yoktu, İblis'in bir Âdem'i oldu. Firavun vardı ve Hz. Musa henüz bebek iken gönderildi ona ve Firavunun evinde büyüdü. Abbas zaten vardı tüm kötülüğü ve acımasızlığı ile ve Hallac'ı oldu. Karşıta karşılık Karşıt çarpışması, iyi ile kötülüğün çarpışması. Her şey zıddı ile görünür olur. Zıddı olmayan hiçbir şey var olmaz. Her şey zıddı ile kaimdir.

Var oluşta zıtların birlikteliği ve belirmesi, onların ayrı olduğu değil bütün olduğunu gösterir.

Görünen ve Görünmeyen
Zahir ve Bâtın
Evvel ve Ezel
Baş ve Son

Bunlar birbirine zıddır ancak birliktedirler. İkisi iki ayrı uçlarda yer alır diye zannedilir. Oysa ikisi bir aradadır. Birinin bittiği çizgide diğeri başlar sanılır oysa hepsi iç içedir. Tekâmül gibi; yukarı bir tırmanış zannedilir gelişim ve uyanma. Oysa dıştan içe doğru, varlıktan yokluğa, çokluktan noktaya bir derinleşmedir. Karşılıklı aynalar vardır:

An ki Anayım
Sen yaklaş, Ben yakînim.
Bilinmeklik istedim (Hakk). Bilmek istedim. (İnsan)
Hakk kendini insan ile tanıdı. İnsan kendini Hakk ile tanıdı.

Hakk'ın aynasında İlahî suret insan. İnsan aynasında Hakk'ın sireti.

Hakk'ın gizli hazinesi insandır. İnsanın göğsündeki gizli hazine Hakk'tır.

Var oluşu ile inkârda olan insan. Yok oluşu ile Hakk'ta olan insan.

Hakikat basit olandır. Karmaşıklığı insan zihni yaratır. Kavramlar, ne olacağı ya da ne olunması gerektiği artık çoğunlukla anlaşılmış olsa da nasıl yapılacağı anlaşılamadı.

Uyanışın yolu, özlü sözler hep sembollere aktarıldı. Teorik sözlerdi. Kavramda "ne" manasını veren, ancak "nasıl"ı veremeyen türden. Semboller, ayetler işarettir, hakikat değil. Hakikati işaret eder. Ne yapacağını bilemeyen insan zihinlerinde başıboşluk, çaresizlik hâkim. Eski bilgi yeniye uymuyor, yeni bilgiler elle tutulur cinsten değil.

Hâl yaşanır, anlatılamaz. Bu yüzden erenler herhangi bir ipucu veremediler. Çünkü hâl kişiye özel bir durum, bir başkası için herhangi bir mana içermeyebilir, hatta biri için iyi olan diğeri için menfi olabilir. Bu yüzden herkes kendi gönlünde, hissederek bunu yaşayacak ve anlatamayacak.. Bu yüzden sembolleştirildi, çünkü Hakikat tektir ancak, her insanda farklı bir mana oluşturur. En güzel rehber yine vicdan sesi.

Eski zamanlarda kırk gün çile halvet zamanları insanları dünyadan tecrit etmek için ideal yöntemlerdi. Günümüzde böyle değil. Daha da zor. İnsanlar çekmese, dünya çekiyor paçasından aşağı insanı. Çamur cazibesi demiş buna Hacı Bektaş Veli. Çamurun cazibesini derinden bilsen bile ona boyun eğiyorsun.

Konumuzun ilk başlarında, "İnsan ne O'dur, ne de O değildir. Hakikatte O'dur, gölge Âlemde O değildir. Bu beşeri anlayışı ile idrak ötesi bir kavramdır. Bu idrake ancak Arifler erişebilir" demiştik. Şimdi bunun açıklamasına devam edelim.

Din ihtiyaçtır. İnsan doğası gereği, inanmaya ihtiyaç duyar. Din bir düzendir, şeriattır, yoldur. İnsanı bir anlayıştan alır, idrake taşır. İnsanı hayvani özelliklerinden alır, insani özelliklere taşır, başıboşluktan alır edebe ve nizama taşır. En ilkel toplumlardaki inanışlardan tutun da, ahlak ve felsefe sistemleri de dâhil, dünya üzerinde var olan geniş inanç kitlelerine sahip tüm din anlayışlarının temeli insan ihtiyacına yöneliktir.

Dünya nüfusunun çoğunluğu o ya da bu nedenle mutlaka bir inanışa sahiptir. İnsan doğası gereği bir şeye inanmak zorundadır. En eski çağlardan beri insan, nasıl meydana geldiğini ve kendinden daha üstün bir gücün varlığını araştırdı durdu. Kendinden büyük ve yüce olarak gördüğü her şeyi gözlemledi ve kendini yarattığını düşündü.

Dünya kurulduğundan ve üzerinde insanlar var olduğundan beri, bir güce inanma ihtiyacını hissettiler çünkü soru sormaya başlamışlardı. Soru sormak ve cevap aramak, bir ihtiyaçtı. Zaman ilerledikçe bu güç hakkında daha fazla bilgi edinme ihtiyacı doğdu. Neden var olduğumuz? Nasıl var olduğumuz? Niçin var olduğumuz? Ne zaman var olduğumuz? Bizi var edenin Ne olduğu? Pek çok soru ve ardından "Kim?" sorusunu kendimize yönelttik. Biz kimdik?

Dinler, insanın kendini tanıması için gönderilmiştir. Görünmeyen Tanrı, görünürdeki insana, kendinin her yerde olduğunu anlatmak için "öğreti" göndermiştir. "Siz ve Ben Hakikatte bir ve bütünüz, sadece dünyada farklılık gösteriyorsunuz, ne vakit kendinizi bileceksiniz, beni bulacaksınız." İşte insan varlığı binlerce yıldan beri kendini aramakta, kökleri hakkında kesin ve net bilgiye sahip olmak için yolculuğuna devam etmektedir. Dinler bu konuda insana büyük bir vasıta olmuş ancak vasıta, insanlığı, bir yere kadar götürmüştür. En son gelen din ile de "din öğretisi" kapanmıştır. Artık dinin "son vasıta"sı da görevini yerine getirmiştir.

İnsanlık, bindiği tren ile bir şehirden başka bir şehire gitmek istemektedir. Ancak öyle bir hâle gelmiştir ki, bindiği tren ile kendini eş koştuğu için, kendini tren olarak görmüş ve yarı yolda kalmıştır. Amaç bir yere varmaktır. Fakat trenin cazibesi, şekli, şemali onu büyülemiş ve etrafı görmez olmuş, zihni trenden başka hiçbir şeyi algılayamaz olmuştur. İşte şimdiki insanlık, kendi bildikleri, öğretileri ve öğrendikleri ile kendini ilâh zannetmektedir. İnsan bedenin şekline ve bedenin sağladığı tüm yaşama öyle dalmıştır ki, tamamen uykudadır.

İşte burada mistisizm ve tasavvufun önemi ortaya çıkar. Eski mistikler ve tasavvuf üstatları insanı şekilcilikten, dünya cazibesi olan masivadan kurtulması için çeşitli yollar ve düşünceler ortaya koymuştur. Her dinin mistik ve ruhani yönü vardır. İnsanlık var olduğundan beri nasıl dinler varsa, her dinin kendi içinde mistik ve ruhani tarafı da mevcut olmuştur. Fakat zamanla her dinde hakikati arama, ruhani ve mistik çalışmalar, çaba ve arayış farklılıklar göstermiştir.

Ancak tüm mistik çalışmaların ana temeli "Yaradan"ın birliği üzerinedir. Yaradanın birliği ilkesi hem tek hem de tüm yarattıklarıyla bir ve bütün olduğu ilkesidir. Dinlerin, mistisizmin ve tasavvufun amacı, insanın anlayışını, idrakini geliştirmek için bir yol tayin etmesidir. Ve insanın aslını bilmek için o yolda yürümesi gerekir. Nasıl ki günlük fiziksel ihtiyaçlarını karşılamak için çalışmak, barınmak, üremek zorundadır; aynı şekilde zihni birtakım yeteneklerini de geliştirip, idrakini arttırmak ve ne olduğunu bilmeye ihtiyaç duyar.

Günümüz din anlayışı ile dinin gerçek amacı arasında bir benzerlik neredeyse kalmamıştır. İnsanı asli vatanına ulaştıracak bir vasıta olan din bedenin kontrolü, nefsin tanınması ve eşyanın asıl mahiyetinin ne olduğunun idraki üzerine oluşturulmuş bir eğitim sistemidir. İnsan için gereklidir ama zamanı gelince terk edilecek bir öğretidir. Fakat günümüz din anlayışı, terk etmeyi değil, sıkı sıkı tutunmayı, gözünü kapatıp görmeyi engelleyen bir anlayış sunmaktadır.

İBN-İ ARABİ'NİN DİN ANLAYIŞI

"Arif için din yoktur" sözünü doğru değerlendirmek çok önemlidir. İnsanlardan dini öğretileri ve inançları alırsanız ve yerine daha yüce bir şey koyamazsanız dünya mahşer alanına çevrilir. Bu yüzden muhakkak şeriat öğretilerinden geçecektir insanlık ve ulaştığı yerde ise durup beklemeyecektir. İlerleyecektir. Çünkü sonsuzluk içinde bir yerde takılıp kalmak, beklemek yersiz ve doğaya aykırıdır. Anlayış da böyledir. Anlayışın herhangi bir yerinde takıldığınız anda gömülürsünüz ve manen idrake ulaşacağınız anda, madden cazibeye kapılıp sadece şekilde kalırsınız. Suretten sirete geçiş yapamadığınız anda, surette kalır ve atalete düşersiniz.

"Muhyiddin İbn-i Arabi" İslâm Âleminde, İslâm'ın gerçeklerinden bazılarını açıkladığı için, o seviyeye gelememiş dar görüşlü kişiler tarafından "kâfir" diye nitelendirildi ve "aforoz" edilmek istendi. Tek yaptığı, kimsenin erişemeyeceği seviyedeki gerçekleri, insanlığa sunmaktı! Suçlandı. Suçlandığı yer ise tamamen "Zahirlik" idi. İbn-i Arabi bir idrak insanıydı, Bâtıni adamıydı. Fakat ilk suçlandığı yer dünya yani Zahirlik olmuştur.

İdrak edemediğini fark edemeyen insanın inkârı!. Ve bu sebeple de erişemediği gerçekleri "yok" sayması. Yok diyerek sırtını dönmesi, görmezlikten gelmesi.

Belli bir anlayışa eren, idrake ulaşanlar için "din" yeterli olmaz. Bundan sonra daha farklı bir yolculuk başlar Arifler için. İşte bu yollarda neler yaşayacağını, neler olacağını anlatabilmek için elimizden geldiğince anlayışlarımızı biraz daha derinleştirmek istedik.

Kendi gücümüzün farkına varma zamanı geldi. Kimse bize sihirli değnekle dokunmayacak. O dokunuşu kendi kendimize yapacağız. Eğer bir kurtuluştan bahsetmek gerekiyorsa, bu kurtuluşu kendimiz gerçekleştireceğiz. Kimse dışarıdan müdahale etmeyecek. Kendi kendimizin bütünlüğünü anladıktan sonra ancak bu gerçekleşecek.

Kayıp varlıklar olduğumuz gerçeğini anladıktan ve ardından aslında kayıp olmadığımız gerçeğini idrak ettikten sonra yaşanacak yeni zamanda yolumuza kaldığımız yerden farklı anlayışlarla devam edeceğiz. Birliğin gücünü hissetmediğimiz sürece, kayıp olarak kalacağız, kayıp ve yalnız.

Belki de beklenilen tüm mucize bu; birlik enerjisi. Yüzyıllardan beri dünya üzerinde oluşması beklenen enerji alanı birlik enerji alanıydı. Bu bir anahtardır ve evrende yalnız olmadığımız, kayıb olmadığımız gerçeğini bize gösterecek kapının açılması gerekli anahtar budur.

İtikadın Sonu: Arifler Çağı

Zorluk nasıl ki kolaylıkla beraber ise, cehalet ile bilgelik de beraberdir. Bu yüzden bu çağ cehalet görünümünde, lâkin öyle bilgeler zuhur edecek ki, onlar Çağı taşıyanlar olacak. Her şey zıddı ile kaimdir. Cehalet varsa Ariflik zuhur etmek üzere AN'ı kolluyordur.

İbn-i Arabi felsefesinde, itikad, zamanı gelince terk edilmesi gereken bir yoldur. İtikad sembollerle, üstü kapalı olarak anlatılan, sadece anlaması gerekenlerin anlayabileceği, anlayamayanların ise, sisteme uymak zorunda oldukları türden bir eğitim sistemidir. Belli kaideler, kurallar, sayılar ile sınırlıdır. Ancak zamanı gelince de o yoldan ayrılmalıdır insan.

"Allah, "leyse ke mislihi şey" (O'na benzer hiçbir şey yoktur) demekle kendisini tenzîh etti ve "ve hüve-s semi'u-l basîr" (İşiten ve Gören, O'dur) demekle de kendisini teşbîh etti." / **Fusûsu'l Hikem, Muhyiddin Arabi**

İbn-i Arabi, Fusus eserinde, Hakk'ın, Görücü ve İşitici olarak iki veçhesi yani "yüz"ü olduğunu ilan ettiğini vurgulamıştır. Fakat aynı zamanda "bir benzeri olmadığı ve Tek olduğunu" da ilân etmiştir. Zıt iki kavramın, aslında bir zıtlık değil, bir idraksizlik olduğunu da anlatmaya çalışmıştır. Arabi eserinde, *"Zanlar Âlemi olan fizik plânda, kolay anlaşılması için bu ifadelerin kullanılması gerekliydi. An'da Tek olan Hakk, varlıklar âleminde kolay anlaşılması ve telâfuz edilebilmesi için bu şekilde zıtlıklarla aktarılması gerektiğini"* anlatır.

İbn-i Arabi anlayışında, Belirsizlik O'nun anlamıdır. O belirsizdir. O'nu tarif eden, tarif edememiştir. O'nu anlayan anlayamamıştır. O'nu anlatan, tam ve kesin olarak anlatamamıştır. Beşeri akıl, zan ve yorumlar, sıfat ve isimleri "tenzih" edemez, yani ayıramaz. Hakk'ın kendisi ancak, kendini ayırabilir, tenzih edebilir. Arifleri de, beşerlerden tenzih eden, yani ayıran, bulunduğu hâl ve makamını yücelten ve yükselten de yine Hakk'ın kendisidir. Beşer aklı sürekli teşbih yani benzetme üzerinedir. Çünkü zanlar ve yorumlardan öteye gidemediği için çağlar boyunca, insanlık tarihi boyunca, Yaradan'ı bir şeylere benzetme yoluna gitmiştir. Benzetilen her şeyin kusurlu olmasından, Hakk tüm benzetme yani teşbihlerden gayr'ıdır.

ARİF İÇİN DİN YOKTUR

Konunun ilk başlarında bahsettiğimiz gibi, Hakk inanç ve itikad sahiplerinin zihninde, onların zanları ve yorumları yani benzetmeleri üzerine şekil alır. Oysa Ariflerin kalplerinde ve gönüllerinde tüm benzetme ve ayırma (tenzih-teşbih)dan uzak, Hakikati ile belirir. Beşer, akılları ile güneşin varlıklara yansımasından dolayı oluşan gölgeyi hakikat zanneder. Arifler ise, güneşe bakarak hakikatin ne olduğunu kalben bilirler. Bağlayıcı olan tek şey, inanç ve felsefe sistemlerinin insanlara öğreti yolu ile aktardığı "benzetme ve ayırma"nın, zihinlerde oluşturduğu kalıplardır. Hakk hiçbir zaman, inanç ve felsefe sistemlerinin oluşturduğu dar kalıplar içine sığmaz. O kalıplar beşerin zihnindeki "zan"lardır. Dünyada insan sayısı kadar, hepsinin zihninde kendi inancı ve düşüncesi doğrultusunda şekil alan, kalıba giren bir Hakk anlayışı vardır. Ki, Hakikat bunlardan tamamen uzaktır. İşte bu yüzden, beşerin uyanış yolunda iken, tüm inanç, itikad ve felsefe düşüncelerinin oluşturduğu kalıplardan arınması icap eder. Beşer için uyanış yolunda zaruri olan, yapılması gereken en önemli gizlemli çalışma **"arınma ve terk"**tir. Bunu başarabilirse Arifler makamına yücelir. Başaramaz ise ki İbn-i Arabi, bu yolda herkesin bu makama ulaşamayacağını da belirtir, ulaştığı bilgilerin hakikat olduğu gerçeğini savunur ve kabullenir.

Arif, tenzih ve teşbih denilen benzetme ve ayrılan tüm İlahî İsim ve Sıfatların ötesine, Birliğe geçmiş, oranın Hakikatine ulaşmıştır. Hakikat gözünden seyretmektedir tüm İlahî isimlerin oluşlarını, yaratımlarını ve meydana gelişlerini. İşte Arif, Hakikat gözünden, tüm Âlemleri, o Âlemlerin icabına ve makamına uygun, duygusal ve duyusal tüm gerekliliklerine uygun olarak seyreder. An'da ne gerçekleşirse, sadece bunu bilir ve Hakikat gözünden görür. Arifler, **her an, ayrı bir Şe'nde yaratılan, değişen, değişime tabi olan, var olan ve yok olan, ölen ve dirilen bir maddi çokluk düzeyinden, değişmeden sabit kalan bir "Asli Birlik Mertebesine" yükselmişlerdir.**

Ariflerin mertebesi ve makamı, "Değişmeyen Asli Birlik" makamıdır. Beşer mertebesi ve makamı, her an ayrı bir şende yaratılan, değişen, var olan ve yok olan, ölen ve tekrar doğan "Değişen Arızi Çokluk" mertebesi olan fiziki dünyalardır. Arif mertebesi Yalnızlıktaki Yakînliktadır. Arifler, Yalnızlığın en derin yalnızlığında ölümsüzleşmişlerdir.

Arif kusursuz olan İnsan-ı Kâmildir. Hem bedenen, hem ruhen. Artık Arif ne bedendir ne de ruhtur, her ikisinden de üstündür. Kusursuzluk sadece Hakk'a mahsustur. Kul kusurludur. Fizik Âlemler gölge ve hayâl olduğundan kusurludur, mükemmel değildir. Mükemmellik bilinmez oluştadır. Arif mükemmeliyeti ile var olduğu anda, kusurlularca yok edilmek istenir. Bu yüzden Arifin aklı, Hakk aklı olan Bütünsel Akıl ile Birlenmelidir. Birlenme gerçekleştiği vakit, Arif bedeni "sır"lanır. Yani koruma altına alınır. Sırlanan beden parçalansa ya da yok edilse dahi, Arif bir heyula gibi, istediği surette bedenini yeniden inşa edebilir. İstediği anda, istediği zamanda, istediği çağda ve istediği mekânda. Arif için, bir zaman dilimi yoktur, çünkü o bütün zaman dilimlerinde var olabilir. Arif için bir mekân yoktur, o bütün mekânlarda var olabilir. Hüküm ve bilgelik Arifin mükemmelliğinde ve kusursuzluğundadır.

Arif tüm yüklerinden kurtulmuş, yüksüzdür. Arif, herkes gibi görünen, hiç kimse gibidir.

İnkâr ile inanç, inanç ile inkâr beraber yürür. Nasıl ki kolaylıkla zorluk beraber ise. Aralarında görünmeyen bir perde, duvar, berzah vardır. Her şey zıddı ile daim bilgisi üzerine, her şey Hakk nazarında yani bakışında Tek olanın, yaratılanlar nazarında ikili görüntüsüdür. İnkâr eden kişi, gerçeği gören lâkin gördüğü kusursuzluk karşısında kendini o kusursuzdan daha mükemmel olduğu zannı ile ayıran, kibirle kendini ortaya koyandır. İnanan kişi ise, gören lâkin gördüğü şey karşısında kendini feda edendir. Bu yüzden küfr ile iman bir aradadır. Tek fark, birinin kendini ortaya koyması, diğerinin ise kendini ortadan kovmasıdır. İbn-i Arabi bu durumu şöyle ifade eder: *"O her şeyi kuşatmıştır, geçmiş ve gelecek, açık ve gizli O'dur. O'ndan gayrı hiçbir şey yoktur. O zaman her varoluş O'nun kuşatması altındadır. Her yeri çepeçevre sarmıştır. O dilemedikçe yaprak dahi kıpırdamıyorsa, var oluş daima onun eseridir. Bütün yollar ona çıkar. Bütün zıtlıkların tek Hakikati yine O'dur. İnkâr ile iman, hayır ile şerr, yine O'nun kuşatması altındadır. Anlık var oluşta iman ve hayır ortaya çıkar, Anlık yok oluşta ise şerr ve inkâr belirir. Hepsi bir arada, beraberdir. Kibir de O'nun ismidir, Rahman da O'nun ismidir. Bir kimse her ne yapıyor ise yine O'nun kuşatması altındadır. Ve tüm dönüşler yine O'nadır, çünkü O'ndan gelindi ve O'na dönülecektir."* An zamanda Var oluş ve Yok oluş ile daima diri olan sadece O'dur. Kısaca Hakk'ın An'da geçici Yok'luğunda varım diyen kibir, geçici varlığında yokum diyen rahmandır. Var oluş ve Yok oluş sadece yaratılanlar içindir. An zamanda var oluş ve yok oluş yoktur, sadece diri olan Hakk vardır.

Hz. Musa ile Firavun arasında geçenler buna çok iyi örnektir. Hz. Musa imanı ile kendini ortadan kovdu. Ruhi olarak yükseldi. Firavun kibri ile kendini ortaya koydu ve fiziksel olarak yükseldi. Her ikisine de yetki verilmişti. Verileni nasıl kullandığın ve hangi amaç ile yürüdüğün önemlidir. Toprağa mı yürüyeceksin, yoksa göklere mi? İbn-i Arabi bunun için şöyle der: ***"Yatayda yürümek, dikeyde yükselmek"***. Kendini inkâr edip, bedeni ruhun gemisi olarak kullanma yetkisine sahip olan dikeyde yükselir, fizikte fakirleşir. Lâkin kendini ruh ile eş tutan, kendini ortaya koyan, tek sahip olacağı beden olduğunu zanneden için yatayda yükselme gerçekleşir ve ruhta fakirleşir. Ancak insan önce yatayda yürümelidir. Yatayda yürür iken, yatayın bilgisine sahip olmalı ve yatayda derinleşmelidir. Yatayda derinleşerek, dikeyde yükselebilir. Yatayda derinleşmenin sırrı, görünenin Hakikatine erişmektir. Bu hakikat nerededir? Yatay olarak Ba harfi sembolü kullanılır. Arapça Ba harfinin yataylığı dünya hayatını ve beşik olarak tabir edilen uykuyu simgeler. Yalnız, altındaki nokta ise, ruhi yükselmenin ilk noktası olan Elif harfinin noktasıdır. Ba harfinin altındaki nokta, Ruhi Yükselişteki "Allah ipi" olarak sembolize edilen Elif harfinin başlangıcıdır.

Bu yüzden herkes Zahir dünyada derinleşerek ruhi yüksekliğe erişebilir. Yatayda yürür iken, Ba harfinin altındaki noktanın bilgisine erişen cüzi akıl, bütünsel akla ulaşır. Artık o yatayda yürüyen beden ile noktanın bilgisine ulaşmıştır. Noktanın bilgisi ise, az önce bahsettiğimiz Elif harfinin sembolü olan dikeyin çıkış noktasıdır. Yatayda yani dünya fiziğinde derinleşen, derinleştiğinde yani ancak kazdığında noktaya ulaşır. Kazdığı şey olarak tabir edilen ise terktir. Her şeyden terk olan kişi, noktanın bilgisine ulaşır ki, bu yatayda yani Zahirde derinleşerek, Bâtının yani gizlinin dikeyinde yükselebilir. Yükseliş yukarıdan aşağı değil, bizzat aşağıdan daha aşağı olan bir derinleşmedir.

Kendi içinden, kendine doğru yükseliş. Düşüş zannedilen ise, yükseliştir.

Herkes yalnızdır, Arifler yalnızlığın yalnızlığındadırlar. Yalnız kalmak derinleşmek için ilk adımdır, yalnızlığın yalnızlığı ise, fiziğin terk edilişidir. Terk etmek, yok saymak, yakıp yıkmak, yok etmek, dağıtmak değildir. İçsel olarak fiziğin emri altından kurtulmaktır. Çamurun cazibesinden kendi ruhunu temizlemektir. Tutkularını fark edip, onları dizginlemek ve ipleri ele almaktır. Kalbi ruh ile doldurmak esastır. Herkesin etten bir kalbi vardır ve etten kalbi olan herkes ölümlüdür; ruhtan bir kalbi olan Arifler ise ölümsüzdürler. Bütün aklı ile ve bütün kalbi ile kendini ortadan çeken, ruhunu ortaya koyan Ariftir. Cüzi aklı ve etten kalbi ile kendini ortaya koyan ise beşerdir.

Tüm Ariflerimiz, önce inkâr edenleri hedef almışlardır, inananları değil. İnanan neye inandığını bilen, inkâr eden de neyi inkâr ettiğini bilendir. Yok demek için kalben inanmış lâkin korkmuştur. Korkusu onu inkâra yöneltir. Korkuyu aşamayan hiçbir şeyi aşamaz. Korkusu onu kalbi çöküşe, fiziki yükselişe sevk eder. Çünkü tutunmak için tek çaresi, bir vehimden, hayâlden, gölgeden ibaret olan maddedir. İnkâr eden tüm inançları reddetmiş, bedene tutunmuştur. Maddeye güvenmiştir. Güvendiği madde ise boştur. O boşluğu bir an da ruhsal olana, sevgiye çevirmek daha kolaydır. Bu yüzden Arifler inkâr edenlere yönelişleriyle suçlanmışlardır. Küfr ile imanın bir arada yürümesinin sebebi budur. Arifler, bunu savundukları için suçlanmışlardır. Çünkü inançta da bir yük, şekil vardır. Fakat iman, yükten ve şekilden ötedir. Her şeyden soyutlanmadır.

Arifler, inanan değil, iman içinde olanlardır. İman, her şeyin ötesinde bir terk ediştir. Hiçbir şeyle kayıtlı kalmamaktır.

Tüm itikatlardan, inançlardan, sistemlerden, öğretilerden soyutlanmadır. İçinde değil dışında olmaktır. İçindeyken değerini bilemezsin ve körleşirsin. Dışında isen görürsün. İnanç ve itikad insanı körlüğe sevk eder. Bu yüzden beşer daima kördür ve şaşkındır. İnanır lâkin neye inandığını bilmez. İman ise, daima gören gözlere ve işiten kulağa sahip olmaktır. İnançlar insanı içe çeker, yatayda yürütür, kör eder. İman ise, ayaklar olmadan yürüten, gözler olmadan gördürendir. Maddeyi görmek bir yetenek değildir, Ruhu görmek bir melekedir, istidattır. Var oluşun bilgisine sahip bir tohum tek başına bir işe yaramaz. O sadece bir tohumdur. Toprağın derinliklerine inip, kendinden vazgeçtiği anda, binlerce tohuma dönüşen bir verim verir. İşte Ariflerin, bedende ölmenin anlamını vurgulayışı bundandır. Her insan bir tohumdur, sadece bir tohum. Ne vakit beden toprağında kendini feda edecekler, işte o zaman binlerce verim alınacak bir Arife dönüşürler.

Herkes nefes alır, herkes Rahmanın nefesindendir. Beşerin nefesi toprak kokar, Ariflerin nefesi sevgi kokar. Sevginin bir yeri yoktur, çünkü her yerdedir. Her yerde olan aslen hiçbir yerdedir. Toprağın yeri ise yine topraktır. Arifler bize kalbi sevgiyi öğretirler. Kalbi sevgi ile dolu olanın başka hiçbir şeye ihtiyacı yoktur. Fiziksel zenginlik yüktür, insanda ağırlık yapar. Fiziksel yükseliş gösteren, ruhi çöküştedir anlamı budur. Kendini inkâr etmeyen iman edemez. Kendini inkâr etmek, kendini bilmektir. Kendinin ne olduğu bilgisine erişmektir. Bunu kalben hissedemeyen, kalbini bunun bilgisi ile dolduramayan uyanamaz.

Bilmek, daima Hatırlamanın önünde. Zihin yanılgılara yenik düşer, unutur, bazen hatırlar. Lâkin Gönül daima Bilir!

Beden ölümlüdür, ruh ölümsüzdür. Bir ölümlü, ölümsüzü nasıl yönlendirebilir? Ruhi zenginlik, beden fakirliğinin önderi ve yöneticisidir. Ruh coşku doludur, lâkin beden güçsüzdür. Herkes başında kendi kefenini taşır, herkes kendi mezarını kendi taşır. Herkes kendi mezarında yaşar, ama öldüğünde dirilir. Herkes beden denilen mezarda ölüdür, o mezarda öldüğü anda dirilir. Arifler, beden mezarında diri olanlardır, beşerler ise beden mezarında ölü olanlar. Arif yaş ağaçtır, beşer ise kuru ağaç. Ne vakit ruhun suyu ile dirilecek işte o zaman canlanacaktır. Hz. Musa'nın asası, ruhun suyu ile canlanmıştı. Tüm Arifler, veliler ve nebiler, büyücülük ile suçlanmışlardır. Tüm nebiler de öncelikle birer Ariftirler. Arifler can veren, dirilten manasını taşır. Onların bedeni canlandırması, bir büyücülük değildir. Arifler, bedenleri, ruhun kontrolünde olduğu için daima diri olan ölümsüzlerdir. Beşerler ise, ruhlarını, bedenin kontrolünde tuttukları için daima ölüdürler, kördürler, cahil, şaşkın ve güçsüz bir ölümlü olmalarının sebebi budur.

Oysa insan zaten ölümsüz yaratılmıştır. Ölümsüzlüğünden ölümlülüğe gönderilmiştir. Ölümsüzlüğü bakidir, ölümlülüğü ise fani. Fakat bunun ikisi arasında olan beşer, ne fanidir ne de baki. An zamanda her an ayrı bir yaratılış hâlindedir. Bu yüzden An zamanda ölümü tadanlardandır. Bedeni terk etmek maksadı ile bir ölüm tadar, ikinci ölümü ise An zamanda var oluş ile görünür, yok oluşta ise ölümü tadıcıdır. Hakk insana ölüm ile yakîndır. Herkes kaynağından çıktığı gibi, yine kaynağa geri dönücüdür. O'ndan geldik yine O'na döneriz. Ve bunu hem An'da var oluş ve yok oluş ile gerçekleştiririz, hem de bedene girerek ve bedenden giderek gerçekleştiririz. İşte varlığın seyr-i sülük denilen olayı bundan ibarettir. Her şey aslına dönücüdür.

İBN-İ ARABİ'NİN DİN ANLAYIŞI

Nereden indiysen, oradan çıkacaksın. Herkes hangi isim ile var olmuş ise, o ismin zıddı ile yok oluştadır. Var oluşları ve yok oluşları, bir doğum ve ölümdür. Bedene doğuşu ve bedeni terk edişi de bir doğum ve ölümdür. Bu tüm yaratılanlar için geçerlidir. Bunların dışına çıkması bedende ölüp tekrar bedende dirilmesi olayı ise, Ariflik makamıdır. Arifler, tek bir cümle ile tüm kâinat bilgisini aktarmışlardır. Adeta mühür gibi, tüm kâinatı sanki atomlar arası boşluklarını alarak sıkıştırıp bir zerre hâline getirmiş ve bunu sözlerle ilişkilendirerek aktarmışlardır. Bunca sözlerine, bunca ciltler dolu eserlerine rağmen, anlaşılamamışlardır. İbn-i Arabi de "anlaşılamamaktan" yakınmış ve anlaşılamadığı için Zahirlik ile suçlanmıştır.

Hz. Musa'nın duası şöyledir: "Ey Rabbim Göğsümü aç, genişlet İşimi kolaylaştır. Dilimde bulunan düğümü çöz de, anlasınlar beni" **/ Kur'an-ı Kerim, Taha Suresi, 25-28. Ayetler**

Dilde düğüm vardır. Zan'lardan arınınca, düğüm de çözülür, o vakit her insanın anlayışına uygun "arınmış tertemiz" cümleler çıkar. Sanki kelimeler sadece konuşmaktan ibaret değil de, her insanın ruhuna ulaşan bir rezonans yaratan canlılara dönüşürler. Bu yüzden Ariflerin sözleri, harflerden oluşan bir bütünlük değil, o bütünlüğü ile beraber bir ruh da taşır. Dokunduğu her insan kalbini uyandırır, er ya da geç.

Bu yüzden Ariflerin, nebilerin, velilerin sözleri, her çağa, her insana, her zamana, her mekâna uygundur. Eskimez, yenilenmeye de ihtiyaç duymaz. Çünkü "zanlar"dan arınmış, ruh taşıyan, canlı birer "yapı"lardır adeta.

Arifler, zan'lardan arınmış bir zihin ile susma orucunu ihtiyatlı konuşmaya çevirmişlerdir.

Zanlarla dolu yalan konuşmayan, dilindeki düğümleri çözülmüş, göğsü tertemiz, gönlü mutekad iman ile yanan, haddi aşmayan, edepli, hangi yöne bakacağını bilen, masiva denen maddenin esiri değil, bilakis onu kölesi yapan, aşk ile idraki ruhu gelişmiş bir yeni nesil olan Arifler Çağı'nın ortaya çıkışı yakındır.

Hakk, insan denen küçük çocuğun büyümesini, kendi başına ayağa kalkmasını, Elif gibi dikilmesini, yüzünü Hakikate dönmesini sabırla bekliyor.

Devre sonu

İbn-i Arabi, kendi çağından, günümüz zamanına bir bakış ile yaşanacak çağın, kadim bilgilerde "Yüce Yıl" olarak geçen "Arifler Çağı" olduğunu üstü kapalı olarak aktarmıştır. Zamanında anlaşılamadı. Hâlâ birçok çevrelerce de anlaşılamamıştır. Dünyanın kozmosta 26 bin yıllık dönüşü tamamlanmak üzeredir. Bir devrenin bitişi ve yeni bir devrenin başlangıcı kadim bilgilerde "Yüce Yıl" olarak adlandırılmıştır. Devre bitişleri ve yeni devrenin başlangıcı, fiziksel değişimlere de yol açar. Fiziksel değişimler yanı sıra, insanların anlayışları üzerinde de manevî değişimler yaşanacaktır. Mayaların "Zamanın Sonu", Zerdüştlerin Zen Avesta'da "Dünya Çağları", Çinlilerin "Büyük Yıl", Hintlilerin "Kali Yuga", bir devrin bitişi, diğer bir devrin başlangıcına verdikleri adlardan bazılarına örneklerdir.

Ezoterizm envolüsyon ve evolüsyon yani insanlığın kademeli aşağı inişi ve sonra tekrar çıkışı sembolleştirmişlerdir. Dinler ise, kıyamet kelimesi ile bu olayı sembolleştirmişlerdir.

Tüm bu oluşumların altında yatan; hakikat bilgilerini işaret eden sembolik ve üstü örtülü ifadelerin son bulması ve her şeyin açık, ayan beyan olunduğu **"açık bilgilerin"** aktarılacağı zamandır. İnsanlar yaşarken uyurlar ancak öldüklerinde uyanırlar. İşte kıyam etmek yani ayağa kalkmak, uyanmak anlamına gelen "toplu uyanış" ya da "büyük uyanış", sırların ortaya çıkacağı ve Hakikat bilgisinin insanlığa verileceği gündür. Dinlerde bu "sur"a üfürülme olarak nitelendirilir. Oysa evvelden ezele kadar her an, sura üflenmiştir. Bu safhada, dünya tarihi içerisinde belli azınlıklarda uyanışlar gerçekleşmiştir. Sura üflenen Hakikat bilgisi, arştan arza kadar inen ve insana emanet olarak verilen cüzi ruh parçası ile insanlara aktarılmıştır. Ancak bunu sadece "kalbi olanlar", işitebilenler ve kalp gözü açık, gönül sahipleri duyabilmişlerdir. Uyanışlar tek tük gerçekleşse de, toplu uyanış için "kıyamet günü" adı verilen, bilgilerin apaçık hâle geleceği bir zamandır. Kur'an-ı Kerimde **"Hüküm Günü"** olarak bildirilen, sırların ortadan kalkacağı ve her şeyin bir güneş gibi aydınlanacağı gündür. Üstü kapalı hiçbir şeyin kalmayacağı gündür.

İbn-i Arabi, kendi zamanında bu açık ifadeleri eserlerinde yeterince aktarmıştır. Fakat anlaşılamamıştır. Zaten "beni anlamayan okumasın" demiştir. Çünkü verdiği bilgiler ve eserlerinde aktardığı ilham bilgiler, kalb sahiplerinin anlayabileceği ve yorumlayabileceği türden bilgiler içermektedir. Gizli bilgi yoktur. İnsanların anlayışlarına uygun bilgiler vardır. Her devirde, gizli bilgiler apaçık biçimde sembolleştirerek aktarılmıştır. Bunu anlayanlar ise yine gönül sahipleri olmuştur.

Muhyiddin Arabi'nin *"Arif için din yoktur"* sözünün asıl anlamı gelecekte ortaya çıkacak bir insanlık realitesine aittir. Bu realite kozmik İlahî bilgilerin sembollerle değil apaçık olarak insanlar tarafından alınıp verilmesiyle ilgilidir. Böyle bir insanlık realitesi bir zamanlar yeryüzünde mevcut olmuştur. Mitolojilerde, dinlerde geçen cennetten kovuluş hikâyesi bunu anlatır. Oradaki cennet bir zamanlar yeryüzünde yaşanan mükemmeliyet devrinin ifadesidir. Ezoterizm bu yaşanan devreye Altın Çağ adını vermiş ve Mu uygarlığının yaşadığı dönem olarak tanımlamıştır. Ezoterizmde Mu dini diye bir tabir vardır ancak gerçekte bu Mu öğretisidir; yani bilgilerin apaçık tarzda aktarıldığı bilgi sistemidir. Bu sistemde sembolizm yoktur. Sembolizm Mu ve Atlantis'ten sonra başlayan bizim devremiz insanlığının yaşadığı realite içinde ortaya çıkmış bir sistemdir. Bu sistemin içinde bulunan mitolojiler ve dinler sembolizm kullanmak suretiyle kozmik-İlahî bilgileri kuşaktan kuşağa aktarma yolunu seçmişlerdir. Arabi'nin söylemiş olduğu *"Arif için din yoktur"* sözü bu bakımdan çok önemlidir. Bir zamanlar yeryüzünde yaşanmış olan o devrin gelecekte yeniden yaşanacağını o cümleyle bizlere aktarmıştır.

Konuya bu açıdan yaklaştığımızda Arif için din yoktur sözü sembolizmin ortadan kalkarak gerçeklerin apaçık ortaya çıkacağını anlatır. Sembollerle yaşamakta olan şu anki bizim devremizin insanlığı için din hâlâ devam etmektedir, çünkü sembolizm devam etmektedir. Var olduğumuz müddetçe her zaman bir sembolizm olacaktır, çünkü varlık hiçbir zaman yokluğu anlayamayacaktır.

İçinde sembolizmin olmadığı kozmik-İlahî bilgilerin apaçık anlatıldığı öğretilere dini eğitim sistemi denmez. Arif için din yoktur sözünün anlamı budur. Arif inisiyasyonda son aşamaya gelmiş, hakikatle direkt temasa girendir.

Ezoterizmde, dünya okulunun öğretiminde bir sona ulaşılmıştır. Beşeriyetin, cahiliyetin sonu, Âlimlerin ve Ariflerin çağı olan bilgi çağı başlayacaktır. Bu yüzden beşer için gerekli olan itikad, Yeni Çağda yerini bilgi ile hareket eden, kendi hakikatine ulaşan ve ulaştığı bilgileri yeryüzünde, bedende, tatbik eden insanlar olarak gösterecektir.

Eril ve dişil enerjilerin buluşması

Devre sonu itibari ile Mayaların tabir ettiği, Zamanın Sonundayız. Bu zamanda enerjilerin eşitlenme çağı. Kısaca, Dişi" enerjisinin en yoğun olduğu ve eski negatif imaj yükünden kurtulduğu bir zamandayız. Çok eski çağlardan beri, kadın hor görüldü, cadı avlarında öldürüldü, toprağa diri diri gömüldü, şeytanlık ile suçlandı, karanlık bezler arasına hapsedildi. Çünkü görünen kâinat, dişi enerjisinin vücuda gelmiş ve görünmüş hâli idi.

Gizli bilgilerde biliniyordu ki **"Rahman vücud vericiliktir. Rahim ise vücuddan uzaklaşmadır."** Vücud ise, Hakk'ın Asli vücududur. Yani Vücud Hakikattir. Hakikatten, Aslî Vücuddan, Hakk'ın Gönlündeki Aynasında beliren suretten ayrı düşen, bedene bürünür. Arştan arza kadar olan bir yolculuktur bu. Arş Rahman, Arz ise Rahimdir. Rahim hüviyettir. Hüviyet bulmadır, yani insan olmaktır. Bir vehimdir, gölgedir, hüviyet kazanma, nefs alma, ete kemiğe bürünme ve beşer olarak görünmedir. Yani dişilik bir hüviyettir. Herkes bir dişi rahminden doğar. Ve Hakk'ın Rahim ismi ile Can bulur. Görünür olarak bedenlenen her canlı, Rahim enerjisi ile beslenir. Besmeledeki sır budur. Rahman Can verendir, Rahim bedene büründürendir. Rahman ilk yaratılış olan Hakk Aynasındaki İlahî Surettir. Rahim ise ikinci yaratılış olan dünyaya bedenlenmektir. Hakk, Bâtında Rahman ismi ile Zahirde Rahim ismi ile hükmeder.

Bu bazı çevrelerce bir lanet olarak görüldü ve dünyadaki dişi olanlara bir zulüm gibi gösterildi. Bu Hakk'ı inkâr etmek ve ismine isyan etmektir.

İsimler kendini sırlar, tene bürünür, mahkûm olur. O bedenler, aydınlıkta birbirini tanımaz. Lâkin Gecenin haşmeti, sevgilidir, sevgiliyedir... Gündüz Hayrında iken, "Gece Niyetini" Hatırla!

Tüm nebiler, veliler, Arifler, eril enerji olan Rahman enerjisinden beslendiler. Babanın sırrı oğlundadır. Hep "erkek" olarak dünyada göründüler. Dişi olan kadınlar ise her daim geri plânda kaldılar. Oysa istenen Rahman ve Rahim yani eril ve dişi enerjilerinin birlikteliği, koordinesidir. Sembollerle aktarılan, Âdemin cennetten kovulma sebebi daima dişisi olan eşine yüklenmiştir. Âdem yokluktur, eşi ise varlıktır. Cennetten yeryüzüne yolculuğun sebebi olan yasak meyve ise, Madde bilgisinin ve bedenlenme sırrının bilgisidir.

Herkes istisnasız bir dişi rahminden doğar. Meryem suresinde belirtilen İsa peygamberin doğumu Rahman enerjisinden de olsa, yine bir dişi beden ve rahmi kullanılmıştır. Hiç kimse gökyüzünden inmez. Yeryüzünde herhangi bir şekilde görev yapacak ise, muhakkak bir dişi rahminden doğacaktır. Rahim, bedene girmenin, beden mezarında can bulmanın, dirilmenin sembolüdür. Birçok literatürde, dişi enerjisinin simgesi olan Rahim ismi ile işaret edilen, cennete giriş kapısının anahtarıdır. Rahim, kademe kademe arza inişin ve bedene doğuşun, gizlinin açığa çıkma sembolüdür lâkin burada Rahman ismi beslenme kaynağıdır. Rahman ise kademe kademe yükselişin, bedenin terki sembolüdür. Rahman Bâtının, Rahim Zahirin sembolüdür. Gece Rahmandır, Gündüz ise Rahim. Gece dipsiz karanlıktır, Gündüz ise o karanlıktan çıkan nur. Gece'de O vardır, Gündüz de yaratılmışlar.

"Dişi" enerjisinin yeniden layık ve ait olduğu, yeniden Can ve Hayat bulduğu bir zamandayız. "Cennet annelerin ayaklarının altındadır" denmesinin asıl nedeni de budur.

Hakikatte, şüpheye ve duygusallığa yer yoktur. Bu ayrımcılık değil, geç kalınmış "İkili"nin Tekliğe dönüşmesi ve "Eril" enerjinin de ait olduğu "mekân"a yükselmesi demektir.

Binlerce yıldır negatif imajlarla yüklü, ağır kamburundan kurtulan "Dişi" enerji, "Eril" enerji'nin de mekânını yükselteceği ve aşikâr olacağı zaman Yeni Çağdır.

"Eril"enerji çağlar boyu, bir topal gibi yürüdü ağır aksak, kuru çeşme gibi damla damla aktı. Ama şimdi "Eşi" ile Yeni Çağa merhaba demeye hazırlanıyor.

Her varlık tek tek "Besmele"deki açılımı ruhunda idrak etmedikçe, ne dense ne söylense, kâfi gelmeyecektir. Ba harfi ile başlayan Besmele'de, Tekliğin ve yansımadaki İkiliğin idrakine varılması ümidini her vakit taşımaktayız.

İkiliden daima ikincisi "eksik" ve "mutsuz" idi. İkilinin Tekliğe dönüşü ve layık olan asli amaca dönük "huzuru" yakalama zamanı.

"Biz şüphesiz Allah'a aidiz ve şüphesiz O'na döneceğiz" / **Kur'an-ı Kerim, Bakara Suresi, 156. Ayet**

O'ndan geldik ve O'na dönücüleriz. Her şey aslına dönecektir istisnasız. Bu tüm yaradılışı kapsayan bir bilgidir ve bu bilgi henüz başka bir bilgi ile inkâr edilmediği sürece, sonsuza kadar geçerli olacaktır.

Şöyle bir silkinme, ayakkabıları çıkarma, tozunu alma, rahatlama ve dökülme zamanı. Eski bilgilerin layık olduğu yere çıkma, yeni bilgilerin söylenme zamanı. Kamburun farkında olanlar ve kurtulanlar daima var olsun diyelim. Hz. Mevlana'nın dediği gibi ***"Dün de beraber gitti cancağızım, Şimdi yeni şeyler söylemek lazım. Ne kadar söz varsa düne ait, Şimdi yeni şeyler söylemek lazım."*** Biz de O'na verdiğimiz akdi yerine getirerek, yeni şeyler dile getirdik. Layık olması dileğimizdir.

Demir çağının bitişi, eril ve dişi enerjisinin birbiri ile denk olduğu, yükselişin çağında, yeni nesil çağına, İbn-i Arabi deyimiyle, Arifler Çağına selam olsun diyelim. Aydınlanma çağı hepimizin yolunu aydınlatsın...

Sonuç

"Arif için din yoktur" eseri, **"Hakikatlerine Arif"** olanlar, olacaklar ve bu yolu arayanlar için hazırlanmıştır. Hakikat Tektir, ancak hakikate götürecek yollar, insanların nefesleri kadardır. Bu kitapta, o yolların neler olduğunu, hangi aşamalardan geçildiğini ve Ariflerin Hakikatlerine Arif oluşları üzerinde durmaya çalıştık.

Din, yolunu bulmak isteyenlerin, hakikat ilmine doğru ilk adım atanların, yolunu şaşıranların, doğru yola girmek isteyenlerin, yolun ne olduğunu öğrenmek isteyenlerin yoludur.

İnsan karanlık sularda yüzüyorsa, üzerine karanlık bulaşır.

İşte daima uyuyan insanın yolunu bulması için dinler her devirde, her zaman diliminde, dünya var olduğundan beri gönderilmiş ve altı yüzlü yıllarda ise son bularak din devri kapanmıştır.

Karanlıklarında Bir idim, Aydınlığında Bütünlendim.
Gecesinde aydınlandım, Gündüzlerinde çoğaldım.

ARİF İÇİN DİN YOKTUR

Din devri kapandıktan itibaren, gerçeğe ulaşma arayışı bitmemiştir. Semboller ve ayetler ile üstü örtülü verilen Hakikat bilgisi ve Hakk'ın insanın gönlünde olduğu gerçeği, mistik ve tasavvufi açıklamalar ile Ariflerimizin ve velilerimizin eserlerinde açık şekilde anlatılmıştır. Ve bu eserler tüm dünya kültürleri tarafından da benimsenmiş ve kabul görmüştür.

Dünya bir inkâr Âlemidir. İnkârda O'nu ispatlarız, Yokluğunda ise tamamen O'ndayız.

Muhyiddin İbn-i Arabi tüm eserlerinde, Hakk, Âlem ve İnsan üçlüsü üzerinde hassasiyet ile durmuştur. İnsan, hakikatte, Hakk Aynasında çizilmiş bir İlahî isimdir ve dünyadaki görüntüsü onun bu aynadan yansıyan gölgesidir. Hakikatte Hakk'tır, dünyada ise inkârdadır. Çünkü unutmuştur, hatırlamaz. Hatırlamak için de kendisine yollar bahşedilmiştir. Her yol, Hakikate açılan bir kapıdır. Her birimiz, Hakikatimizin dünyadaki temsilcisiyiz. Her birimiz özeliz, farklıyız ve çeşitliyiz. Üstünlük inançta değil, imandadır. Hakikatine ulaşan uyanmıştır ve Ariflerdendir. Muhyiddin Arabi, insan ve Arif manalarını ayırmıştır. Çünkü insan manası ins'tir ve arızîdir, yani dünya insanı anlamına gelir. Oysa Arifler Âdemidir ve Gök erleridir. Yeryüzü insanları Hakikatlerine ulaşmak için yükselirler. Gök Erleri olan Arifler ise Hakikatlerinden ışıyarak yeryüzüne inerler. Bu iniş ve çıkışlar, her "an" zamanda gerçekleşir.

*"Tevekkül, insanda tam ve kayıtsız olarak gerçekleşemez, yoksunluk, özü gereği insanda hükümrandır. İnsan hayvani ve melekûtî bir durumdan bileşiktir. Ancak Arifler tevekkül sahibidir." / **Futuhat-ı Mekkiye, Muhyiddin Arabi***

SONUÇ

Muhyiddin Arabi bir mükâşefe yolu Arifidir. Giriş bölümünde bahsedilen, mükâşefe yolu, Süveyd ilmidir. Bâtın ötesi Gayb Âleminin yani, gizli Âlemlerin müşahedesidir. Mükâşefe, ledün ilmi, hikmet membaı ve İlahî isimlerin ilmidir. Burada meleklerin bile mahrum oldukları çeşitli keşfî ilimler vardır. İbn-i Arabi bu ilme, vahy-i ilham ismini vermiştir. Ve vahy-i ilham herkese istisnasız gelmekte fakat bunu herkes işitememektedir. Ancak ehli olanlar ve gönül perdesini yırtarak, gönle ulaşanların erişebileceği türden bilgilerdir. Vahy-i kelâm sadece nebilere has bir bilgi akışıdır ve tamamen Allah kelâmıdır. Aktaran nebinin insani vasıfları ve insani titreşimleri, kelâm bilgiye etki etmez. Bilgi doğrudan gelir ve nebi vasıtası ile akar. Ancak vahy-i ilhamda, Arifler aktarırlarken, kendi insani duygu ve hislerini de aktarmışlardır. Bu yüzden bazı çevrelerce, insani özelliklerin aktarılmasından dolayı bu vahyi ilhama pek güvenilmez. İnsani hislerin bilgiye nüfuz etmesi, o bilginin Hakikat bilgisine yakînliği hakkında şüphe vermez. Bu yüzden büyük çoğunluk ise, vahyi ilham bilgilerine itibar eder. Özellikle Yeni Çağ ve modern çağ insanları, batılı çevreler daha fazla önem vermişlerdir.

"Söylediklerimin hepsi Allah'ın Kalb'imize verdiği ilham'a dayanmaktadır. Sahih bir akide, tümü ile Keşf ve Şuhud'a dayanır. Keşf'te kat'iyyen Hata olmaz ama İstidlal'de yanılmalar çok olur. / **Futuhat-ı Mekkiye, Muhyiddin Arabi**

Arabi, bir keşf ehlidir. Ruhun seyr yolculuğunda her makam bir hâl ile keşfedilir. Ve kendisi, keşf yolculuğunda edinilen bilgilerde, kesinlikle bir hata olmayacağını önemle belirtir.

Akıl sahiplerinin "fikir ehli" olduklarını, gönül sahiplerinin ise "keşf ehli" olduklarını vurgulamıştır. Keşf ehlinin söyledikleri sözlerin, kendi anlayışlarında bulunmadığını gören fikir ehli, keşf ehlinin sözlerini red ve inkâr eder ama keşif ehli, fikir ehlinin sözlerini red ve inkâr etmez. Hem fikir hem keşif sahibi olanlar, Zamanın Hâkimi'dirler. İbn-i Arabi, ne keşf ehli ne de fikir ehli olunmasını savunur. Onun görüşünde, ikisinin de bir olması gerekir. Yani bir Arif, hem aklını hem gönlünü kullanarak, fikir ve keşf ehli olmalıdır.

"Hakk, kendini görmen için senin aynandır. Sen de, yaratımında sende işaret bulan İlahî isimleri görmede ve bu isimlerin hükümlerinin –ki isimler O'nun aynısıdır– ortaya çıkışında Hakk'ın aynasısın." / **Fusûsu'l Hikem, Muhyiddin Arabi**

İbn-i Arabi Fusûsu'l Hikem eserinde şöyle der: *"Arifin kendi Hakikatini görmesi için Hakk aynadır. Arif de İlahî İsimlerin ortaya çıkışında Hakk'ın aynasıdır."* Bu yüzden kendi nefsine Arif olan kişi, Rabb'ini bilir, Hakikati bilir. Öz Cevher olan Hakk ismi, kendini tanıması için aynaya ihtiyacı vardır ve Arif kalbi, gönlü, onun için bir aynadır. Arifin de kendi özünü hakikatini bilmesi için Hakk ona aynadır. Çünkü tüm İlahî isimlerini Arif üzerinde açığa çıkarır ve Arif kalbinde bu isimlerin açığa çıkmışlığına şahit olur. Bir başkası üzerinde değil, çünkü bir başka varlık yoktur.

Arif ancak ve ancak kendi nefsi ile meşgul olacaktır. Kendi nefsini tanıyacaktır. Bir başka nefs üzerinde değil. Artık Arif için her gördüğü bir İlahî ismin açığa çıkmış olma durumundan başka bir şey değildir.

SONUÇ

İbn-i Arabi, *"Âdem bir Batıldır"* der. İnsanoğlu, yeryüzünde Âdem temsilcisidir lâkin reddedilerek, aşağıların aşağısına gönderildiğinden dolayı, ilhamı ile değil, nefsi ile konuşmaktadır. Nefsi ile konuştuğu için Hakk susmuştur. İlham, ruhtan akar, Hakk da ruh sahibidir, bu yüzden ilham Hakk'tan akar, yol bulur ve nefsi eritir. Böylece, Hakikatine Arif olan "kendini tanıyan" insanlık ortaya çıkar.

Hakk susar ise, batıl konuşur. Nefslerin konuşma zamanı bitecek ve İbn-i Arabi'nin kendi çağından aktardığı saklı gerçeği olan **"herkes kendi nefsine Arif olacak ve dünya üzerinde Yeni Çağda Arifler çoğalacak ve Arifler Çağı olacak"** sırrî bilgisi meydana çıkacaktır. Hakikatlerin konuşulacağı çağ ezoterizme göre çok yakında başlayacaktır. Zamanı geldiğinde ise, hakikatlerine Arif olan kişilerin sayısı artacaktır. İşte o zaman konuşma zamanı batılın değil, Bâtıni anlayışın olacaktır.

O der ki!
Tüm sesler benim!
Yankılanan her kalbin sesinde BEN varım!
Okyanusun sessiz uğultuları gibi, derinliğin sessizliğinde sessiz olan BEN'im!
Karanlığın ucundaki hiç kimse BEN'im.
Tüm kimliklerden arınmışım, ancak tüm kimlikler BEN'im!
Ve benim adım hiç kimse.

Evet sözlerimize son vermeden önce, ilham ile kaleme dökülenleri aktarmayı uygun gördük: Kimi gelir ötelerden, bu dünya çarkının tam ortasına saplanır çomak misali. Bilir o kendini, ne yapacağını. Başkaları için "bir hiçtir görünüşte". Hiçbir kimliği kabullenmeyendir. En ufak bir benlik duygusu fırlatacaktır kâinatlar ötesine, bilir de susar. Kimi kader ağının yayında gerilir, arz Âlemlerine yol alır, çağrılmıştır bir kere. Yaydan fırlayan ok yine yayı geren eldir. Ne mübarek bir eldir o öyle. Geldiler dünyamıza hoş gelmişler. Bedende görünmüşler, beden içinde olanlara. İçindeki Dünya'ları ile Dünya içindekilere görünmüşler. Arif olmuşlar Hakikatlerine. O'nlar ne istediğini bilir ne dilediğini de, Göklerde Arşa dokunur, seyre dalar Âlemleri, bir yandan da arzda dabbe seslerini çınlatır herkesin kulağına. Her varlığın geleceği, kendi yönüne bağlıdır. Arif, cihetinin yani yönünün nerede olduğunu bilir. Ne yöne baksa Hakk'ı görür. Görmediği Hakk'a da iman duymaz. Gördüğüne iman duyar.

O'dur İlahî Cevherle Yaratan ve Kuşatan, İnsanoğludur kendini, Dar kalıplara sıkıştıran, İsimlerle adlandıran. Görünenin ardını göremeyen. Kuru bedenine hapseden.

Hakk razıdır Ariften, Arif de razıdır Hakk'tan. Zaman gelir, Arif sel gibi akar, kasırga gibi eser, dur yoktur, durak yoktur. Bir adımı ile tüm evreni karışlar gelir. Sevgi içindedir Arif, sevgi ile beraberdir.

Ama çok azımız bunu fark edebilir. Çünkü sevgiyi uyandırmanın tek yolu vardı. Yaşamın durduğu andır o. Aklın derinliklerinde kalbinin sesinde saklıdır o. Onu uyandıran Ariftir. Çünkü Arif kendi hakikatine ulaşmıştır. Arifin ışığı yansır ötelerden, ilerilere, geçmişten geleceğe. Ve insanlar o IŞK'ta (AŞK'ta) kendi gerçekliklerini görürler ve çekilirler. Kendilerine aşıktırlar çünkü. Gördükleri güzellik ya da yakışıklılık değil kendi kayıp olan görünmeyen güzellikleri, kendi kaybolmuş ötelerde olan gerçekliklerini görürler o ışıkta, ona aşık olurlar, hayran olurlar. Gerçek kişiye, kendi Hakikatlerine, yani kendi gerçekliklerine. Ancak Arif, hiçbir yaratılmışın erişemediği,

SONUÇ

karanlığın en karanlığından, bulunamayan, bilinemeyen o yerden alır bilgiyi, iletir fizik plânlarına.

Var oluş da, Yok oluş da izafidir, baki değil. İşte Sevgi ile Var olan ve yine Sevgi ile Yok olan izafî "seyr"i sadece Arifler tanık olabilirler. Ve Arif şöyle der:

BEN sustum, konuşan varsa O SEN'sin... O gördüğün benim AŞK'ımdır diyen sesin... Her verdiğim nefesle hasretinle yandığım... Her Zerresinde yeniden Can bulduğum... Tüm Nerede'lere uzak, tüm "Şey"lerle BİR Daima Sen sırrında Ebediyim...

Seyr hâlinde olan Arif, kalbi yükseliş ve seyr ile gördüğünün, Bâtında "neye" tekabül ettiğini bilendir.

Bu bilme hâline ve bilgisine eren bir Arifin, Hakk'ın Nefsi ile Birliği, "Gizli ve Açık" seyrinde bulunuşunu, müşahede eden, gören, gözlerindeki perdesinden soyunarak, kendi şahsında (nefsinde), Hakk'ın şahsını (nefsini) bulması sonucunda Hakk'ın kendisine "varlık" verdiği İnsan-ı Kâmil olur. Varlık verdiği yani ölümsüzleştirdiği anlamındadır. Çünkü Hakk bir kimseye katından kudret ve ilim vermiş ise o Arif, artık ölümsüzleşmiştir. "Yakın" daha "yakın" hâllerinde seyir durumundadır.

O göründü ve yüzünü gösterdi, tüm ruhlar O'nu gördükleri gibi bildiler. Sonra O kendini gizledi, örttü, sakladı. Ve ruhları görünür kıldı, açığa yolladı. Kendi gizlisinde kaldı.

İşte tüm oluş, O'nun yüzünü tekrar görmek için çırpınmada, O'nun güzelliğini her zerrede görebilmekte, her zerrede kokusunu duyabilmekte. Kahrı ile kahrolmak, Ezelde yok olup, Ebedde dirilmek, Rahmeti ile yıkanmak, Gazabı ile yoğrulmak, Hiddeti ile kavrulmak, Azameti ile şaşmak, Yüceliğin sırrına ermek, Merhameti ile erimek, Hidayeti ile vuslata varmak, her makamda, her aşamada, yeniden yeniden O'nun güzelliğine zerk olmak, zevk hâlleri ile donanarak, her durakta nefes almak, nefes vermek. Ta ki O'ndan yolculuğunda, O'na varabilmek. Tekrar O güzelliğe doymak için var gücü ile Aşk içinde yanmak, kavrulmak, hiçleşmek, her şeyi Rahman'ın nefesine bırakmak.

O bir kimsede açığa çıkacak ise, Rabb eğitici öğretici sistemi ile o kişinin kalbi olarak ortaya çıkar. Kalbinde yer alır.

Hakk geldi mi gönle, kendinden gayrı bir şey bulamasın. Apaçık görsün, bizler de O'nu kendimiz gibi bilelim. Hakikatte şüphe varsa, gönül dardır Şüphe yok, korku da yok, sadece saygı var Aşkı var.

Adanmışlığı var, teslimiyeti var.

Sadece O var

İki zaman yok, her zerrede açığa çıkan O'nun yüzünün yine O ile birleşmesi var,

Gönül O'nu görmede, duymada, kokusunu almada, Milim kıpırdamaz, şaşmaz, sadece O'nu bilir yine kendi gibi,

İçilen Aşk iksiri ile ilk kopuştaki gibi olmak nasip olsun Kimi doldurur küpünü mana ile Kimi doldurur küpünü madde ile

Maddenin vaadi boştur, lâkin Mana zevk i hâlleriyle mucizelere zerk eder insanı

Bir Anım, Var oluşta O'ndan kopuş ve AŞK ile yanarken, Bir Anım Yok oluşta

Yine Onunla dopdolu, kavuşmanın huzurunda...

O derim başka deme

Dil susar, gönül konuşur,

Eridim O'nun içinde, sel gibi coştum, rüzgâr gibi estim

Kabul etsin gayri, bu vehim çulu,

Bu bedeni yaksın kül etsin,

SONUÇ

Yeniden diriltsin yine kendiyle.
O bir vakit uğradı, kendine tertemiz bir pınar buldu.
Açıldı, yayıldı, genişledi, dağ gibi büyüdü, zerre gibi küçüldü.
Yüceliğinden bir şey kaybetmeden sessizce.

İç öyleyse kevser şarabından, sermest ol idrak edeme dünyadan geç, var o kapının eşiğine yüzün sür, Dar'da Mansur ol, Gökyüzünde Er, Yar seni ulaştırsın Makamları dolaştırsın, Hakka var ki sevenlerin makamı ondadır ancak.

Kitabın nihai amacı, düşüncelerimize ve Yeni Çağa uygun örnek olması, ışık tutması ve Arabi düşünce felsefesinin anlaşılması üzerinedir. Büyük bir Arif olan, Kâmil İnsan Muhyiddin İbn-i Arabi ruhuna lâyık olması dileğimizdir.

Kaynakça

Fusûsu'l-Hikem Tercüme ve Şerhi / Muhyiddin İbn-i Arabi - Ahmed Avni Konuk Hazırlayanlar: Prof Dr. Mustafa Tahralı ve Yrd. Doç. Dr. Selçuk Eraydın

Futuhat-ı Mekkiye Tercüme ve Şerhi/Muhyiddin İbn-i Arabi - Selahaddin Alpay

Lübb'ül Lübb / Muhyiddin İbn-i Arabi Çeviren: İsmail Hakkı Bursevi

Tasavvuf Terimleri ve Deyimleri Sözlüğü/Prof. Dr. Ethem Cebecioğlu

Ene'l Hakk Gizli Öğretisi, Bookcity.Co, Kevser Yeşiltaş, 2017

Ledün İlmi Hayy, Bookcity.Co, Kevser Yeşiltaş, 2017

www.kuranmeali.org

www.ingramcontent.com/pod-product-compliance
Lightning Source LLC
Chambersburg PA
CBHW061632040426
42446CB00010B/1385